Couvertures supérieure et inférieure manquantes

NOËLS FLAMANDS

ROMANS DE CAMILLE LEMONNIER

UN COIN DE VILLAGE.
LES CHARNIERS.
UN MALE.
LE MORT.
THÉRÈSE MONIQUE.
L'HYSTÉRIQUE.
LES CONCUBINS.
HAPPE-CHAIR

Pour paraître prochainement :

MADAME LUPAR.
LE POSSÉDÉ.

Sous presse.

LES PEINTRES DE LA VIE.

Imprimerie générale de Châtillon-sur-Seine. — A. PICHAT.

CAMILLE LEMONNIER

NOËLS
FLAMANDS

PARIS
NOUVELLE LIBRAIRIE PARISIENNE
ALBERT SAVINE, ÉDITEUR
18, RUE DROUOT 18.

1887
Tous droits réservés.

UN MOT

Nous connaissons aussi peu la littérature de la Belgique, notre voisine, que celles de la Grèce ou du Portugal, et ce n'est certes pas peu dire !

Un écrivain belge ne nous intéresse que lorsqu'un succès éclatant l'a sacré parisien. Alors, parfois, notre public lettré se passionne pour lui et cette passion cherche à s'assouvir en fouillant dans le passé de l'écrivain.

C'est ainsi que peu après la publication du *Mâle* que j'avais lu avec une admiration enthousiaste pour cette belle langue si dix-neuvième siècle par ses néologismes et sa pure correction, j'entrevis l'auteur des *Noëls flamands* dans une reproduction de *Fleur de Blé (Bloementje)* que fit alors *la Revue littéraire et artistique*.

Mis en appétit de la sorte, j'étais si gourmand de ces pages originales et colorées que je me hâtai de m'enquérir des œuvres de l'écrivain.

Me les procurer me fut difficile... Bien des volumes étaient introuvables et il fallait se contenter d'avis de critiques, de jugements de journaux.

Je recueillis ainsi un vieil article du *Danube* de Vienne, reproduit par *le Courrier d'Etat* de Bruxelles qui me renseigna un peu sur la personne et les débuts de M. Camille Lemonnier.

« Bien jeune encore, y lisait-on, l'auteur de ces contes a groupé autour de lui un centre d'artistes et d'écrivains fervents. Tout à la fois journaliste, romancier et critique d'art... les idées qu'il a défendues dans l'Art et qui peuvent se résumer par ces mots : modernité, nationalité, réalisme, il les a mises en pratique dans ses livres, surtout dans ses contes, caractéristiques comme un livre de Dickens ou de Auerbach. Ce sont des histoires populaires, dans lesquelles l'auteur fait défiler tout un monde de figures touchantes, naïves, drôles, fantasques même, ayant pour cadre les paysages, les mœurs et les coutumes du pays. Celui qui voudra connaître la Belgique la retrouvera dans ce livre, parce que, non seulement il y verra la réalité la plus minutieuse des faits, mais l'aspiration des âmes et les milieux de l'esprit. Il n'y avait qu'un réel et profond observateur qui pût rendre intéressants tant de petits détails en les présentant sous leur côté essentiel, et il fallait que l'observateur fût lui-même doublé d'un artiste.

« L'art de Camille Lemonnier est certainement un art très curieux et très complet, art d'étude, de recherche, de sagacité, simple à la fois et raffiné, qui met les moindres choses en relief et fait vivre ses romans comme des tableaux de vieux maîtres hollandais. Vous verrez chez lui dans la couleur locale, les fêtes patronales, les jouissances populaires, les Kermesses, l'aspect intime et familier des Flandres tel qu'il n'avait pas encore été exprimé. Les personnages se meuvent, on voit leurs moindres gestes, et ils sont comme étudiés à la loupe. Quant aux sujets ils sont très simples, comme si l'auteur voulait laisser toute la lumière aux figures des paysans, petits bourgeois, boutiquiers, gens du peuple. Il y a, du reste, nombre de situations comiques, à la manière de Jean Steen; c'est le même esprit jovial, tendre, amoureux, naïf, dans une suite de peintures dont le fini rappelle la technique de ce grand peintre. Il y a peu d'histoires plus simples et plus intéressantes que son conte de *Bloementje*,[1] un petit chef-d'œuvre, et peu d'histoires plus amusantes que *le Mariage en Brabant*, une autre perle. Tout cela est local; mais il faut lire la langue de l'écrivain, l'art merveilleux

---

1. Ce Conte a reparu depuis, et reparait ici, sous le titre : *Fleur-de-Blé*.

avec lequel il l'assouplit à ses sujets flamands, pour saisir sa véritable originalité. »

Bientôt la *Vie littéraire*, une petite revue qui succéda à la *République des lettres* et précéda, je crois, la *Jeune France*, fournit à mes archives ce joli jugement de M. J. K. Huysmans :

« Tout à coup, Lemonnier change de manière. Il ferme ses écrins, éteint ses feux. Le style se serre, la phrase n'a plus cette hâte fébrile, ces cahots, ces soulèvements joyeux qui l'emportent et la font jaillir, elle se dépouille également de sa grandeur fastueuse, de ses traînes éclatantes. L'artiste la tisse à nouveau, la teint de couleurs plus amorties, arrive soudain à une simplicité puissante, à un campé d'un naturel vraiment inouï. Les scènes de la vie nationale sont sur le chantier. L'auteur va nous retracer l'existence des déshérités du Brabant, et alors défilent devant nous six nouvelles merveilleuses : *La Saint Nicolas du batelier*; *le Noël du petit joueur de violon*; *un mariage dans le Brabant*; *Bloementje*; *la Sainte-Catherine* et *le Thé de la tante Michel*.

« Le coloriste endiablé que nous avons connu, le contemplateur enthousiaste des automnes dorés, se change en un observateur minutieux. L'émotion ressentie en face du paysage s'est reportée sur l'être animé, vibre maintenant plus intense et plus humaine. Le naturaliste, l'intimiste a fait craquer le masque du poète et du peintre. Un nouvel écrivain est devant nous, un écrivain sincère, franc, qui par un miracle d'art, va nous donner ce petit chef-d'œuvre : *Bloementje*. Là est la vraie note, la note exquise de Lemonnier. C'est la simple histoire de la petite fille d'un boulanger, qui se meurt pendant la nuit de Saint-Nicolas. Il y a un moment quand le prêtre, fermant son bréviaire dit : Seigneur, mon Dieu, prenez pitié de ces pauvres gens ! où l'on étouffe et l'on étrangle. Dans une autre nouvelle, la dernière du livre, *le Thé de la tante Michel*, le dramatique est encore en dessous, discret et voilé, puis il se dégage, sans phrases et sans cris monte à fleur de peau, vous fait frissonner et vous donne la chair de poule ; au reste tout ce volume est vraiment extraordinaire. Les personnages, les Tobias, les Nelle, le petit Francisco qui rêve à des paradis de sucre, si étonnamment décrits, les Jans, les Cappelle, s'agitent, vivent d'une vie intense. Il faut les voir, les braves gens, campés debout et riant de tout cœur, ou bien penchés sur la poêle qui chante, l'œil émerillonné, épiant la lutte des fritures, la cuisson des schoesels ; il faut le voir, le vieux savetier Claes Nikker, rapetassant les bottes du village, causant avec l'un, avec l'autre, luttant de matoiserie et de ruse avec la famille Snip, discutant avec une opiniâtreté d'avare le mariage de sa nièce, pendant que les amoureux tremblent, des grands benêts qui s'adorent et osent tout juste se prendre la main ! Ce livre est, selon moi, le livre flamand par excellence. Il dégage un arôme curieux du pays belge. La vie flamande a eu son extracteur de subtile essence en Lemonnier qui a des points de contact avec Dickens, mais qui ne dérive de personne. Le premier par ordre de talents dans les Flandres, il a commencé à faire avec ses contes, pour la Belgique ce que Dickens et Thackeray ont fait pour l'Angleterre, Freytag pour l'Allemagne, Hildebrand pour la Hollande, Nicolas Gogol et Tourgueneff pour la Russie. »

Pourquoi donc ces contes si inconnus en France étaient-ils si populaires en Belgique ? Bien plus, je les trouvais traduits en flamand, en allemand, en italien, en espagnol même. C'est qu'à dire vrai, nous autres Français, sommes ou plutôt étions, car ce vice a l'air de disparaître depuis quelques années, d'épouvantables contemplateurs de notre nombril, et que les contes flamands de M. Camille Lemonnier étaient *un vrai fruit du cru sain et de saveur franche*, comme le disait M. Henri Taine.

« La double race wallonne et flamande, qui forme la Belgique actuelle, écrivait un critique, s'inscrit chez l'auteur des *Contes* : son large tempérament, merveilleusement ouvert aux plus fugitives nuances de l'observation, résume tout à la fois la placidité, la songerie, la gravité pensive des Flandres et la verve, la fougue, le penchant à la gaîté des populations wallonnes. Il offre l'un des plus rares exemples qui soient, d'un écrivain sorti d'une race complexe et reflétant tous les caractères de cette race, même les plus antithétiques. Camille Lemonnier n'est ni Flamand ni Wallon ; il est l'un et l'autre en même temps et cela seul expliquerait sa multiple personnalité, large à contenir un peuple tout entier. Ceux qui lui ont reproché l'excessive variété de son œuvre ne se sont pas rendu compte que cette variété lui venait de cette étonnante prédisposition qui le porte à examiner tantôt l'un tantôt l'autre des caractères inhérents à ses origines. Autant les *Contes*, le *Coin de village* sont choses flamandes, et flamandes au point que personne avant Camille Lemonnier n'est parvenu à dégager avec une telle netteté l'impression de la vie populaire des pays flamands, autant *Le Mâle* [1] nous restitue l'impression du caractère, des mœurs, du langage et du paysage wallon.

« Il y a mieux : ici même, la différence des milieux, d'une nouvelle à l'autre, s'accompagne d'un changement dans la composition, l'esprit, le sentiment et le style. On était dans les petites villes et les campagnes baignées d'eau de la Flandre : on est tout à coup transporté parmi la gaie et chantante rusticité wallonne. Les moindres nuances sont partout généralement saisies, jusque dans le langage. Vous remarquerez l'absence du tutoiement dans les contes

---

1. Et *Happe-Chair*, écrit depuis.

flamands, l'habitude des comparaisons empruntées à la vie coutumière, le tour d'esprit naïf, les sentiments simples et au contraire chez le wallon la phrase plus sèche, le tour d'esprit glorieux, le goût de la hâblerie. On peut dire de l'auteur qu'il caractérise une double race ou plutôt tout un peuple, puisque celui-ci est composé d'hommes de mœurs et d'esprit différents et que les différences à chaque instant sont reflétées dans son œuvre. »

Un jour, enfin, l'occasion se présenta pour moi de lire ces contes et de les ranger dans ma bibliothèque de lettré.

C'était bien simple.

Il s'agissait de les éditer et après l'auteur si français de l'*Hystérique*, des *Charniers*, du *Mâle*, du *Mort*, de *Thérèse Monique*, de *Happe-Chair*, des *Concubins*, de faire connaître à mes compatriotes l'auteur si flamand de la *Saint-Nicolas du Batelier*, des *Bons Amis* et de *Fleur-de-blé*.

J'ai saisi l'occasion au vol et voici le livre qu'on peut mettre, je crois, aux mains de tout le monde, qualité rare de nos jours, surtout pour un livre *écrit*.

Albert SAVINE.

NOËL FLAMANDS

La plupart de ces contes ont été écrits en 1871 et en 1872. En les réunissant ici sous un titre différent de celui de l'édition de 1875, l'auteur ne fait que leur restituer le titre général que, dans sa pensée, il leur avait attribué d'abord. Attiré, depuis, par un champ d'observation moins limité, ce n'est pas sans peine qu'il a pu réintégrer un domaine d'art si éloigné de ses études actuelles. Il y a été décidé toutefois par le désir de donner à ces pages qui, pour lui, sont voisines des débuts, une forme plus soignée. Il est de ceux qui pensent que, sans toucher au fond, un écrivain a le devoir de toujours amender l'œuvre sortie de sa plume, en la rapprochant, le plus qu'il peut, du degré de perfection que requiert le progrès de son éducation littéraire. Les flandricismes abondent dans son livre : il n'a eu garde de les éliminer, estimant qu'en les atténuant, il eût altéré la marque d'origine qui, peut-être, est le meilleur de ses Contes. Il s'est uniquement borné à déblayer le récit de certaines négligences qui trahissaient trop ma-

nifestement la jeunesse du narrateur. Encore n'espère-t-il pas les avoir toutes fait disparaître.

Les Noëls sont sortis d'un commerce bienveillant avec les milieux décrits : l'auteur y a dépeint les mœurs tranquilles, la médiocrité des existences, un état d'humanité simple et cordiale, telle qu'elle se suscite, en Belgique, de l'étude d'un certain peuple demeuré fidèle à de traditionnelles coutumes. Si Le Mort, L'Hystérique et Happe-chair lui ont été suggérés par la nécessité de révéler la condition sociale sous un jour affligeant, mais véridique, le présent livre temperera, il l'espère, par une douceur de demi-teinte ce qu'il y a de cruel dans ses ultérieures constatations.

C. L.

5 Mai 1887.

LA
SAINT-NICOLAS DU BATELIER

A M. Victor Lefèvre

LA
SAINT-NICOLAS DU BATELIER

I

— Nous voici au plus beau jour de l'année, Nelle, dit joyeusement un homme d'une soixantaine d'années, grand et solide, à une bonne femme fraîche et proprette qui descendait l'échelle du bateau, des copeaux dans les mains.

— Oui, Tobias, répondit la femme, c'est un beau jour pour les bateliers.

— Vous souvenez-vous, Nelle, du premier Saint-Nicolas que nous avons fêté ensemble après notre mariage ?

— Oui, Tobias, il y aura bientôt quarante ans.

— Le patron Hendrik Shippe descendit dans le bateau et me dit : « Tobias, mon garçon, puisque vous avez amené une femme dans votre bateau, il faudra fêter convenablement notre révéré saint. » Et il me mit dans la main une pièce de cinq francs. Alors je dis au patron : « Mynheer Shippe, je suis plus content de vos cinq francs que si j'avais une couronne sur la tête. » Puis je sortis sans rien dire à ma chère Nelle, je passai la planche et j'allai dans le village acheter de la crème, des œufs, de la farine, des pommes et du café. Qui fut bien contente quand je rentrai avec toutes ces bonnes choses et que je les mis sur la table, l'une à côté de l'autre, tandis que le feu brûlait gaîment dans le poêle? Qui fut contente? Dites-le un peu vous-même, Nelle.

— Ah! Tobias! nous sommes restés, ce soir-là, jusqu'à dix heures, la main dans la main, comme les soirs où nous nous asseyions ensemble sur le bord de l'Escaut, au clair de la lune, avant notre mariage. Mais nous avons fait, cette fois-là, bien autre chose encore. Qu'est-ce que nous avons fait? Dites-le un peu, Tobias.

— Oh! oh! de belles crêpes dorées aux pommes ; j'en ai encore l'odeur dans le nez. Et j'ai voulu connaître de vous la manière de les faire sauter, mais j'en ai fait sauter deux dans le feu, et la troisième est tombée dans la gueule du chat. Oui, oui, ma Nelle, je m'en souviens.

— Eh bien ! mon homme, il nous faut faire encore de belles crêpes aux pommes en mémoire de cette bonne soirée, et j'apporte des copeaux pour allumer le feu. Et un jour, comme nous-mêmes à présent, Riekje et Dolf se souviendront de la bonne fête de saint Nicolas.

Ainsi parlaient, dans le *Guldenvisch*, le batelier Tobias Jeffers et sa femme Nelle.

Le *Guldenvisch*, baptisé de ce nom à cause du joli poisson d'or qui brillait à l'arrière et à l'avant de sa carène, était le meilleur des bateaux de M. Hendrik Shippe et il l'avait confié à Tobias Jeffers, le meilleur de ses bateliers. Non, il n'y avait pas dans Termonde de plus coquet bateau ni de mieux fait pour supporter les grandes fatigues : c'était plaisir de le voir filer, dans l'eau où il enfonçait à plein ventre, chargé de grains, de bois, de pailles ou de denrées, avec sa grosse panse brune rechampie de filets rouges et bleus, sa quille ornée du long poisson d'or aux écailles arrondies, son pont luisant et son petit panache de fumée tirebouchonnant par le tuyau de fer verni au noir.

Ce jour-là, le *Guldenvisch* avait chômé comme tous les bateaux de l'Escaut : il était amarré à un gros câble, ne laissant voir, vers les sept heures du soir, que la lueur claire qui rougissait le bord de sa cheminée et ses lucarnes brillantes et rondes comme des yeux de cabillaud.

C'est qu'on se préparait dignement à fêter la Saint-Nicolas dans la petite chambre qui est sous le pont ; deux chandelles brûlaient dans des flambeaux de cuivre et le poêle de fonte ronflait comme l'eau qui se précipite des écluses, quand l'éclusier vient de les ouvrir.

La bonne Nelle poussa la porte et Tobias entra sur ses pas, l'œil empli des lointaines tendresses que sa mémoire venait d'évoquer.

— Maman Nelle, fit alors une voix jeune, je vois les fenêtres rondes qui s'allument partout, l'une après l'autre, sur l'eau noire.

— Oui, Riekje, répondit Nelle, mais ce n'est pas pour voir s'allumer les fenêtres sur l'eau que vous demeurez ainsi contre la vitre, mais bien pour savoir si Dolf le beau garçon ne va pas rentrer au bateau.

Riekje se mit à rire.

— Maman Nelle voit clair dans mon cœur, dit-elle en s'asseyant près du feu et en piquant l'aiguille dans un bonnet de nouveau-né qu'elle tenait à la main.

— Et qui ne verrait pas clair dans le cœur d'une femme amoureuse de son mari, Riekje? reprit la vieille Nelle.

En même temps elle ouvrit le couvercle du poêle et bourra le pot, ce qui parut faire plaisir au petit creuset, car il se mit à pétiller comme les fusées qu'on avait tirées la veille sur la place du Marché à l'occasion de la nomination du nouveau bourgmestre. Nelle moucha ensuite les chandelles avec ses doigts, après avoir humecté ceux-ci de salive, et la flamme qui vacillait depuis quelques instants au bout de la mèche charbonneuse se redressa tout à coup joyeusement, éclairant la petite chambre d'une belle lumière tranquille.

Petite, la chambre l'était, à la vérité, figurant assez bien, à cause de son plafond de bois recourbé et de ses cloisons de planches, pareilles à des douves, la moitié d'un grand tonneau qu'on aurait coupé en deux. Une couche de goudron, luisante et brune, couvrait partout la paroi, et par places, avait noirci comme de l'ébène, principalement au dessus du poêle. Une table et deux chaises, un coffre qui servait de lit, et près du coffre, une caisse de bois blanc, avec deux planches en guise de rayon, formaient tout l'ameublement; et la caisse contenait du linge, des bonnets, des mouchoirs, des jupes de femmes, des vestes d'hommes, pleins d'une odeur de poisson. Dans un coin, des filets pendaient pêle-mêle avec des cabans de toile goudronnée, des vareuses, des bottes, des chapeaux de cuir bouilli et d'énormes gants de peau de mouton. Des chapelets d'oignons s'enguirlandaient autour d'une image de la Vierge et une vingtaine de beaux saurets aux ventres cuivrés étaient enfilés par les ouïes à un cordon, sous un cartel émaillé.

Voilà ce que les deux chandelles éclairaient de leur

lumière jaune en faisant danser les ombres sur le plafond ; mais il valait bien mieux regarder la brune Riekje assise près du feu, car c'était une belle jeune femme. Large d'épaules, le cou rond, les mains fortes, elle avait les joues pleines et hâlées, les yeux veloutés et bruns, la bouche épaisse et rouge, et ses noirs cheveux se tordaient six fois autour de son chignon, épais comme les grelins avec lesquels on hale les chalans le long des rivières. Bien que douce et timide, elle se laissait volontiers aller à des rêveries sombres ; mais quand son Dolf était près d'elle, la chair remontait de chaque côté de son amoureuse bouche et ses dents ressemblaient à la pale des rames quand elles sortent de l'eau et que le soleil luit dessus. Alors elle ne fronçait plus le sourcil, épais rideau sous lequel dormaient de tristes souvenirs, mais toutes sortes d'idées claires brillaient dans les plis de sa peau comme des ablettes scintillantes à travers les mailles du filet, et elle se tournait vers le beau garçon en frappant ses mains l'une dans l'autre.

La flamme qui passe par la porte du poêle rougit en ce moment ses joues comme deux tranches de saumon, et, par le coin de sa paupière, son œil profond, qu'elle fixe sur son ouvrage, luit, pareil à une braise dans les cendres. Mais deux choses luisent autant que ses yeux : c'est la pendeloque suspendue à la belière d'or qui pique son oreille et l'anneau d'argent qu'elle porte à son doigt.

— Riekje, êtes-vous bien ? lui demande Nelle Jeffers de temps à autre. Vos pieds ont-ils chaud dans vos sabots doublés de paille ?

Et elle répond en souriant :

— Oui, maman Nelle, je suis comme une reine.

— Comme une reine, dites-vous, reprend Nelle. C'est tout à l'heure que vous serez comme une reine, ma bru, car vous allez manger les *kœkebakken* aux pommes de maman Nelle. Voici Dolf qui traverse la passerelle et qui nous apporte la farine, les œufs et la crème. Vous m'en direz des nouvelles, Riekje.

Et elle ouvrit la porte à quelqu'un dont les sabots venaient, en effet, de battre lourdement le pont du bateau.

II

Un homme à la large carrure, la figure ouverte et riante, parut dans la lueur rouge de la chambre, et sa tête touchait au plafond.

— Voilà, mère ! s'écria-t-il.

Il jeta son chapeau dans un coin et, avec mille précautions, extirpa de ses poches des sacs de papier qu'il déposait ensuite sur la table.

— Dolf, j'en étais sûre, vous avez oublié la pinte de lait, s'écria maman Nelle quand il eut tout étalé.

Alors Dolf rentra la tête, tira longuement la langue et parut déconcerté comme si vraiment il lui fallait repasser la planche pour retourner à la boutique. Mais, en même temps, il clignait des yeux du côté de Riekje pour lui faire entendre que c'était un leurre. Et Nelle, qui n'avait pas vu cette grimace, abattit le poing de sa main droite dans la paume de sa main gauche en se lamentant.

— Qu'est-ce que nous allons faire sans lait, Dolf ? Vous verrez qu'il faudra que j'aille moi-même à la ville. Ayez donc de grands garçons, Tobias, pour qu'ils ne songent plus qu'à l'amour qu'ils ont dans la tête.

— Et si je fais sortir le lait de dessous la chaise de

Riekje, est-ce que vous m'embrasserez, la mère ? dit le grand Dolf en riant de tout son cœur et en jetant un de ses bras autour du cou de la bonne Nelle, tandis qu'il tenait l'autre bras caché derrière son dos.

— Taisez-vous, méchant garçon, répliqua Nelle, demi fâchée demi riante ; comment est-il possible que Riekje ait du lait sous sa chaise ?

— Me baiserez-vous ? répétait le jovial garçon. Une... deux...

Alors elle se hâta de dire à Riekje :

— Allons, levez-vous, la belle fille, pour savoir si je baiserai votre garnement de mari.

Dolf se baissa vers Riekje, chercha longtemps sous sa chaise, feignant de ne pas trouver d'abord ; et doucement il lui chatouillait le mollet ; et enfin il leva triomphalement le pot à lait au bout de son bras. Et il criait de toutes ses forces, son poing sur la banche :

— Qui sera baisé, la mère ? Qui sera baisé ?

Et tout le monde riait aux éclats de cette bonne farce.

— Dolf, embrassez Riekje ; les mouches aiment le miel, criait la bonne Nelle.

Le drille fit un cérémonieux salut à Riekje en rejetant le pied en arrière et appuyant la main sur son cœur, comme on fait chez les gens riches, et il lui dit :

— Ame de mon âme, me sera-t-il permis d'embrasser une aussi belle personne que vous ?

Puis, sans attendre la réponse, Dolf passa son bras autour de la taille de Riekje, et, la soulevant de sa chaise, il colla à son cou ses grosses lèvres de bon enfant. Mais Riekje, ayant tourné à demi la tête vers lui, ils s'embrassèrent sur la bouche un bon coup.

— Riekje, dit Dolf, en passant sa langue sur ses joues, d'une façon gourmande, un baiser comme cela vaut mieux que de la *ryspap*.

— Nelle, s'il vous plaît, faisons comme eux, dit Tobias. Je suis en joie de les voir heureux.

— Bien volontiers, notre homme, dit Nelle. N'avons-nous pas été comme eux dans notre bon temps ?

— Ah ! Nelle, c'est toujours le bon temps tant qu'on est deux et qu'on a une petite place sur la terre pour y faire son ménage en paix.

Et Tobias embrassa sa vieille femme sur les joues ; puis, à son tour, Nelle lui donna deux gros baisers qui claquèrent comme du bois sec qu'on casse pour ranimer le feu.

— Riekje, disait tout bas le beau Dolf, je vous aimerai toujours.

— Dolf, répondait Riekje, je mourrai avant de cesser de vous aimer.

— Riekje, je suis plus âgé que vous de deux ans. Quand vous en aviez dix, j'en avais douze et je crois que je vous aimais déjà, mais pas autant qu'aujourd'hui.

— Non, mon cher homme, vous ne me connaissez que depuis le dernier mois de mai. Tout le reste n'existe pas. Dites-moi, Dolf, que le reste n'existe pas. J'en ai besoin pour vous aimer sans honte.

Et Riekje se roulait contre la large poitrine de son mari en se rejetant un peu en arrière, et il était très facile de voir que la jeune femme serait bientôt mère.

— Allons, les enfants, cria maman Nelle, voici le moment de faire ma pâte.

Elle atteignit une casserole de fer dont l'émail reluisait, versa dedans la farine, les œufs et le lait, puis fouetta vigoureusement le tout, après avoir relevé ses manches sur ses bras bruns. Et quand elle eut bien battu la pâte, elle posa la casserole sur une chaise près du feu et la couvrit d'un linge, de peur que la pâte prît froid. Tobias, de son côté, saisit la poêle à frire, la graissa d'un peu d'oing et la mit tiédir un instant sur le feu, pour que la pâte y roussît partout également. Et, assis l'un près de l'autre sur le même banc, Riekje et Dolf, ayant pris des pommes dans un panier, les coupaient en rouelles, après avoir enlevé les cœurs et les pépins.

Alors Nelle sournoisement alla chercher une seconde casserole dans l'armoire et la posa sur le feu ; puis elle y mit de l'eau tiède, de la farine, du thym et du laurier. Dolf s'est bien aperçu que la casserole contient encore autre chose ; mais Nelle l'a si rapidement recouverte qu'il ne sait si c'est de la viande ou des choux. Et il demeure perplexe, ruminant des conjectures.

Petit à petit le contenu commence à bouillonner et une mince fumée brune s'échappe du couvercle qui danse sur les bords. Dolf maintenant allonge son nez du côté du poêle et il ouvre si fort ses narines qu'on logerait une noix dans chacune ; mais toujours l'odeur le déçoit.

Quand enfin maman Nelle va lever le couvercle pour voir si ce qu'il y a dessous cuit comme il faut, il se dresse sur la pointe des orteils et cherche à se glisser derrière son dos, en se faisant tout petit et puis tout long, pour paraître plus comique. Et Riekje rit derrière ses mains, en le regardant du coin de l'œil. Tout à coup Dolf pousse un grand cri pour surprendre sa mère, mais Nelle l'a vu venir, et au moment où il croit plonger son regard dans la casserole, elle rabat le couvercle et lui fait une belle révérence. Qui est bien attrapé ? C'est Dolf. Et cependant il s'écrie en riant :

— Cette fois-ci, je l'ai vu, mère. C'est le vieux chat de Slipper que vous avez mis à la casserole et vous l'avez engraissé avec des chandelles.

— Oui, répliqua Nelle, et après je ferai frire les souris à la poêle. Allez, méchant garçon, occupez-vous de dresser la table et laissez-moi tranquille.

Doucement Dolf se coule dans le réduit qui confine à la cabine, y choisit une chemise bien blanche et bien amidonnée, la passe par-dessus ses habits et reparaît en faisant voler les pans avec ses mains. Aussitôt qu'elle l'a aperçu, Nelle pose ses poings sur ses hanches et se prend à rire de si grand cœur que les larmes lui sortent des yeux et Riekje bat des mains en riant aussi. Tobias garde son sérieux, et, pendant que Dolf se promène dans la chambre en demandant à Nelle si elle ne veut pas le prendre à son service pour cuisinier, Tobias tire les assiettes de l'armoire et les frotte gravement avec un coin de la chemise blanche. Alors la bonne Nelle se laisse tomber sur une chaise et tape ses genoux du plat de ses mains en se renversant coup sur coup en avant et en arrière.

Au bout de quelque temps, la table se trouva mise ; les assiettes reluisaient, rondes et claires comme la lune dans l'eau ; et près des assiettes, les fourchettes d'étain avaient l'éclat de l'argent.

Nelle ouvrit une dernière fois la casserole, goûta la sauce et, levant la grande cuillère de fer-blanc en signe de commandement, elle cria :

— A table. Le plaisir va commencer.

On approcha le grand coffre de la table, car il n'y avait que deux chaises, et Dolf s'assit sur le coffre près de Riekje. Tobias prit une chaise et allongea ses jambes, en croisant ses mains sur son ventre, après avoir mis une chaise à côté de lui pour la bonne Nelle. Puis une grande fumée se répandit jusqu'au plafond de bois et la casserole apparut sur la table, avec un grésillement de neige fondant au soleil.

— C'est le chat de Slipper, je le savais bien, cria Dolf, quand Nelle l'eut décoiffée.

Chacun tendit alors son assiette, et Nelle, plongeant la louche dans la casserole, en tirait de la viande brune, coupée par morceaux, qu'elle versait sur les assiettes, avec beaucoup de sauce. Dolf regarda attentivement les morceaux que lui donnait Nelle, les flaira l'un après l'autre et au bout d'un instant, frappant des poings sur la table, s'écria :

— Dieu me pardonne, Riekje, ce sont des *schœsels*.

Et, en effet, c'étaient des tripes de bœuf accommodées à la manière flamande, avec le foie, le cœur et les poumons. Dolf d'abord piqua les plus gros quartiers à la pointe de sa fourchette, et pendant qu'il les avalait, il passait sa main sur son estomac pour montrer que c'était bon.

Et Tobias disait :

— Nelle est une fameuse cuisinière. Je sais bien que chez le roi Léopold on mange les *schœsels* au vin, mais Nelle les fait tout aussi bien à l'eau.

— Certes, c'est là une bonne fête de Saint-Nicolas, dit Dolf à sa femme en faisant claquer sa langue contre son palais. Nous nous souviendrons toujours que nous avons mangé des tripes à la Saint-Nicolas de la présente année.

Voici que la vieille Nelle se lève de table et installe la poêle à frire sur le feu. Mais elle a pris soin, avant tout, de jeter des margotins sur la flamme après avoir raclé les cendres avec le crochet. Alors la fonte recommence à ronfler et Nelle, tout à coup devenue sérieuse, découvre la pâte.

Celle-ci se soulève jusqu'au bord de la casserole, grasse, épaisse, odorante, avec de petites boursouflures qui la gonflent çà et là. Nelle immerge la cuillère à pot en cette belle nappe profonde, et quand elle l'en retire, de longs filets descendent de tous côtés. Maintenant la poêle siffle et pétille, car la pâte vient de couler sur le beurre bruni, autour des rondelles de pommes que Nelle y a disposées préalablement. Et la première crêpe, roussie sur les bords, bondit en l'air, lancée d'un adroit tour de bras. Dolf et Tobias frappent des mains et Riekje admire l'adresse de la vieille Nelle.

Vite une assiette ! Et la première *kœkebakke* s'étale dessus, avec la couleur de la sole frite, dorée et grésillante. A qui cette primeur de la poêle ? Elle sera pour Tobias ; mais Tobias la passe à Riekje, et la jeune femme l'ayant découpée en morceaux, en partage avec Dolf les bouchées.

Tobias les regarde manger l'un et l'autre d'un air satisfait et dit à Nelle :

— Allons, femme, je vois que les *kœkebakken* sont toujours aussi bonnes que la première fois que vous en avez faites pour moi.

Et en reconnaissance de cette bonne parole, une large crêpe juteuse s'abat devant lui, ronde comme les disques que les joueurs de palet lancent au but. Et Tobias s'écrie :

— Le soleil brille sur mon assiette comme quand, du pont, je le regarde briller dans l'eau.

La pâte ruisselle à flots dans la poêle, le beurre chuinte, le feu gronde, et les crêpes tombent à la ronde sur la table, comme une marée de tanches.

— A mon tour, mère, s'écrie Dolf, quand la casserole est près de se vider.

Nelle s'assied près de Tobias et mange deux crêpes qu'elle a gardées pour elle, parce qu'elles sont moins réussies que les autres. Déjà Dolf fait circuler la pâte dans la poêle, mais il ne l'étale pas en rond comme Nelle, car il a rêvé de cuire un bonhomme tel qu'il s'en voit à la vitrine des boulangers la veille de Saint-Nicolas. Oh ! oh ! la tête et le ventre sont visibles sans qu'il soit besoin de mettre ses lunettes. Restent les bras et les jambes. Dolf guide la cuillère d'une main prudente, le nez penché sur son ouvrage avec la peur de verser la pâte trop vite ou trop lentement. Tout à coup il pousse un cri victorieux et fait glisser sur l'assiette de Riekje cette caricature ; mais à peine a-t-elle touché la faïence qu'elle se casse en deux et devient une marmelade où il est impossible de distinguer quelque chose. Il recommence encore et recommencera tant que son bonhomme pourra se tenir droit sur ses jambes. Et pour le rendre plus vivant, il lui mettra alors dans la tête un quartier de pomme, en guise de visage.

— Garçon, dit Tobias à son fils, vous trouverez dans le coin aux copeaux une vieille bouteille de schiedam que j'ai rapportée de Hollande avec trois autres ; mais les trois autres ont été bues et il ne reste plus que celle-là. Vous la prendrez et vous l'apporterez sur la table.

Dolf fit comme son père avait dit et Nelle rangea les petits verres. Tobias ensuite déboucha la bouteille et remplit deux verres, un pour Dolf et un pour lui. Et chacun put voir que c'était, en effet, un bon vieux schiedam, car Tobias et son fils remuaient leur tête de haut en bas et faisaient résonner leur langue avec satisfaction.

— Ah ! ma bru, dit Nelle, ce sera un beau jour pour nous tous, dans deux ans, quand nous verrons sous la cheminée un petit sabot, avec des carottes et des navets dedans.

— Oui, Riekje, ce sera un beau jour pour nous tous, dit à son tour Dolf en pressant dans ses gros doigts la main de sa femme.

Et Riekje leva sur le bon garçon ses yeux où il y avait une larme, en lui disant tout bas :

— Dolf, vous êtes un cœur du bon Dieu.

Il s'assit près d'elle et lui nouant son bras autour des hanches :

— Ma Riekje, dit-il, je ne suis ni bon ni mauvais, mais je vous aime de tout mon cœur.

Et Riekje à son tour l'accola et dit :

— Mon cher Dolf, quand je pense au passé, je ne sais comment je puis encore prendre goût à la vie.

— Ce qui est passé est passé, Riekje, ma bien voulue, répondit Dolf.

— Ah ! Dolf, mon cher Dolf, il y a des jours où je songe qu'il vaudrait mieux être déjà là-haut afin de dire à madame la Vierge ce que vous avez fait pour moi.

— Riekje, je suis triste quand vous êtes triste. Vous voulez donc que je me fasse du chagrin ce soir à cause de vous ?

— Ah ! mon cher Dolf, je donnerais mon sang pour vous épargner un seul instant de chagrin.

— Alors, Riekje, montrez-moi vos belles dents blanches et regardez de mon côté en riant.

— Dolf, je ferai selon votre commandement, car mes tristesses et mes joies sont à vous. Riekje n'a que son cher Dolf sur la terre.

— Bien ça, Riekje, je veux être tout pour vous, votre père, votre mari et votre enfant. N'est-ce pas, Riekje, que je suis un peu aussi votre petit enfant ? Nous serons deux à aimer notre maman.

Riekje prit la tête de Dolf dans ses mains et l'embrassa sur les joues comme on boit une liqueur sucrée, en s'arrêtant par moments pour savourer la douceur de ce breuvage, puis en recommençant à boire de plus belle. Et la bouche collée à son oreille, elle murmura du bout des lèvres :

— Dolf, mon Dolf chéri, l'aimerez-vous au moins ?

Dolf leva la main gravement, et dit :

— Je prends le ciel à témoin de ce que je vais dire, Riekje. Je l'aimerai comme s'il était ma chair et mon sang.

— Notre garçon a eu la main heureuse, dit Nelle à son mari. Riekje est une douce femme : le jour où elle est entrée chez nous, elle y a amené la joie, Tobias.

— Nous sommes bien pauvres, Nelle, répondit Tobias, mais il n'y a pas de plus grande richesse pour de vieux parents comme nous que de voir, assis auprès de leur feu, des enfants amoureux.

— Et ceux-ci s'aiment, Tobias, comme nous nous sommes aimés.

— Vous étiez alors une fraîche et jolie fille de Deurne, avec des joues aussi rouges que la cerise, et votre nez était un joli petit coquillage comme on en voit sur le sable de la mer, Nelle. Quand vous alliez le dimanche à l'église avec votre grand bonnet à barbes et votre plaque de cuivre sur la tête, étant jeune fille, il n'y avait pas un homme qui ne se retournât sur vous.

— Mais je ne me retournais sur personne, car Tobias, le beau garçon aux cheveux noirs et à la barbe pointue, avec sa veste de velours vert, ses yeux brillants et ses grosses joues brunes, était mon prétendu.

— Ah ! Nelle, c'était une bonne chose dans ce temps qu'un serrement de main derrière la haie, et quelquefois je vous prenais un baiser, mais par surprise, quand vous détourniez la tête.

— C'est vrai, Tobias, mais à la fin je ne détournais plus la tête et vous m'embrassiez tout de même.

Et Riekje disait à Dolf :

— Il n'y a pas de plus grand bonheur sur la terre, mon Dolf, que de vieillir en s'aimant: d'abord on ne sent pas que les années deviennent plus courtes à mesure que la vie s'allonge; et quand l'un meurt, l'autre meurt de suite après. Ainsi l'on n'a pas le temps de cesser de s'aimer.

— Oui, Riekje. Et si le vieux père meurt le premier, je dirai au fossoyeur: « Creusez une large tombe, homme de la mort, car notre mère y va descendre à son tour. »

— Ah! cœur, s'écria Riekje, en serrant son mari dans ses bras, ainsi dirai-je pour moi au fossoyeur, si la mort m'enlève mon Dolf.

Le feu ronflait dans l'âtre, et les chandelles, tirant sur leur fin, grésillaient avec une lueur vacillante. Maintenant Nelle oubliait de moucher les mèches qui, écroulées par les champignons, faisaient dégoutter le suif en grosses larmes jaunes. Et dans la lumière rougeâtre qui s'élargissait en cercles comme de l'eau où une pierre est tombée, l'étroite et pauvre chambre avait l'air d'un petit paradis, car il y avait là des cœurs heureux.

Rude et couleur de saumon fumé, la tête de Tobias se détachait de la brune paroi avec ses pommettes saillantes, son menton couvert d'un bouquet de poils gris, sa bouche rasée et ses oreilles garnies d'une belière d'or. Et près de lui se tenait assise la vieille Nelle. Elle tournait le dos aux chandelles, et par moments, quand elle remuait la tête, un reflet clair plaquait son front, l'or de ses pendants scintillait à ses oreilles, le bout de son nez s'allumait d'une paillette, et de l'ombre sortaient, comme les ailes d'un oiseau, les barbes de sa cape. Elle était vêtue d'un gros jupon de laine sur lequel dansaient les basques de sa jaquette à fleurs, plissées en tuyaux raides, mais le bras de Tobias, étant posé dessus, en dérangeait un peu la symétrie.

De l'autre côté de la chambre, Riekje et Dolf se tenaient les mains enlacées ; leurs visages l'un près de l'autre, ils s'étaient un peu écartés pour mieux se regarder sans être vus. Et quand ils faisaient un mouvement, la clarté des chandelles frappait le menton rasé de Dolf, la bouche pourprée de Riekje, leurs nuques ou leurs oreilles percées d'anneaux, comme le soleil allume sous les vagues le ventre des poissons. Sur les planches luisaient les chaudrons, les marmites et les pots, et dans les coins, l'ombre avait la douceur du velours.

— Qu'avez-vous, Riekje ? s'écria Dolf tout à coup, vos joues deviennent blanches comme les assiettes qui sont dans l'armoire et vos yeux se ferment. Ma Riekje, qu'avez-vous !

— Ah ! Dolf, répondit Riekje. Si c'était pour aujourd'hui ! J'ai souffert tout l'après-midi et voici que le mal augmente. Mon enfant ! mon enfant ! Si je meurs, aimez-le, Dolf, mon cher homme.

— Mère ! mère ! s'écria Dolf, le cœur me tourne.

Puis, il se couvrit la figure de ses larges mains et se mit à sangloter dedans, sans savoir pourquoi.

— Allons, Dolf, du courage, dit Tobias en lui frappant sur l'épaule. Nous avons tous passé par là !

— Riekje, la Riekje de mon cœur, disait de son côté la bonne Nelle en pleurant, il ne pouvait nous arriver un plus grand bonheur le jour de la Saint-Nicolas. Les pauvres gens sont plus joyeux d'un enfant qui leur vient que de tous les trésors de la terre, mais l'enfant est surtout bienvenu quand le ciel nous l'envoie le jour de Pâques ou le jour de la Saint-Nicolas.

— Dolf, dit Tobias, vous avez de meilleures jambes que moi. Il faudra courir jusque chez madame Puzzel ; nous veillerons sur Riekje.

Alors Dolf pressa une dernière fois Riekje dans ses bras, et on l'entendit monter l'échelle en courant; puis son pas fit danser la planche qui joignait le bateau à la rive.

— Il est déjà loin, dit Tobias.

III

Comme un grand oiseau, la nuit est étendue sur la ville; mais il a neigé les jours précédents, et à travers les bonnes ténèbres, Dolf aperçoit la face pâle de la terre, pâle comme celle des trépassés. Il court le long du fleuve, à toutes jambes, comme quelqu'un qui, perdu sur les plages, écoute gronder derrière ses talons la mer rapide sans que, toutefois, le bruit que font ses sabots en retombant sur le sol, soit aussi pressé que les battements de son cœur dans sa poitrine. Au loin, dans le brouillard, les réverbères ressemblent à la procession des porteurs de cierges dans les enterrements : il ne sait comment cette idée lui est venue; et elle lui fait peur, parce que derrière il voit la mort, encore une fois. Maintenant il heurte des formes silencieuses, marchant avec mystère, d'un pas diligent.

— Sans doute on les a appelés en hâte et ils se rendent au chevet des moribonds, pense-t-il.

Puis il se souvient que c'est la coutume en Flandres de mettre cette nuit-là dans la cheminée, à la place du foin, des carottes et des navets qu'y ont déposés les petits pour servir de nourriture à l'âne de saint Nicolas, des poupées, des chevaux de bois, des harmonicas, des violons ou simplement de grands hommes en spikelaus, selon la fortune de chacun.

— « Ah ! dit-il soulagé, ce sont des pères et des mères qui vont aux boutiques. » Cependant les tristes réverbères, pareils à des porteurs de cierges, à présent semblent se donner la chasse par les quais ; leurs petites flammes courent en tous sens, se croisent, ont l'air de gros papillons de nuit. — « J'ai la berlue, — ainsi dit-il ; sûrement il n'y a de papillons que dans ma tête.

Tout à coup il a entendu des voix. On crie, on appelle, on se lamente. Des torches vont et viennent le long de la rive, avec de rouges lueurs, que le vent secoue comme des lanières, parmi des tourbillons de fumée. Et dans le tremblement des feux, Dolf distingue des silhouettes qui se démènent, et d'autres se penchent sur le fleuve, sombre comme un puits.

Alors tout s'explique : les réverbères n'ont pas bougé de place ; mais il a été induit en erreur par les falots errants.

— Cherchons Dolf Jeffers, crient deux hommes. Il n'y a que lui qui soit capable d'en venir à bout.

— Voici Dolf Jeffers, répond aussitôt le brave garçon, que lui voulez-vous ?

Il les reconnaît à présent : ce sont ses amis, ses frères de misère et de peine, des bateliers comme lui. Tous l'entourent en gesticulant, et un vieux, ridé comme une plie sèche, frappe sur son épaule et dit :

— Dolf, au nom de Dieu ! Un chrétien se noie. Au secours ! Il n'est peut-être plus temps. Habits bas, Dolf !

Dolf regarde l'eau, les falots, la nuit qui est sur sa tête et les hommes qui le caressent de leurs mains.

— Compagnons, s'écrie-t-il, devant Dieu, je ne puis. Riekje est dans les maux et je ne suis pas maître de ma vie.

— Dolf ! Au secours! crie encore le vieil homme.

Et de ses mains qui tremblent il lui montre ses habits ruisselants d'eau.

— J'ai trois enfants, Dolf, et pourtant j'ai déjà plongé deux fois, mais les bras ne vont plus.

Dolf se tourne vers les figures pâles qui font cercle autour de lui :

— Lâches, s'écrie-t-il. Il n'y en a donc pas un parmi vous qui veuille sauver un homme qui se noie ?

Mais la plupart courbent le front et haussent les épaules, comprenant qu'ils ont mérité cette injure.

— Dolf, crie de nouveau le vieux, aussi sûrement que la mort est la mort, je descendrai encore une fois, si vous n'y allez pas vous-même.

— God ! god ! Le voilà ! s'écrient en ce moment les gens qui promènent les falots sur l'eau. Nous avons vu ses pieds et sa tête. A l'aide !

Dolf jette au loin son habit et dit froidement au batelier :

— J'irai.

Et il dit encore :

— Qu'un de vous coure jusque chez madame Puzzel et la ramène sans tarder au *Guldenvisch*.

Puis il fait le signe de la croix et murmure entre ses dents :

— Jesus-Christus, qui êtes mort sur la croix pour racheter les hommes, ayez pitié de votre créature.

Il descend vers la rive, la poitrine nue, et la foule qui le suit tremble pour sa vie. Il regarde un instant le fleuve traître sur lequel les flambeaux égouttent des larmes de sang, ainsi qu'il regarderait sa propre mort Et comme quand un gros poisson frappe l'eau de sa queue, le fleuve bouillonne.

— Le voilà ! répètent les mêmes voix.

Alors l'abîme s'ouvre.

— Riekje ! a crié Dolf.

Et comme une prison, le flot froid se referme sur lui. Des ondulations qui s'élargissent rident seules la noire étendue que la lumière des torches fait paraître plus noire encore. Un silence lourd règne parmi le groupe qui regarde de la rive. Quelques hommes entrent à mi-corps dans le fleuve qu'ils battent avec de longues gaules ; d'autres déroulent des câbles qui vont à la dérive ; trois d'entre eux se sont glissés dans un canot et rament sans bruit, en ayant soin de remuer les falots à ras de l'eau. Et l'homicide Escaut coule comme de l'éternité avec un murmure doux, en léchant la rive.

Deux fois Dolf remonte à la surface et deux fois il disparaît : on voit ses bras qui s'agitent et sa figure blanchit vaguement dans la nuit. Il fend de nouveau le gouffre glacé et plonge au plus profond. Subitement ses jambes s'immobilisent comme nouées avec les algues perfides par les rancuniers Esprits des eaux. Le noyé s'est accroché à lui et il comprend que, s'il ne parvient pas à se dégager, c'en est fait de l'un comme de l'autre. Ses membres sont plus étroitement scellés que s'ils étaient rivés dans un écrou. Alors une lutte horrible s'engage et ils descendent dans les boues du lit. Tous deux frappent, mordent et se déchirent, comme de mortels ennemis, dans les ténèbres roulantes. Dolf prend à la fin le dessus ; les bras qui le paralysaient cessent de l'étreindre et il sent flotter à présent le long de son corps une masse inerte. Une lassitude funeste comme le sommeil s'est emparée de lui, sa tête penche en avant et l'eau lui entre dans la bouche. Mais la lueur des falots perce l'épaisseur des flots ; il rassemble ses forces, entraînant après lui cette proie qu'il vient de disputer aux anguilles voraces ; et sa poitrine respire enfin l'air vital.

Une grande clameur s'élève alors.

— Hardi ! Dolf ! crie la foule, haletante, qui tend les bras par dessus le fleuve.

Des bateliers ont amassé du bois sur le bord et y ont mis le feu. La flamme monte en tournoyant et le ciel en est éclairé au loin.

— Par ici ! Dolf ! Courage ! Dolf ! cœur du bon Dieu, courage ! hurle encore la foule.

Dolf est sur le point d'atteindre la berge : il fend l'onde de toute la vigueur qui lui reste et pousse devant lui le corps inanimé. La rouge lumière du bûcher se répand comme une huile enflammée sur ses mains et sa figure, et brusquement à côté de la sienne éclaire la figure du noyé.

A peine a-t-il vu ce visage blême qu'il le repousse du poing au fond de l'eau et un cri de rage sort de sa poitrine : il vient de reconnaître l'homme qui a déshonoré sa Riekje et a fait fructifier ses entrailles. Dolf, le loyal garçon, a eu pitié de la pauvre fille de pêcheur délaissée et l'a prise pour femme devant Dieu et devant les hommes. Il le repousse donc ; mais le noyé, qui sent le fleuve se refermer encore une fois sur lui, enlace son sauveur dans ses bras plus durs que le fer. Alors tous deux disparaissent dans le noir de la mort.

Et Dolf entend une voix qui dit en lui :

— Meurs, Jacques Karnavash : il n'y a pas assez de place sur la terre pour toi et l'enfant de Riekje.

Et une autre voix répond à celle-là :

— Vis, Jacques Karnavash, car mieux vaudrait frapper ta mère d'un coup de maillet sur la tête.

IV

— Voilà Dolf qui nous ramène madame Puzzel, dit la vieille Nelle à Riekje, au bout d'une heure.

La passerelle balance, en effet, sous le pas de deux personnes, et des sabots cognent ensuite le pont, tandis qu'une voix crie :

— Tobias ! Tobias ! prenez la lanterne et éclairez madame Puzzel.

Tobias prend une des chandelles et pousse la porte en ayant soin d'abriter la chandelle avec sa main.

— Par ici, dit-il en même temps. Par ici !

La digne madame Tire-monde descend l'échelle et un jeune garçon descend après elle.

— Ah ! madame Puzzel, Riekje sera bien contente de vous voir. Entrez, dit Tobias. Bonjour, garçon. Tiens, c'est notre Lucas.

— Bonjour, Tobias, dit le jeune homme, Dolf est resté en chemin avec les camarades et j'ai fait la conduite à madame Puzzel.

— Entrez boire un verre, fils, dit Tobias. Vous irez retrouver Dolf ensuite.

Nelle s'avance à son tour et dit :

— Bonjour, madame Puzzel, comment va notre santé ? Voilà une chaise. Chauffez-vous.

— Bonjour la compagnie, répond la grosse petite vieille femme. Il va donc y avoir du sucre de baptême ce soir dans le *Guldenvisch*. C'est notre premier, n'est-ce pas, Riekje ? Allons, Nelle, faites-moi du café et donnez-moi des chaussons.

— Riekje, dit alors le jeune batelier, j'ai fait la conduite à madame Puzzel, parce que les camarades ont entraîné Dolf. Il ne faut pas que Dolf vous voie dans la douleur. Non. Ça n'est pas bon. Voilà pourquoi les camarades lui font boire un bon coup, afin qu'il prenne du courage.

— Et moi, j'en aurai davantage s'il n'est pas ici, s'écria Riekje en levant ses yeux brillants de larmes.

— Oui, dit à son tour Nelle, il vaut mieux pour tout le monde que Dolf ne soit pas ici.

Tobias ensuite versa un verre de genièvre et le donna au jeune garçon en disant :

— Voilà pour votre peine, Lucas. Quand vous aurez bu cela, vos jambes s'allongeront comme une paire de rames pour être plus vite auprès des amis.

Et Lucas but le verre en deux fois. Et il but le premier coup en disant à la compagnie :

— A la santé de tout le monde.

Et le second coup, il le but en se disant à lui-même :

— A la santé de Dolf, s'il est encore en vie.

Puis là-dessus bonsoir. Quand le gaillard s'en alla, la bouilloire chantait sur le feu et une bonne odeur de café commençait à se répandre dans la chambre, car la bonne Nelle avait posé le moulin sur ses genoux et broyait en tournant les graines noires qui crevaient en petits éclats.

Madame Puzzel, ayant défait l'agrafe de cuivre de son grand manteau noir à capuchon, tira de son cabas un étui à lunettes et un tricot. Elle chaussa ses lunettes sur son nez, passa les aiguilles à tricoter entre ses doigts et s'assit près du feu, en faisant aller ses mains aux longs doigts plats. Elle portait une jaquette de laine à fleurs, sous un châle noir, et ses chaussons sortaient du bas d'un jupon de tiretaine. De temps à autre elle levait les yeux par-dessus ses lunettes, sans hausser la tête, et regardait Riekje qui allait et venait en mettant la main sur son ventre et en se lamentant. Puis ses gémissements grandirent et madame Puzzel lui donna de petites tapes sur la joue en disant :

— Du courage, Riekje. Vous n'avez pas idée de la joie qu'on éprouve à entendre crier son petit enfant pour la première fois. C'est comme de la crème à la vanille qu'on mangerait en paradis, en écoutant de la bonne musique de violon.

Tobias, ayant appuyé au mur le grand coffre de bois qui servait de couchette, alla prendre deux matelas de varech à son propre lit, et tandis qu'il les étendait sur le coffre, une saine odeur de marée se répandait dans l'air. Nelle, ensuite, recouvrit les matelas de beaux draps de grosse toile qu'elle tapota longuement du plat de la main pour en effacer les plis, de manière à rendre le lit doux comme une couette de Hollande. Et vers minuit, madame Puzzel replia son tricot, posa ses lunettes sur la table et croisa ses bras en regardant le feu, puis elle se mit à préparer les langes, renfonça d'un coup de poing les oreillers, regarda l'heure à la grosse montre d'argent qu'elle portait sous sa jaquette. Et enfin elle bâilla six fois de suite et s'endormit d'un œil, en tenant l'autre ouvert.

Mais Riekje tordait à présent ses mains et criait :
— Mame Puzzel ! Mame Puzzel !
— Mame Puzzel ne peut rien pour vous, Riekje, répondait la grosse femme. Il faut attendre.

Au dedans, la bouilloire sifflait sur le feu : au dehors l'eau du fleuve clapotait contre le bateau. Des voix se mouraient au loin sur la rive et l'on entendait des portes se fermer.

— Il est minuit, disait Tobias: ce sont les gens qui sortent de l'estaminet.

— Ah ! Dolf ! mon cher Dolf ! s'écriait chaque fois Riekje. Pourquoi ne revient-il pas ?

Et pour la calmer, Nelle, de son côté, disait :

— Je vois les lampes qui s'éteignent une à une dans les bateaux et dans les maisons. Dolf sûrement va rentrer.

Mais Dolf ne rentrait pas.

Deux heures après minuit, les douleurs de Riekje devinrent si grandes qu'elle fut forcée de se coucher sur le coffre. Madame Puzzel rapprocha alors sa chaise, et maman Nelle prit son chapelet, pour dire les prières. Et il se passa encore deux heures.

— Dolf ! Dolf ! criait sans cesse Riekje. Où reste-t-il si longtemps quand sa Riekje va mourir ?

Et Tobias montait de temps à autre à l'échelle pour voir si Dolf ne revenait pas. Le petit hublot du *Guldenvisch* reflétait sur l'eau noire la rougeur de ses vitres et il n'y avait plus d'autre fenêtre éclairée dans la ville. Au loin le carillon d'une église sonnait les quarts dans l'air de la nuit et, comme une volée d'oiseaux échappés d'une cage, Tobias écoutait les notes de la musique qui lui parlaient de celui qui allait venir. Lentement, les lampes se rallumèrent l'une après l'autre dans les maisons, des lumières tremblèrent le long de l'eau, pareilles à des étoiles. Puis le matin vert et froid coula dans les rues. Alors un petit enfant se mit à crier dans le bateau et ses cris semblèrent, à ceux qui les entendaient, doux comme le bêlement d'un agnelet dans sa crèche.

— Riekje ! Riekje !

Une voix lointaine appelle Riekje. Qui bondit sur le pont et se précipite dans la petite chambre ? C'est Dolf, le bon garçon. Riekje, qui sommeille, ouvre les yeux et voit son cher homme à genoux près du lit. Tobias jette son bonnet en l'air et Nelle agace, en riant, la bouche du nouveau-né que madame Puzzel emmaillote sur ses genoux. Et quand l'enfançon est bien enveloppé dans ses langes, madame Puzzel le met dans les bras de Dolf qui l'embrasse à petites fois, avec précaution.

Riekje appelle Dolf, lui prend la tête dans ses mains, puis elle sourit et s'endort jusqu'au matin. Dolf pose son front à côté d'elle sur l'oreiller ; et comme leurs cœurs, leurs haleines demeurent confondues pendant leur sommeil.

V

Dolf un matin s'en va à la ville.

Les cloches de mort sonnent à grandes volées et leurs glas se répondent à travers l'air comme, sur les naufragés, le cri rauque des goëlands et des pétrels.

Une longue procession s'enfonce sous le porche de l'église, et l'autel tendu de noir se constelle de la clarté des cierges brillants comme des larmes dans des yeux de veuve.

— Qui est trépassé dans la ville? demande Dolf à une vieille mendiante accroupie, le menton sur les genoux, au seuil de l'église.

— Un riche fils de famille, un homme de bien, Jacques Karnavash. Une petite aumône, s'il vous plaît, pour le repos de son âme.

Dolf ôte son chapeau et entre dans l'église.

Il se cache derrière un pilier et voit le cercueil aux clous d'argent disparaître sous le noir catafalque.

— Seigneur Dieu, dit-il, que votre justice se fasse. Pardonnez-lui comme je lui ai pardonné.

Et quand la foule se rend à l'offrande, il va prendre un cierge des mains de l'enfant de chœur et suit ceux qui font le tour des candélabres, grands comme des arbres, qui brûlent aux quatre coins du poêle.

Puis il s'agenouille dans un coin obscur, loin des hommes et des femmes qui sont venus pour honorer la mémoire du mort, et il mêle ces paroles à sa prière :

— Dieu, père des hommes, pardonnez-moi à mon tour. J'ai sauvé cet homme des eaux, mais le cœur m'a d'abord manqué quand j'ai vu que c'était le séducteur de ma Riekje, et j'ai senti le désir de la vengeance. Alors j'ai repoussé sous moi celui qui avait une mère et qu'il m'était réservé de rendre à sa mère : je l'ai repoussé d'abord avant de le sauver des eaux. Pardonnez-moi, Seigneur, et s'il faut que j'en sois puni, ne punissez que moi seul.

Il sort ensuite de l'église, et au fond de l'âme il pense :

— A présent il n'est plus personne sur la terre pour dire que l'enfant de Riekje n'est pas mon enfant.

— Hé ! Dolf, lui crient des voix sur le quai.

Il reconnaît ceux qui l'ont vu ramener à la rive Jacques Karnavash.

Ces rudes cœurs tremblaient pour lui comme des cœurs de femme : ils embrassaient ses genoux et lui disaient :

— Dolf, vous valez mieux que nous tous.

Il était tout à coup tombé sur le pavé, mais ils l'avaient porté près d'un grand feu, dans une cuisine d'auberge, lui avaient chauffé l'estomac avec du genièvre et l'avaient soigné jusqu'au moment où il s'était senti assez de force pour courir auprès de sa Riekje chérie.

— Dolf, lui crient-ils.

Et quand Dolf se retourne, le vieux batelier le serre dans ses bras et lui dit :

— Mon cher fils, je vous aime comme si vous étiez né de moi.

Et les autres lui serrent les mains de toutes leurs forces en lui disant :

— Dolf, nous ne mourrons pas sans avoir connu un vrai cœur de garçon.

— Et moi, camarades, fait Dolf en riant, je ne mourrai pas sans avoir bu encore avec vous plus d'une pinte à la santé du gros fiston que Riekje m'a donné l'autre nuit.

FLEUR-DE-BLÉ

A M. Gustave Robert

FLEUR-DE-BLÉ

I

Il y avait ce soir-là à Wavre, sur la place, une maison où l'on se préparait surtout à fêter saint Nicolas. C'était chez le boulanger Hans Jans. Dans la chambre à deux fenêtres, sise au dessus de la boutique, un grand feu et une petite lumière éclairaient le beau lit des étrangers, avec ses courtines de perse à fleurs roses et son bois de chêne poli qui reluit.

Et dans le lit était couchée Fleur-de-Blé, la fille de Jans.

Bonne-maman Jans par moments mettait une bûche dans l'âtre, en ayant soin de retourner celles qui étaient consumées ; puis, relevant ses lunettes sur les bandeaux bruns qu'elle portait par-dessus ses cheveux blancs, elle allait à pieds doux vers le lit.

— Fleur, disait-elle tout bas en écartant les courtines.

Et alors la lampe rouge jetait sa clarté sur Fleur-de-Blé tapie dans les draps et ne laissant voir que ses tout petits bras et sa toute petite figure.

Deux fois depuis que la grande horloge à gaîne de la boutique avait sonné sept heures, bonne-maman Jans avait ouvert les courtines du lit en appelant Fleur-de-Blé, et l'enfant ne s'était pas éveillée.

Elle entendait à chaque instant carillonner la sonnette que Jans avait attachée à la porte de la boutique et que le chaland faisait tinteler quand il entrait. Or, il venait beaucoup de monde ce soir-là chez les Jans, car ils avaient, en sucre et en pâte, les plus beaux bonshommes de la ville.

Et chaque fois que sonnait la sonnette, bonne-maman Jans se demandait :

— Est-ce pour un homme de six sous ou pour un homme d'un franc ? Ceux d'un franc ont des cheveux de sucre blanc et des joues de sucre rose, et ceux de six sous sont en pâte unie. Hans aurait dû faire aussi des hommes à deux francs, parce qu'il y aura toujours des gens qui voudront payer deux francs quand leur voisin n'en paye qu'un.

Et madame Jans servait au comptoir, regardant de côté les gamins qui, le nez rouge et les mains dans les poches, se renouvelaient toujours à la vitrine, devant les grands hommes de pâte, tandis que Jans disait dans le fournil :

— Allons, les garçons ! Hardi à la pâte ! Je m'en vais bientôt faire l'homme de Fleur.

Et, par la fenêtre de la petite chambre de derrière, madame Jans voyait Hans, les bras nus, en veste blanche et pantalon blanc, qui allait et venait, à la lueur des flammes, à côté des garçons penchés sur le pétrin.

Jans prit la plus grande de ses formes, y étendit le beurre, coula avec précaution la pâte, puis vivement plongea la forme dans le four.

— Ah ! Fleur, pensait madame Jans, quel beau spikelaus ton papa va te faire là ! Il n'y en a pas un autre dans tout Wavre pour donner à la pâte une si belle tournure. Certainement j'ai bien fait, étant fille de boulanger, de me marier avec Hans.

Jans ensuite retira des cendres brûlantes un admirable bonhomme fumant et blond qu'il détacha d'un coup sec, et il le déposa sur une planche poudrée de farine. C'était un gros monsieur en bas de culottes, avec une mitre sur la tête, une perruque dans le dos, une canne à crosse à la main et dans les poches des joujoux qui dépassaient. On lisait sur ses souliers à boucles, le long d'une banderole : Saint Nicolas.

D'admiration le premier mitron mit la main à son nez et le second la mit à son pantalon.

Hans, qui les vit, leur dit sévèrement :

— Sales garçons, depuis quand met-on à son pantalon et à son nez la main avec laquelle on pétrit ?

Puis Jans se mit à glacer en rose les joues et le nez du saint, piqua des grains d'anis dans la perruque, coula du chocolat sur l'habit, étendit une couche de gelée de groseilles le long du gilet, saupoudra de poussière d'or la crosse et la mitre, sucra en blanc les mains et les bas, enfin appela sa femme et, lui montrant son chef-d'œuvre, dit :

— Annette, la pâte est mêlée de tranches de melon, de morceaux d'oranges et de raisins. Je ne donnerais pas ce saint Nicolas pour cinq francs, parce que je ne le referais peut-être plus si bien pour dix.

Et Fleur-de-Blé s'éveilla tout à coup en disant de sa petite voix :

— Bonne maman, ça sent bien bon ; est-ce que saint Nicolas est déjà venu ?

Cette petite voix de Fleur ressemblait aux dernières

vibrations du cristal quand on l'a frappé avec un couteau et qu'on n'entend plus qu'un son qui va mourir.

— Non, mon enfant, répondit bonne maman Jans en remettant les petits bras de l'enfant dans le lit, saint Nicolas n'est pas encore venu, mais il passe dans la ville et c'est ça qui sent bon.

— Bonne maman, pourquoi que saint Nicolas sent bon quand il passe dans la ville?

— Parce que papa Jans fait cuire dans son four sa pâte à bonshommes. Et il y en a de six sous et il y en a aussi d'un franc. Veux-tu boire un peu?

— Bonne maman, répondit l'enfant, j'ai fait un rêve. J'ai rêvé que saint Nicolas venait me chercher dans mon lit : et il avait une grande barbe, comme l'image du bon Dieu que m'a donnée marraine Dictus. Et j'ai dit : « Bonjour, saint Nicolas, patron des bons enfants. » Et il m'a dit comme ça : « Fleur-de-Blé, je suis ton patron, en effet, car tu es une bonne petite fille et j'aime les bons petits enfants. Viens avec moi. » Et j'ai dit : « Pour où aller, bon saint Nicolas? » Et il m'a répondu : « Pour aller jouer en paradis. » Alors maman et papa et bonne maman m'ont donné une robe blanche et ils m'ont dit qu'ils viendraient plus tard. Et quand je suis entrée au paradis, il y avait des petites filles et des petits garçons tout en blanc qui jouaient.

» Ils m'ont prise dans leurs bras et ils m'ont dit qu'ils jouaient comme ça la nuit et le jour, toujours, et ils avaient des joujoux, bien plus beaux que ceux que papa m'a donnés au nouvel an dernier.

» Et les petites filles avaient des poupées aussi grandes qu'elles, qui faisaient la révérence et qui disaient : « Merci, madame. »

» Et alors saint Nicolas m'a embrassée et il m'a dit :

— Amuse-toi, je t'aime bien, qu'il m'a dit. Tu auras

aussi des poupées et elles te diront aussi : Merci, madame. » Et puis, bonne maman, j'ai senti une bonne odeur et je me suis éveillée.

II

— Voilà M. le docteur Trousseau qui vient te dire bonjour, Fleur-de-Blé, dit tout à coup bonne maman Jans.

M. Trousseau poussa la porte, et étant allé droit au lit, il dit :

— C'est papa Trousseau. Comment vas-tu, mademoiselle ? Voyons le pouls.... Hum ! hum ! Et la langue ? Tu as le sang aux joues, petite. On a donc eu des émotions ? — C'est ça, la Saint-Nicolas !

M. Trousseau mit la main sur le cœur de l'enfant, puis il y mit l'oreille, et ses yeux tout à coup roulèrent sous ses gros sourcils gris, comme la boule avec laquelle les joueurs abattent les quilles *Au Coq sans Tête*. En ce moment Jans et sa femme entrèrent l'un derrière l'autre sur la pointe des pieds, comme des ombres, en retenant leur haleine. Alors M. Trousseau se mit à souffler dans ses joues pour ne pas leur montrer son inquiétude. Puis il prit son chapeau et son parapluie et courut à la cure avertir M. le vicaire. Or, M. le vicaire aimait beaucoup les Jans et quelquefois allait les dimanches d'été manger la tarte chez eux.

Quand la pendule sonna neuf heures, Fleur de-Blé s'éveilla.

— Bonne maman, est-ce que saint Nicolas n'est pas encore venu ?

— Non, Fleur, il n'est pas encore venu, mais il passe sur la place.

— Och ! bonne maman, laissez-moi voir passer saint Nicolas sur la place.

— Fleur, reste en paix : saint Nicolas ne donne plus rien aux enfants qui l'ont vu.

— Och ! bonne maman, j'entends sur la place la voix du petit Paul qui crie : « Saint Nicolas passe derrière la maison du boucher Kanu, » et celle de la petite Marie qui lui répond : « Non, il ne passera que dans une heure. »

Le père Jans, entendant d'en bas qu'on parlait, monta, et ayant enveloppé Fleur-de-Blé d'un jupon de laine, l'approcha de la fenêtre dont il souleva le petit rideau blanc.

Il était tombé de la neige dans l'après-midi et il y en avait par terre près de trois pouces. Les maisons de la place se détachaient en noir sous une perruque blanche, dans un ciel roux d'où les flocons continuaient à tomber, comme tombe en mai, sous les ciseaux du tondeur, la toison des brebis. Des lumières bougeaient, et devant les boutiques, les quinquets dessinaient en rouge sur le sol blanc les carrés des vitrines. Mais ce que Fleur-de-Blé regardait surtout, c'étaient les grands parapluies des marchandes qui, les sabots garnis de panoufle et les mains sous leurs tabliers, se tenaient assises au milieu de la place, devant des tables recouvertes de nappes en serge à carreaux bleus et blancs sur lesquelles s'étalaient des lions de sucre d'orge, des drapeaux de Notre-Dame de Hal, des poupées à têtes de bois, des macarons, des couques de Dinant et des *spikelaus*.

Et, tandis que la neige dansait en petites ouates qui poudraient les parapluies et faisaient grésiller la mèche des chandelles, les enfants des pauvres gens, le nez roupilleux et un doigt dans la bouche, regardaient, sans rien dire et tour à tour, les brimborions de l'étalage et les marchandes qui à pleines joues soufflaient sur leurs petits réchauds de terre d'où s'envolait une nuée d'étincelles.

Par moments, Fleur-de-Blé entendait un claquement de porte dans la rue, et tantôt un voisin quittait sa maison pour se rendre au cabaret, tantôt une voisine, en sabots et le cabas à la main, trottinait du côté des parapluies après avoir eu soin de faire le tour de clé ; et d'autres fois, elle n'entendait plus que des lambeaux de voix traînant dans le soir.

Mais la neige amortissait tous ces bruits et les faisait paraître doux comme du velours.

— Je vois bien encore, disait-elle, la vieille Lisbeth qui balaye la neige devant sa porte, et elle a mis près d'elle un seau d'escarbilles pour les jeter sur le trottoir après qu'elle l'aura balayé. Je vois aussi M. Onuzel, le pâtissier, qui se promène les mains dans les poches en fumant sa belle pipe de porcelaine, et il regarde de loin les bonshommes que papa a faits ce matin. Mais je suis bien contente de n'avoir pas vu saint Nicolas, et je vais rentrer dans mon lit.

Papa Jans recoucha Fleur-de-Blé et l'embrassa en lui disant :

— Dors bien, ma Fleur. Ton papa fera la maison bien belle pour recevoir saint Nicolas, et on étendra sous la cheminée le beau tapis rouge à fleurs noires qu'on met à la fenêtre entre deux bougies quand passe M. le curé avec la procession.

Et grand'maman Jans dit :

— Comment est-il possible, Jésus mon Dieu ! de ne pas aimer une enfant qui se laisse mettre au lit sans pleurer et qui est toujours contente de sa bonne-maman?

On n'entendit plus bientôt dans la chambre que la faible respiration de l'enfant et le bruit des aiguilles à tricoter qui cliquetaient dans les petites mains sèches de grand'maman Jans.

III

Tout à coup M. le vicaire, son tricorne sur l'oreille, ouvrit la porte de la boutique et dit à papa Jans et à maman Jans qui faisaient leur caisse en mettant à part les petits sous, les gros sous et les francs :

— C'est moi, mes amis. Bonjour, madame Jans. Je viens voir si Fleur-de-Blé a mis son petit sabot dans la cheminée.

— Tiens ! C'est M. le vicaire, dit Jans en ôtant sa pipe de sa bouche et en le conduisant dans la petite chambre qui est derrière la boutique. Bonne maman Jans sera bien contente de vous voir.

Dans ce moment, la porte de la chambre d'en haut s'ouvrit et bonne maman Jans cria très vite :

— Hans ! Hans !

— Ah ! c'est ça ! dit Jans. Fleur-de-Blé m'appelle à tout bout de champ pour me parler de saint Nicolas. Ces anges-là ! Montez, monsieur le vicaire.

— Jésus God ! cria bonne maman quand elle les vit. Fleur-de-Blé vient de se lever et elle veut descendre sur la place... Votre bénédiction, monsieur le vicaire.

Fleur-de-Blé avait les yeux grands ouverts et elle regardait sans voir du côté des fenêtres.

— Ma Fleur ! cria Jans comme un fou.

Et il remit la fillette dans les couvertures.

M. le vicaire ayant tourné les yeux vers Jans, vit qu'il était pâle comme les draps du lit et que ses mains tremblaient.

Fleur-de-Blé ferma doucement les yeux et se rendormit; mais ses petites mains, transparentes comme une porcelaine dans laquelle brûle une veilleuse, continuaient à faire des gestes vagues sur la courte-pointe.

— Du courage, Jans, dit le vicaire en lui posant doucement la main sur l'épaule. Pensez à notre Seigneur qui a souffert la Passion.

Mais Jans, les yeux perdus, regardait son enfant et ne l'entendit pas.

Alors Fleur se mit à remuer doucement les lèvres comme si elle parlait tout bas à quelqu'un qui était de l'autre côté de la nuit ; et à la fin elle prononça ces mots :

— Je suis Fleur-de-Blé, la fille du boulanger Jans qui est sur la place.

Elle se tut un instant et reprit :

— Bonjour... Toujours jouer... Poupées... Merci, madame.

Sa voix était comme une musique de violon très douce, et tandis qu'elle parlait, un petit sourire pâle ressemblait sur sa bouche à un petit nuage clair qui se fond dans le soir. Jans vit son bras mignon sortir des draps et elle salua de la main dans le vide, avec un geste lent qu'elle avait quand elle répétait ses fables et disait : Bonjour, monsieur du Corbeau. Puis, après une demi-heure, Fleur-de-Blé s'éveilla de nouveau.

— Est-ce que saint Nicolas n'est pas encore venu ? demanda-t-elle.

— Non, Fleur, dit Jans, saint Nicolas ne vient qu'à minuit.

— Ah! c'est bien long, dit la fillette. Mais il vient de loin et son âne est fatigué. Papa mettra un fauteuil pour saint Nicolas et une chaise pour son âne.

— Je n'y manquerai pas, dit Jans, et je mettrai pour saint Nicolas le beau fauteuil qui est dans le coin et dans lequel s'assoit tante Catherine quand elle vient nous voir à la Noël.

Et vers onze heures, Jans descendit préparer sur des assiettes le saint Nicolas de Fleur-de-Blé. Il avait acheté une grande poupée qui avait des yeux de nacre, des cheveux frisés couleur de beurre et un corps articulé: il avait acheté aussi un berceau doublé de satin bleu et qui se balançait sur une demi-lune. Et il avait payé le tout quinze francs.

Il mit la poupée dans le berceau et rangea dans un grand carton la mantille de soie, la robe de barège et le chapeau de peluche rose qui composaient la toilette de la poupée. Et Jans riait en lui-même en pensant à la joie de sa Fleurette, un peu de gaité lui étant revenu de manier toutes ces choses.

Il ôta ses souliers et deux fois monta sur ses bas l'escalier, la première fois pour porter les assiettes de bonbons, la seconde fois pour porter la poupée, le berceau et le carton aux habits de la poupée. Et il disposa le tout dans le réduit qui attenait à la chambre où reposait Fleur-de-Blé.

Et Fleur ne cessait pas de dormir.

— Je veux voir sa joie tantôt quand elle aura son saint Nicolas: c'est pour cela que je reste, dit M. le vicaire à bonne maman Jans.

Mais ce n'était pas pour cela que s'attardait M. le vicaire.

Il tira de sa poche son bréviaire, et les lèvres doucement remuées dans un marmottement intérieur, se mit à lire près de la petite lampe. Mais de temps à autre, M. le vicaire regardait Fleur-de-Blé et alors il disait en lui-même en fermant son livre, après y avoir glissé le doigt pour ne pas perdre la page :

— Seigneur, mon Dieu ! prenez en pitié ces pauvres gens !

IV

Quand vint minuit, Fleur-de-Blé entendit du bruit dans la maison, et ayant ouvert les yeux, elle demanda si ce n'était pas l'âne de saint Nicolas qui descendait par la cheminée. Et Jans, qui savait bien que c'étaient ses garçons dans le fournil, lui répondit en remuant ses gros sourcils pleins de farine, que certainement il distinguait le bruit des sabots du bourriquet.

Et il ajouta :

— Dans un instant j'irai voir.

Il colla son oreille à la porte, eut l'air d'écouter, la tête en avant, puis descendit, allongeant lentement ses grandes jambes, avec un air de mystère. Et tout à coup d'en bas montèrent des cris, une joie qui éclatait.

C'était Jans, et il disait :

— Fleur ! ma Fleur ! Il a passé ! Ouvre tes petites mains.

Lorsqu'il reparut dans la chambre, il tenait dans ses bras le fauteuil où s'asseyait la tante Catherine ; et sur le fauteuil s'étalaient le berceau, la poupée, le carton, le bonhomme de pâte et les assiettes de bonbons.

— Merci, saint Nicolas, merci pour Fleur, criait-il du côté de l'escalier.

Et dès que l'enfant eut aperçu la belle poupée et le

3.

berceau, sa petite bouche se plissa dans un sourire ravi, couleur de la neige et des lys.

Alors Jans lui montra sur le fauteuil de la poussière qu'il avait faite lui-même en mettant les pieds dessus, et riant de tout son cœur :

— Vois, dit-il, ce sont les sabots de la bête à monsieur saint Nicolas.

Et de suite après, Fleur-de-Blé pencha la tête, comme un arbre blessé par une pierre et qui a perdu sa sève ; et toute pâle sur la blancheur du grand oreiller avec son joli sourire triste qui ne savait plus s'en aller, elle retomba à son sommeil. Un silence lourd monta du vestibule ; la pendule de la boutique sonna une heure ; et doucement un chien se lamenta dans la cour voisine.

— Monsieur le vicaire, s'écria maman Jans en joignant les mains, je crois qu'il y a un malheur sur la maison.

— Bonne maman Jans, répondit M. le vicaire en levant la main vers le ciel, pensons toujours à celui qui peut tout.

Et le silence reprit, de minute en minute plus grave, autour du grand lit où reposait l'âme de la maison. Dehors la neige battait les vitres avec le bruissement léger d'un oiseau qui veut entrer. Et Jans, comme un homme qui a la fièvre, claquait des dents, bégayant au fond de lui le nom de sa Fleur, toujours.

Tandis que ces choses se passaient chez les Jans, une belle lumière gaie éclairait une des chambres de la maison du gros boucher Canu. Des poupées et des chevaux de bois remplissaient la table, avec des mirlitons, des drapeaux et des tambours. Et tout à coup le gros homme, qui coiffait son bonnet de nuit, dit à sa femme en regardant la maison de Jans :

— En vérité, Zénobie, ça n'est pas naturel : je vois sur le rideau blanc des ombres qui passent et repassent.

Si Fleur avait la santé de Zéphyrine et d'Annette, certainement il n'y aurait pas lieu de s'inquiéter : mais elle est comme un peu de ouate que le vent souffle avec sa bouche dans l'air.

Et dans toutes les maisons de la ville et des campagnes, les petits enfants des riches et des pauvres dormaient à cette heure, leur tête sur leur bras, rêvant des bonbons et des joujoux qu'ils trouveraient à leur réveil.

Bonne maman Jans avait laissé tomber son tricot sur ses genoux et dormait près du feu, ses lunettes sur son nez. Mais ni papa Jans ni maman Jans ne songeaient au sommeil : tous deux se tenaient devant le lit, les mains jointes, n'osant plus se regarder, de peur de se montrer leurs larmes. Et M. le vicaire, les mains jointes comme eux, se disait :

— La respiration de Fleur est comme la cloche de l'église quand le vent d'été la porte au loin dans la campagne et qu'elle va cesser de sonner.

Fleur-de-Blé respirait si mollement qu'on n'entendait plus par la chambre que le crépitement de l'huile dans la lampe et le ronflement de la grand'maman Jans.

Quand la bonne vieille dame s'éveilla, elle s'étonna d'abord que M. le vicaire fût encore là; mais sitôt qu'elle eut vu papa Jans et maman Jans à genoux près de Fleur-de-Blé, elle tira son grand mouchoir à carreaux et se mit à pleurer dedans, avec des gémissements de petit enfant.

Justement Fleur-de-Blé s'éveillait et, tout bas, mais si bas cette fois que bonne maman, qui avait l'oreille un peu dure, ne put l'entendre, elle murmura :

— Bonjour, saint Nicolas.

Et plus bas encore :

— ... jour, papa, m'man, bonne m'man.

Fleur-de-Blé dormit jusqu'à l'aube. Et à mesure que le jour arrivait, sa vie, comme un oiseau frileux qui regagne les pays du soleil, au temps des bises, retournait à la grande lumière. Doucement la lampe baissa. Une effroyable tristesse passa alors sur les vieux meubles si souvent caressés par ses petites mains. Le bon Dieu d'ivoire pendu au mur eut l'air de s'incliner sur sa croix.

C'était l'heure où les coqs chantent. Les enfants de Wavre, éveillés plus tôt que de coutume, allèrent écouter aux portes s'ils n'entendaient pas du bruit dans la maison.

Un cri retentit dans la chambre.

— Ah! monsieur le vicaire! s'écria Jans en se jetant dans les bras du prêtre.

— Jans! Fleur vient de monter en paradis! répondit M. le vicaire.

Et depuis ce temps, le pauvre M. Jans ne fit plus jamais de bonshommes de pâte à la Saint-Nicolas.

LES BONS AMIS

A Aug. Lavallé

LES BONS AMIS

I

M. et madame Lamy occupaient dans un vieux quartier de Bruxelles une chambre qui leur coûtait quinze francs par mois.

Il y avait dans cette chambre un petit poêle sur lequel madame Lamy faisait sa cuisine, une table peinte en rouge, quatre chaises recouvertes de paille, une armoire dans laquelle était rangée la vaisselle, et une garde-robe de noyer contenant le linge, les robes et les habits. Sur la tablette de la cheminée, une tasse en porcelaine portait, sous deux pensées bleues unies par un ruban rouge, le mot « Souvenir » en grosses lettres dorées.

Rien n'était plus propre que ce petit intérieur : le plancher, qui n'avait pas été repeint depuis cinq ans, était blanc au milieu, à force d'usure, et marron dans les coins, avec si peu de poussière qu'on regardait à ses pieds en marchant dessus, dans la crainte de le salir. C'était le grand souci de madame Lamy de tenir tou-

jours sa chambre en bon ordre et de ne rien laisser
traîner hors de sa place.

M. Lamy, qui était ouvrier mécanicien, partait à l'aube,
à cinq heures en été, à six heures en hiver, et revenait
à midi, après quoi derechef il s'en allait jusqu'au soir.
Il trouvait à midi la table près du feu, quand il faisait
froid, ou près de la fenêtre quand il faisait chaud, et
sur une nappe de serge, un peu courte, mais blanche
et lustrée, la viande, les pommes de terre et le pain, à
côté du pot à bière d'où sortait une bonne odeur de
houblon. Madame Lamy courait du poêle à la table,
remplaçait les pommes de terre refroidies par des
pommes de terre fumantes et prenait grand soin que
l'assiette de son homme fût toujours tiède. Et M. Lamy,
heureux de trouver son ménage en ordre, les pommes
de terre chaudes, la bière fraîche et la nappe parfumée
d'une odeur de lessive, mangeait avec appétit en disant :

— Comme c'est bon de manger quand on a bien travaillé ! Vous êtes une fière femme, Thérèse. Il n'y a
que vous pour accommoder un bon plat.

Puis, quand il avait fini, madame Lamy se mettait à
table à son tour, picorant dans les casseroles, et il se
renversait en arrière sur sa chaise, en tapant son ventre
à petits coups.

Et de même qu'au matin, lorsqu'il rentrait le soir,
après le travail de la journée, la table était mise et l'arôme du café remplissait la chambre. Alors il regardait
du côté du poêle; il voyait la fumée blanche sortir de
la bouilloire et la fumée brune sortir du sac à café,
pendant que madame Lamy, une main à la bouilloire,
s'apprêtait à passer l'eau, et de l'autre main soulevait
le sac pour voir si l'eau passait bien. Lamy s'asseyait en poussant un soupir de bien-être comme
un homme qui, après avoir travaillé tout le jour, a

le droit de se reposer à la vesprée, tirait de dessous le poêle ses pantoufles qui chauffaient, et regardait les belles tranches de pain beurrées en tas sur l'assiette.

Puis le café bouillonnait dans les jattes : il avalait le contenu de la première jatte tout d'un coup, pour se faire l'estomac, et s'en versait une seconde, une troisième et même une quatrième, en y trempant, morceau à morceau, les belles tartines de l'assiette.

Voilà quelle était la vie de tous les jours chez les Lamy, et ils ne demandaient rien de plus, étant heureux comme cela.

Et M. Lamy disait souvent à sa femme :

— Il y aura bientôt vingt-deux ans que nous sommes mariés, et nous sommes toujours comme au premier jour. C'est une chose heureuse, Thérèse, et tout le monde devrait faire comme nous. Oui, tout le monde devrait nous imiter et rester chez soi, près du feu, à fumer sa pipe et boire son verre en lisant le journal, au lieu de courir les cabarets et d'y mener les femmes et les enfants.

Au milieu de tous ces jours qui étaient les mêmes, il y en avait un pourtant qui ne ressemblait pas aux autres : c'était le dimanche. Madame Lamy mettait, ce jour-là, son bonnet garni de ruches à rubans bleus, sa robe de laine brune et son châle de noce, son vieux châle à ramages verts sur fond rouge et jaune, comme les cachemires des grandes dames. M. Lamy tirait de l'armoire son pantalon noir, son gilet de soie, un peu usé aux poches, sa redingote bordée de galon et sa casquette de velours, et ils allaient à la promenade, à moins que M. Muller, un bien digne homme, ne vînt les voir.

Or, en face de chez eux, sur le même palier, une pauvre bonne dame qui était veuve, vivait avec son petit garçon.

Cette bonne dame s'appelait madame Bril, et Jean était le nom du petit garçon. Depuis longtemps madame Bril avait perdu l'usage des jambes; mais ses mains étaient encore valides et elle faisait de la dentelle, tout le jour, son coussin sur les genoux.

Chaque matin, madame Lamy venait lui dire bonjour, la levait de son lit et la posait dans son fauteuil, car madame Bril était légère comme une plume.

Puis cette excellente madame Lamy ouvrait à demi la fenêtre quand il faisait beau, balayait la chambre, renouvelait l'eau d'un vase qui était sur la cheminée et où il y avait des fleurs; puis elle habillait le petit Jean.

Cela fait, elle tirait le pain de l'armoire, mettait la table et allait chercher chez elle la cafetière où chauffait le café, car elle faisait le café de madame Bril sur son feu, pour lui économiser un sou de copeaux et de charbon de bois. Un peu de café et du pain trempé dedans, c'était à peu près tout ce que mangeait la pauvre dame, avec une assiette de bouillon qu'elle prenait à midi et pour laquelle madame Lamy achetait tous les deux jours quatre sous d'os au boucher.

Et pendant que madame Bril lapait son café, madame Lamy lui demandait :

— Comment vous sentez-vous ce matin, madame Bril ?

Et madame Bril répondait avec son triste sourire :

— Très bien, je vous assure, madame Lamy.

— Vous n'avez plus besoin de moi ?

— Merci bien, madame Lamy, j'ai tout ce qu'il me faut.

— Je viendrai à midi vous apporter votre bouillon.

La douce madame Bril se mettait alors à sa dentelle et disait à son fils :

— N'oublie pas l'heure de la classe, mon chéri.

Et un peu avant neuf heures, Jean prenait son ardoise, ses cahiers, ses plumes, et s'en allait à l'école en récitant à mi-voix sa leçon, après que madame Bril lui eut fait cette recommandation :

— Ferme bien la porte, mon chéri, et pense à ta maman.

Or c'était M. Lamy qui l'avait fait entrer à l'école, car M. Lamy l'aimait beaucoup, et il avait eu un jour cette conversation avec sa femme :

— Thérèse, voilà que le petit de la voisine va sur ses six ans, et il est temps de l'envoyer chez le maître d'école. J'ai une idée.

— Et quoi, mon homme ?

— Ah ! c'est que, Thérèse, ça m'embarrasse un peu. Je ne sais pas comment vous prendrez mon idée. On a déjà tant de soucis, et ma bonne Thérèse a bien de la peine à joindre les deux bouts !

— Oui, Lamy, c'est vrai, et il me manque six francs pour compléter le loyer.

— Bon, dit M. Lamy, n'en parlons plus.

— Dites toujours, Lamy, nous verrons après.

— Vous ne vous fâcherez pas, Thérèse ?

— Oh ! Lamy, est-ce que je me fâche jamais contre mon homme ?

— Eh bien, voilà. Je me suis dit : Lamy, vous n'avez pas d'enfants, vous n'en aurez jamais, mais ce n'est pas une raison pour ne pas aimer ceux des autres. C'est bien vrai qu'on pioche dur. Avec ça qu'on est au monde pour vivre de l'air du temps, et qu'il n'y en a pas qui piochent plus dur que moi ! Mais il ne s'agit pas de cela. Il y a, Thérèse, que je me suis dit : Lamy, puisque vous n'avez pas d'enfants et qu'on voit par le monde des enfants sans père, le petit Jean Bril, par exemple, vous pourriez bien, mon garçon... Qu'est-ce que vous en dites, Thérèse ?

— Allez toujours, Lamy.

— Oui. Le petit ne va pas à l'école, que je me suis dit. Ça coûte cher, l'école, le papier, l'encre, les plumes, les tartines à midi, et la voisine travaille chaque jour un peu moins, à cause de ses mains qui se font vieilles. Eh bien, le petit ira à l'école. Ah bien oui! qu'il ira, car il faut à présent que les enfants apprennent à lire et à écrire, afin de savoir ce qu'on fait d'eux quand ils sont des hommes. C'est notre malheur, à nous, les vieux, de ne pas avoir appris ce que les jeunes savent à présent. Mais voilà, le petit n'a que des loques sur la peau, et sa mère les a déjà tant recousues qu'il n'en restera bientôt plus rien. Qu'en pensez-vous, Thérèse ?

— Ce que vous en pensez vous-même, Lamy.

— Il faudra d'abord — ce sera dur, Thérèse, je le sais bien, — oui, il faudra d'abord l'habiller, et puis les plumes, les cahiers, les livres... Hum! Qu'est-ce que vous en pensez, femme?

— Je pense, Lamy, que c'est nous qui payerons cela.

Le bon M. Lamy s'interrompit un instant, et tout à coup se frappant le front, il s'écria :

— Tenez, Thérèse, je fais tout de même de fameuses dépenses : je fume tous les jours pour deux sous de tabac! C'est-il permis, lorsqu'il y a tant de gens que ces deux sous rendraient contents? Eh bien! femme, je ne fumerai plus que pour un sou.

— Ah! mon homme, s'écria alors madame Lamy, nous ferons comme c'est votre idée. Madame Bril me donne tous les mois, pour faire son ménage, un franc. La pauvre chère femme! Mais, le mois prochain, quand elle me le donnera, je lui dirai: Non, madame Bril, je ne veux plus rien, gardez votre franc pour Jean.

Or, il y avait bientôt un an que Jean allait à l'école, et madame Bril avait son bouillon comme toujours.

II

Un dimanche que Jean était chez les Lamy, M. Lamy lui dit :

— M. Muller va venir, Jean. Il n'y a pas d'homme comme lui. Non, il n'a pas son pareil. Faites-lui bien la révérence.

On entendit dans l'escalier quelqu'un qui montait en soufflant dans ses joues comme dans un trombone.

— C'est M. Muller, cria M. Lamy.

Et il ouvrit à un gros petit homme rougeaud, un peu chauve, râpé, l'air ahuri, qui se laissa tomber sur une chaise, les deux mains sur son parapluie, en criant :

— Ouf !

— L'escalier est un peu raide, fit M. Lamy en riant.

Et tout de suite madame Lamy s'empressa :

— Vous allez prendre une tasse de café pour vous remettre, monsieur Muller ?

— Oui, c'est ça, du café, répondit M. Muller. Fameux, le café ! hein Lamy ? Comment ça va-t-il, les amis ?

— Pas mal, monsieur Muller, grâce à Dieu. Voici le petit Jean dont je vous ai parlé.

— Viens ici, mon garçon, dit M. Muller en prenant l'enfant dans ses genoux. Ah ! ah ! Tu es le petit Jean ? Et l'on est à l'école, hein ? — Qu'est-ce qu'on t'apprend, voyons ? qu'est-ce que tu sais ? Ah ! ah ! nous sommes un grand garçon. Et quel âge as-tu, mon petit ami ?

— Six ans, monsieur.
— Monsieur qui ? fit madame Lamy.
— Six ans, monsieur Muller.
— Oh ! n'aie pas peur, dit M. Muller. Je ne suis pas un grand monsieur, moi. J'aime les petits enfants. Tiens ! j'ai apporté une grenouille pour toi. Tu vas rire.

M. Muller tira de sa poche une petite grenouille de bois qui faisait un grand saut quand on appuyait le doigt sur la queue.

Jean n'avait jamais rien vu de si joli. Il se baissait, regardait la grenouille dessous et dessus, riait, les mains derrière son dos.

Et M. Muller, de son côté, sur ses genoux, les paumes à plat, faisait des grimaces pour l'obliger à rire plus fort.

Et il disait :

— Vois. Une, deux, houp ! Qu'est-ce que tu en dis ? N'est-ce pas une jolie bête ? Ça ne fait pas de mal, les grenouilles, et il y en a qui sont vivantes. Tiens, c'est pour toi. Presse sur la queue.

— Allons, monsieur Muller, le café refroidit, dit madame Lamy.

Jean étendu, à présent, tout de son long, faisait sauter la grenouille coup sur coup, puis courait après, et par moments il sautait comme elle, en disant :

— Monsieur Lamy ! monsieur Lamy ! regardez un peu comme c'est drôle ! Qu'est-ce que ça mange, les grenouilles, monsieur Lamy ?

M. Muller était si content qu'il se frappait les cuisses du plat de ses mains en se renversant sur sa chaise avec un gros rire et disait constamment :

— Bon ! C'est ça ! Va toujours. Prends tes pieds dans tes mains et saute.

Il finit par n'y plus tenir lui-même, s'accroupit à

terre, ramassa ses pieds dans ses mains en passant les gras derrière ses mollets et se mit à sauter en riant, soufflant et ronflant comme une toupie. Puis, comme il avait chaud et que sa chemise commençait à lui coller au dos, il ôta son habit, son col, sa cravate, et de nouveau, ensuite il s'évertua à des bonds extraordinaires.

M. Lamy se tenait les côtés à deux mains, madame Lamy pouffait dans son mouchoir et Jean frappait ses menottes l'une dans l'autre en appelant :

— Maman ! Maman !

Jamais on n'avait vu pareille chose dans la chambre des Lamy. Et quand M. Muller eut bien fait la grenouille et qu'il eut culbuté trois ou quatre fois les jambes en l'air, Jean disait :

— Encore ! Encore !

Mais le soir était tombé : on alluma la lampe, et M. Muller fit jouer sur les murs l'ombre de ses doigts en imitant l'oreille du lapin, le groin du cochon et la gueule du loup. En même temps il aboyait comme un vrai chien.

Enfin il partit ; il était exténué et suait par tous les pores. Jamais il n'avait tantri, et il ne cessa de rire qu'en s'endormant d'un gros sommeil d'homme heureux.

C'est ainsi que le petit Jean Bril fit la connaissance de M. le professeur Muller, et ils furent dès le premier jour si bons amis que M. Muller voulut le conduire lui-même à l'école tous les matins.

M. Muller arrivait à huit heures et demie, son parapluie sous le bras, un foulard rouge noué autour de son cou. Il allait d'abord serrer la main aux Lamy, puis entrait chez madame Bril et, la voyant travailler à sa dentelle, malgré l'heure matinale, lui disait :

— Déjà à l'ouvrage, ma chère madame Bril ?

— Votre servante, monsieur Muller. Mais oui, comme

vous voyez. Les mains ne vont plus, malheureusement.

Jean se coiffait de sa casquette, rangeait ses livres et ses cahiers dans sa mallette et prenait la main de M. Muller qui l'emmenait par les rues. Puis, l'après-midi, on entendait de nouveau le pas de M. Muller, et un petit pas venait ensuite, léger et sautillant.

Alors madame Bril disait :

— Voilà ce bon monsieur Muller qui me ramène mon cher Jean.

Les dimanches, M. Muller arrivait vers le midi, et demandait à madame Bril la permission de promener Jean. Ils allaient ensuite à deux chez les Lamy, qui, revêtus de leurs beaux habits, les attendaient pour prendre le café. Et, le café bu, on partait ensemble pour la campagne.

C'était une chose incroyable combien le petit Jean Bril déjà aimait M. Muller : il était toujours pendu à sa main et lui faisait mille questions sur ce qu'il voyait.

M. Muller lui répondait : « Ça ? Eh bien, c'est ceci ou cela, » en lui expliquant ce que le jeune garçon voulait savoir ; puis il se reprenait et disait : « Non, je vais te dire ça d'une manière plus claire. »

Et ainsi de suite, jusqu'à ce que Jean comprît. Il le regardait alors dans les yeux, pour voir s'il avait bien saisi le sens de ses paroles ; et il pensait :

— C'est une singulière chose qu'on ait tant de peine à parler simplement. Avant de parler aux hommes, on devrait commencer à parler aux enfants, afin de s'habituer à se faire comprendre.

Et M. Lamy disait à sa femme :

— Thérèse, vous êtes-vous jamais doutée qu'il y eût des hommes aussi instruits que notre ami ?

— Non, jamais, répondait madame Lamy, qui pensait en elle-même :

— Voilà le beurre à trente sous la livre. Comment ferai-je pour mettre encore du beurre dans les pommes de terre de mon homme ?

Madame Lamy aimant la musique, on gagnait les kermesses de village. Ils s'arrêtaient aux baraques, s'égayant aux quolibets des paillasses et madame Lamy se retournait sur les jeunes filles qui vont au bal avec des nœuds de couleur dans les cheveux et des ceintures à boucle d'acier à la taille, en disant :

— De mon temps on n'était pas si sotte. On ne courait pas comme ça après les garçons.

Le plus ordinairement ils allaient à Schaerbeek, à Etterbeek ou à Saint-Gilles, là où il y a des champs de blé et de pommes de terre, et ils marchaient l'un derrière l'autre dans les petits sentiers qui filent entre les cultures, en respirant la bonne odeur des terreaux.

Graves et fumant leurs pipes, les paysans se promenaient en manches de chemise, après vêpres, par la campagne, regardant si tout était bien et se baissant pour enlever les pierres ou les mauvaises herbes. Les petits enfants criaient sur le seuil des maisons en jouant avec le gros chat qui agite sa queue, ou mangeaient de grandes tartines, à deux mains. On entendait le bruit des marmites, des assiettes et des fourchettes de fer dans les fermes, et les bœufs mugissaient, aspirant de leurs naseaux tendus, par la porte de l'étable, la verte senteur des prés, au loin.

La chaleur de l'après-midi faisait bourdonner les abeilles, et elles sortaient d'entre les carrés de fèves, lourdes et lasses à force d'avoir sucé les fleurs. Puis encore, de grandes mouches noires s'aplatissaient sur les feuilles, et d'autres, plus minces et grises, planaient immobiles.

Rien n'était amusant comme de voir les petits champs

en bon ordre, avec les rangées de choux-cabus pareils à des boules de jeu de quilles, les lignes de choux-fleurs aux cœurs blancs, les fines verdures des carottes et les longues pointes raides des oignons. En juin, la fleur blanche et noire de la fève de marais parfumait et en août, on respirait l'arôme épicé de la fleur des pommes de terre. Et dans les vergers, sous les pommiers, les pruniers et les cerisiers, les grandes herbes à panaches, mêlées de sainfoins fleuris, de marguerites et de boutons d'or, sentaient bon aussi, surtout au soir, lorsque tombait la rosée.

Çà et là on longeait des froments; M. Lamy prenait un épi et mangeait le grain; madame Lamy cueillait des trèfles et des coquelicots; et Jean s'amusait de voir les blés hauts se balançant dans le vent, avec leur couleur verte comme de l'eau.

Ainsi l'heure s'avançait. Puis les horloges sonnaient une à une dans les fermes, l'angelus tintait aux églises, et l'on était bien content de rentrer le soir à la ville, après avoir bu un cruchon de bière de Diest sous la tonnelle, à *Jérusalem*, au *Moorjan* ou à *Pannenhuis*.

III

Au bout de sa première année d'école, Jean remporta trois prix.

Le jour de la distribution, les petits garçons et les petites filles se trouvèrent réunis sur une belle estrade, derrière la table où étaient M. le ministre, M. le bourgmestre, M. l'inspecteur et MM. les directeurs des écoles.

Chaque fois que M. l'inspecteur proclamait un nom, un petit garçon ou une petite fille accourait dans ses plus beaux habits, rose comme un gros fondant, faisait la révérence au public et à MM. les membres du bureau et recevait des mains de M. le ministre ou de M. le bourgmestre un beau livre à couverture dorée, pendant que la musique des pompiers jouait les deux premières mesures de la Brabançonne et que les papas et les mamans se levaient tout droits dans la salle en battant des mains pour montrer que les petits garçons et les petites filles étaient les leurs.

Lorsque arrivait le tour de Jean, M. Muller, qui avait de grosses larmes dans les yeux, agitait son mouchoir à carreaux rouges aussi fort qu'il pouvait et criait bravo en donnant des coups de coude à ses voisins.

La cérémonie terminée, M. Muller se précipita à travers la foule, bousculant tout le monde, jusqu'à ce qu'il vît son jeune ami qui venait à lui et de loin lui montrait ses trois beaux prix dorés. Alors il ne sut plus se modérer du tout et il courut à Jean, le serra dans ses bras, regarda ses livres, les tournant, les retournant, déclarant qu'il n'avait jamais rien vu de plus admirable.

Jean, lui, pensait à sa mère.

Qu'est-ce qu'elle allait dire? Comme elle serait heureuse quand elle saurait que son petit Jean avait remporté trois prix! Dieu! quel beau jour! madame Lamy avait promis de la tarte, et l'on passerait la journée ensemble, en riant et en mangeant.

M. Muller disait des choses comme ceci :

— Tu étais le plus beau de l'école. Je n'ai jamais vu quelqu'un qui marchât aussi droit que toi. Hé! hé! le ministre t'a parlé? N'est-ce pas qu'il t'a parlé? Je l'ai vu de suite au mouvement de ses lèvres. Sapristi ! j'aurais voulu être là et entendre ce que le ministre te disait. Qu'est-ce qu'il t'a dit ? Tu ne le sais pas ? Non, ça se comprend. Ni moi non plus. Cependant j'ai bien écouté, mais quand tu es venu, on a applaudi si fort qu'on n'entendait plus même la grosse caisse ! C'est vrai, ça, je n'ai pas entendu la grosse caisse.

— Maman ! maman ! cria tout à coup Jean.

Elle était à la fenêtre, dans son grand fauteuil, et les regardait venir en agitant doucement la main. Et à côté d'elle, madame Lamy penchait la moitié de son corps par dessus l'appui, ses mains croisées l'une dans l'autre en signe d'admiration.

Il se précipita dans la chambre, hors d'haleine, ses livres au bout de ses bras tendus, toute sa joie lui montant aux lèvres en un cri :

— Trois prix !

— Oui, trois prix ! disait M. Muller qui venait derrière.

Madame Bril, dans son saisissement, tremblait comme une feuille, et elle caressait de ses longues mains blanches la tête de son enfant, avec des tendresses lentes qui ne finissaient pas.

Jean passa tout le temps de ses vacances auprès de sa mère, ne sortant que le dimanche avec les Lamy et M. Muller. Elle avait beau lui dire :

— Pourquoi ne sors-tu pas, Jean ? M. Muller viendra ce soir. Il est si bon, M. Muller ! Vous irez au bois ensemble.

Il répondait qu'il ne voulait pas, qu'il préférait rester auprès d'elle, qu'il serait bien sage et qu'il ne ferait pas de bruit. Il se mettait alors à ses pieds, sur un petit tabouret, et pendant des heures, lisait à demi-voix dans les livres, car il lisait déjà couramment. Quand il ne comprenait pas bien les mots, il les épelait lettre par lettre et les répétait tant qu'il en venait à bout. C'est ainsi qu'il passait ses journées, apprenant de jolies histoires, écrivant ou faisant des calculs d'arithmétique, pour ne pas oublier ce qu'il savait.

Au temps des classes, il rentra à l'école, et comme par le passé, soir et matin, M. Muller vint le prendre et le ramener.

C'était un petit garçon d'humeur sérieuse : il semblait comprendre que la vie est sévère pour le pauvre monde, et à mesure qu'il avançait en âge, sa petite figure chétive paraissait plus triste. Il parlait peu et regardait presque toujours en l'air, de ses yeux bleus, en penchant la tête sur le côté, comme quelqu'un qui pense à quelque chose.

A quoi pensait Jean Bril ? Personne n'eût pu le dire, ni lui non plus, mais peut-être regardait-il passer dans l'air des figures de petits garçons et de petites filles, beaux comme le jour. La moindre chose le faisait rougir, et sitôt après, il devenait très pâle, car sa sensibilité était extraordinaire. Aussi se moquait-on de lui à l'école, et il était souvent battu.

— Lamy, dit un jour M. Muller, qu'est-ce que nous ferons de Jean ?

— J'ai un bon métier où l'on gagne de quoi vivre, répondit M. Lamy. Mais il faut de l'apprentissage et des bras comme des marteaux.

— Non, fit M. Muller, ça n'est pas bon pour Jean.

— C'est juste. Un de mes cousins est menuisier et il est content de sa partie. On scie, on rabote, on ajuste, on cloue et l'on est un peu ébéniste à la fin ; alors on travaille dans l'acajou, le palissandre et l'ébène.

— Oui, dit madame Lamy, c'est un bon métier. Mon père tournait des tables, des chaises, des pieds de

guéridon si joliment qu'on disait en les voyant :
« Comment est-il possible que Jacques Keymolen puisse arrondir le bois d'une si belle manière ? » Et quand il travaillait, il prenait de la politure, y trempait ses loques de flanelle, et frottait en long, d'abord très vite et puis très doucement, jusqu'à ce que la chose qu'il frottait devînt claire comme un miroir. Ça sent bon, la politure.

— Je pense, dit alors M. Muller, que Jean doit avant tout étudier. Il sera toujours temps de lui chercher un état, quand il sera instruit.

— C'est bien dit, fit M. Lamy. Du reste, nous vivant, Jean ne manquera de rien.

— Certainement il ne manquera de rien, répliqua M. Muller. Je suis là.

— Et nous ? Je gagne de fameuses journées, allez. Jean aura tout ce qu'il lui faut.

— Non, Lamy, je gagne plus que vous. Je ne sais vraiment pas comment dépenser mon argent. C'est incroyable comme j'en gagne ! je payerai tout ce qu'il y aura à payer.

M. Lamy regarda M. Muller de côté en pensant :

— Lamy n'est pas si bête qu'on croit.

IV

Un soir du mois de septembre, Jean venait de souhaiter la bonne nuit aux Lamy. Il était dix heures, le bruit des volets qu'on fermait décroissait dans les silences de la rue.

Jean s'approcha, sur la pointe des pieds, du lit de sa

mère, croyant qu'elle dormait déjà; et en effet, comme il lui effleurait la joue, elle demeura sans mouvement.

Il avait fait très chaud ce jour-là, et bien que la fenêtre vînt seulement d'être fermée, l'air manquait dans la chambre. Madame Bril était étendue sur son lit, les bras le long du corps et la tête un peu penchée sur l'épaule, dans sa jaquette blanche.

Jean crut s'apercevoir que sa respiration était plus forte qu'à l'ordinaire, et par moments semblait sortir de la gorge en sifflant. Il s'assit près d'elle, un coude sur le lit, et la regarda, vaguement inquiet, à la clarté de la nuit bleue.

Chez les Lamy la pendule sonnait l'heure et il entendit M. Lamy qui ôtait ses bottes. Il se leva sans bruit et alla du côté de la fenêtre, parce qu'une grosse mouche bourdonnait contre le carreau et qu'elle aurait pu éveiller sa mère. Il prit la mouche, ouvrit doucement la fenêtre, la mit dehors et revint près du lit.

Alors il remarqua quelque chose qu'il n'avait pas encore vu : le petit jour de la nuit éclairait le visage de madame Bril et ses pauvres mains maigres. Elle avait les yeux grands ouverts et regardait devant elle, fixement, ayant le côté droit de la bouche remonté vers la joue.

Jean sentit un grand coup au cœur. Il toucha la main de sa mère en lui disant trois fois de suite, tout bas :

— Maman !

Madame Bril ne bougeait pas.

Il se pencha alors sur elle, lui prit la tête à deux mains, et, de toutes ses forces sanglotant, il cria :

— M'man ! m'man !

Madame Bril demeurait toujours immobile.

Alors il se dressa, ayant froid à la moelle des os,

courut à la porte, appela : Monsieur Lamy ! Monsieur Lamy ! puis revint s'abattre comme une masse sur sa mère, qu'il étreignit à deux bras.

M. et madame Lamy arrivèrent l'instant d'après avec de la lumière et virent Jean à plat sur le lit, s'arrachant les cheveux machinalement, et répétant : « Maman ! maman ! » d'une voix sans nom.

Madame Lamy tomba à genoux près du chevet, croisa ses mains sous la couverture et se mit à prier, pendant que M. Lamy levait ses bras vers le ciel.

— Jean, dit tout à coup M. Lamy, en lui posant doucement la main sur l'épaule, elle te regarde.

Jean leva la tête, vit en effet trembler comme une suprême tendresse dans les yeux qui avaient l'air de le regarder et ensuite tout d'une fois, s'aplatit sur le plancher.

M. Lamy courut chercher du vinaigre. Restée seule, madame Lamy, se levant droite, toucha du bout des doigts les yeux de madame Bril et les ferma.

Jean n'avait plus de mère.

Les Lamy passèrent toute la nuit dans la triste chambre. Ils avaient enseveli madame Bril dans le meilleur de leurs draps de lit, et, ayant approché une table du lit, y avaient allumé une bougie de chaque côté d'un crucifix.

Jean, malgré leurs supplications, avait voulu veiller sa mère avec eux, et il restait là, au chevet, sur ses genoux, le front dans les mains, tremblant des pieds à la tête, avec de grandes secousses dans la poitrine, comme quelqu'un qui ne peut plus pleurer.

Les bougies faisaient vaciller leurs clartés sur la face blanche de la morte, l'allongeant et la rétrécissant comme si elle eût encore vécu. Et l'ombre tremblait autour d'elle, comme de l'eau où l'on a jeté une pierre.

On n'entendait dans la chambre que le bourdonnement du silence, madame Lamy qui priait, M. Lamy qui épongeait son front baigné de sueur et Jean dont les dents claquaient.

Tout à coup un oiseau chanta sur les toits et le petit jour clair du matin blanchit les draps du lit.

Puis la vie se refit dans la rue, les portes s'ouvrirent et des pas rapides s'approchaient et s'éloignaient. A l'étage, les locataires de la maison marchaient lourdement sur leurs bas.

— Je cours avertir M. Muller, dit M. Lamy.

Mais il ne savait pas se résigner à s'en aller; et d'abord il baissa le store de la fenêtre, puis moucha les bougies avec ses doigts, traînant dans les coins; et enfin il sortit.

Quand Lamy entra chez M. Muller, celui-ci, en pantalon et en bras de chemise, les manches retroussées, baignait sa grosse figure dans une cuvette remplie d'eau fraîche, s'inondant à pleines mains la nuque, comme un gros poisson et soufflant dans ses joues.

— Une triste nouvelle, fit M. Lamy, qui ne savait par où commencer et tournait sa casquette dans ses mains.

M. Muller se redressa, les deux poings sur la table.

— Qu'est-ce qu'il y a, Lamy? Pour Dieu, qu'est-ce qu'il y a?

— La pauvre madame Bril!

— Morte? Est-elle morte, Lamy?

— Cette nuit, à dix heures.

M. Muller se laissa tomber sur son lit, les bras en avant et la tête dans les draps.

— Oh! notre pauvre Jean! notre pauvre petit Jean! criait-il.

— J'ai pensé que vous voudriez bien m'accompagner, monsieur Muller, dit ensuite M. Lamy. Il y a maintenant de tristes choses à faire.

M. Muller passa très vite son gilet, son habit, sa cravate, mettant tout à l'envers et écoutant à peine M. Lamy qui lui disait :

— Attendez, monsieur Muller, je vais vous aider, vous n'en sortirez jamais. Vos bretelles ne sont pas fixées.

Ou bien :

— Votre cravate n'est pas nouée.

Mais il ne prenait attention à rien, courait dans tous les sens comme une âme en peine et s'arrêtait seulement pour frapper ses mains l'une dans l'autre en gémissant :

— Quel malheur ! quel malheur !

Quand ils furent arrivés devant la maison et que M. Muller vit les stores tirés jusqu'en bas, il se mit à pleurer à chaudes larmes, soupirant :

— Jamais je n'oserai entrer, Lamy.

— Courage, monsieur Muller, c'est l'affaire du premier moment.

— Qu'est-ce que je vais faire, Lamy, quand je verrai le pauvre Jean à côté de sa mère morte, la tête dans les mains et sanglotant comme si on lui arrachait l'âme du corps? Dites, qu'est-ce que je vais faire?

— Il le faut, monsieur Muller, c'est déjà bien assez que le pauvre enfant ait perdu la tête.

V

A la porte de la maison, ils aperçurent trois femmes qui allaient au marché, des cabas au bras et qui, ayant ouï dire que quelqu'un était mort, demandaient des nouvelles à une quatrième en hochant la tête, les yeux au ciel, avec compassion.

Et cette quatrième femme était la locataire d'en bas, une petite vieille jaune, à l'œil doux, qui croisait toujours ses mains sur sa poitrine et parlait à demi-voix, mielleusement, une vraie petite femme d'église.

— Pauvre femme ! disait l'une des commères. Ainsi donc, vous dites qu'elle n'a pas été administrée ?

— Non, et M. le vicaire a dit qu'il ne viendrait pas. Vous comprenez bien que c'est d'un mauvais exemple de mourir comme ça, sans les secours de la religion. C'est à madame Kalf que M. le vicaire a dit qu'il ne viendrait pas, vous savez bien, madame Kalf qui habite au second. Je pense que M. le vicaire serait venu tout de même, si j'y étais allée moi-même, mais on a demandé à madame Kalf d'y aller, et alors ça ne me regardait plus.

M. Lamy avait très bien entendu ce que venait de dire la vieille petite mademoiselle Chandelle, et quand il passa près d'elle, il lui coula à l'oreille :

— J'irai, moi : soyez tranquille.

Mademoiselle Chandelle fut un peu effrayée d'en avoir tant dit, ne sachant pas que M. Lamy était là, et elle se répétait à elle-même ses paroles, pour savoir si elle ne s'était pas trop avancée. Quand elle le vit disparaître dans l'escalier, elle reprit son aplomb et dit aux trois autres :

— Mon Dieu ! que va-t-il se passer ? C'est un homme si violent, ce monsieur Lamy ! Il bat sa femme.

Et toutes trois répétèrent en croisant leurs mains :

— Est-il possible, Jésus Dieu ! Il bat sa femme !

Bien qu'il y en eût deux parmi elles à qui cela arrivait assez souvent.

M. Muller, qui avait commencé à monter l'escalier très lentement, comme un homme qui se sent défaillir, se prit tout à coup à courir en appelant:

— Jean, Jean !

Il suffoquait à présent et ne pouvait plus se contenir. Et M. Lamy courait après lui, craignant quelque chose d'extraordinaire et disant :

— Calmez-vous, monsieur Muller ! S'il vous plaît, calmez-vous !

Mais devant la porte, M. Muller s'arrêta, ôta son chapeau, et attendit que Lamy entrât le premier, tremblant de tout son corps.

Et quand M. Lamy fut entré, il entra à son tour, étouffant le bruit de ses pas, vit Jean au pied du lit, à genoux comme il y était resté toute la nuit et ne prenant plus attention à rien; et dans le lit il vit en même temps cette longue figure blanche qui était la défunte madame Bril. Alors il prit sa tête à deux mains et pleura de nouveau, mais tout doucement, jusqu'au moment où M. Lamy le toucha au bras et lui dit à voix très basse :

— Venez, nous irons à l'église et à l'hôtel de ville.

M. Muller se leva, ne répondit pas et suivit M. Lamy docilement.

Comme ils sortaient, madame Lamy arriva, portant un bouillon qu'elle avait fait pour Jean. Et tandis qu'elle se coulait dans la chambre, M. Muller dit d'une voix suppliante :

— Oh ! laissez-moi voir encore mon pauvre Jean !

Et il regarda longtemps par la porte entr'ouverte.

Madame Lamy s'approchait en ce moment de l'enfant, après avoir déposé sa jatte de bouillon sur la table, et lui prenant tendrement la main :

— Jean, j'ai fait un peu de bouillon pour vous, dit-elle.

Mais il ne répondit pas et elle reprit :

— Jean, prenez un peu de bouillon, pour l'amour de Dieu. Vous en avez besoin.

Il tourna les yeux de son côté, fit signe que non et tout à coup aperçut M. Muller qui pleurait derrière la porte. Alors il courut à lui, et ils se tinrent embrassés comme deux frères.

Cela dura bien un quart d'heure, au bout duquel M. Lamy, qui mordait son foulard pour ne pas faire de bruit en pleurant, dit à M. Muller :

— Est-ce que vous n'allez pas venir, monsieur Muller?

En même temps il le prit par le bras et l'entraîna. M. Muller était tout défait, très rouge, le gilet mouillé de larmes, et ses yeux, qui pleuraient d'eux-mêmes, n'y voyaient plus.

— C'est un parent, pensa une femme qui montait l'escalier. Madame Bril ne laisse pourtant pas un sou.

Ils allèrent à l'église.

Un petit vicaire vif et gai arriva, faisant claquer sa soutane dans ses jambes, son tricorne sous le bras, souriant et pressé.

— Monsieur le vicaire, dit M. Lamy, c'est pour une digne femme morte cette nuit.

— N'est-ce pas une madame Bril ?

— Oui, monsieur le vicaire.

— A quelle classe enterre-t-on ?

— Oh! monsieur le vicaire, le plus simplement possible. Il y a un fils. Nous sommes des amis. C'est nous qui payerons.

— Très bien. J'ai une messe. Allez voir M. le curé.

M. le curé était chez lui, mais il fallut attendre, le digne ecclésiastique ayant en ce moment la visite de

M. le baron Vanput dont la voiture était à la porte et qui lui apportait des fruits. C'est ce que leur dit la servante, en les laissant dans un cabinet où il y avait trois chaises, un portrait du pape et un petit crucifix de cuivre piqué d'une branche de buis bénit.

Au bout de cinq minutes, on entendit une grosse voix gaie, des craquements de souliers lourds et de grands éclats de rire qui descendaient l'escalier, mêlés à une petite voix fluette, de petits rires étouffés et des claquements de talons pointus.

— Merci mille fois de vos fruits, monsieur le baron, disait la grosse voix.

— Permettez-moi de vous recommander les pêches, monsieur le curé, disait la voix fluette.

— Je n'y manquerai pas, monsieur le baron. Mes respects à madame la baronne.

M. le curé, qui était un gros homme aux joues luisantes, avec des yeux à fleur de tête, entra, une main passée à demi dans sa ceinture, et tenant dans l'autre sa tabatière.

Aux premiers mots que lui dit Lamy, M. le curé s'écria :

— Je sais... Je sais... On est venu ce matin. A quelle classe enterre-t-on ?

— Il faut voir, monsieur le curé. Quels sont les prix ?

— Ça dépend. Est-ce qu'il y a des héritiers ?

— Monsieur le curé, il y a un fils, mais c'est nous qui payons et nous sommes de pauvres gens.

— Faites une quatrième classe. Qu'est-ce que cette madame Bril ?

— Madame Bril était très pieuse. Nous voudrions simplement qu'on dise une prière sur son cercueil avant qu'elle soit mise en terre.

— Ah ! ah ! cela change la question. A-t-elle été confessée ?

— Elle est morte tout d'un coup, la pauvre femme. Personne n'aurait pu penser qu'elle était si près de sa mort.

M. le curé se mit à marcher dans le cabinet, très agité, en frappant avec deux doigts sur le couvercle de sa tabatière.

— Je vous crois, dit-il. Ecrivez-moi le nom. J'enverrai un de mes vicaires.

Ils s'en allèrent.

— Voici l'hôtel de ville, dit M. Lamy. Nous allons entrer.

M. Lamy fit la déclaration de décès ; puis ils sortirent, heurtant des gens qui venaient pour des naissances, la mine épanouie et le chapeau sur le côté.

Et M. Lamy pensait en lui-même :

— Quelle drôle de chose que la vie ! Il y a toujours quelqu'un qui s'en va et quelqu'un qui arrive. Quand c'est une naissance, on se met en clair et quand c'est une mort, on se met en noir.

Ils firent quelques pas dans la rue. Et M. Lamy dit :

— Maintenant, c'est fini, monsieur Muller. Je m'en vais à l'atelier dire que je ne reviendrai faire que deux quarts, et puis j'irai chez le menuisier pour le cercueil. Est-ce que vous n'irez pas retrouver Jean ?

— Oui, dit M. Muller. J'y vais de ce pas.

VI

M. Lamy rentra vers onze heures, et presque en même temps arriva le menuisier pour la mesure du cercueil.

M. Muller était assis dans un coin, derrière une armoire, la tête dans ses poings, et Jean dormait, appuyé contre le lit. De temps à autre, une secousse agitait son corps, et il se débattait comme dans le délire. Alors M. Muller se levait, s'approchait anxieusement, restait debout à le regarder en hochant la tête et en soupirant, et ne se rasseyait que lorsque Jean s'était calmé.

A onze heures et demie un coup de sonnette retentit dans l'escalier ; un peu après, un pas pesant fit craquer le palier, et l'on cogna à la porte.

— C'est bien ici ? fit une voix derrière la porte.

— Oui, monsieur le vicaire, répondit une voix douce qui était celle de mademoiselle Chandelle.

M. Lamy ayant ouvert, M. le vicaire entra. C'était un homme corpulent, très large d'épaules, les pieds et les mains énormes, les oreilles rouges, avec des yeux blancs en saillie, la tête pointue. M. le vicaire ôta son tricorne, le mit sur la table, et alla droit au lit après avoir incliné la tête du côté de M. Lamy ; puis il tira son bréviaire, lut les prières des morts, debout, sans regarder la morte, fit le signe de la croix sur le lit, mit son livre en poche, prit son tricorne sous le bras et s'en alla en soufflant dans ses joues, pour montrer qu'il ne sentait pas bon dans la chambre.

Et par la porte demeurée entre-close, on aperçut sur le palier mademoiselle Chandelle à genoux qui priait tout haut : elle se leva pour laisser passer M. le vicaire, le corps plié en deux et ses petites mains croisées sur la poitrine. Puis, voyant que ni M. Lamy ni madame Lamy ne lui faisaient la conduite, elle leur lança de son œil doux un mauvais regard et accompagna le prêtre jusqu'en bas, humblement.

A midi, madame Lamy mit sur la table, chez elle, un peu de soupe à l'oignon, des pommes de terre et de la saucisse, mais Lamy mangea seul, et ni Jean ni M. Muller ne voulurent toucher aux plats. M. Lamy prit ensuite ses tartines sous le bras et partit faire ses deux quarts.

Le soir, un monsieur bien mis, le cigare à la bouche, ganté de noir, un beau chapeau luisant sur la tête, entra, leva le drap de dessus la figure de la morte, écrivit avec un bout de crayon quelque chose sur un papier et partit en disant :

— C'est bien. Bonsoir.

C'était le médecin des décès.

Et après le médecin, vinrent les garçons du menuisier avec le cercueil, en bois de sapin. Ils dévissèrent les boulons, aplatirent les copeaux au fond de la caisse, prirent madame Bril par les pieds et la tête, tandis que M. Lamy soutenait à deux mains le milieu du corps, et doucement, ensuite, ils la couchèrent dans son drap de lit tout blanc. Puis ils remirent le couvercle, firent tourner les boulons, et quand tout fut fini, placèrent le cercueil sur deux chaises.

Et madame Lamy ralluma les bougies.

Jean était sorti avec M. Muller : il avait fallu l'entraîner de force.

Au bout de deux heures, il rentra, et ses yeux ayant rencontré la funèbre boîte, il se jeta dessus, l'entourant de ses bras. Il ne versa pas une larme et demeura la nuit entière sur ses genoux, la tête appuyée contre le bois.

Par deux fois, M. Lamy essaya de l'emporter dans la chambre voisine, mais il s'accrochait aux boulons en criant de toutes ses forces. Et il fallut bien le laisser là.

Le lendemain de grand matin, le tailleur apporta le pantalon et le gilet de drap noir que M. Lamy avait commandés pour Jean.

Puis, huit heures sonnant, Lamy et Muller, en pantalons noirs aussi, descendirent voir si le corbillard n'arrivait pas.

Toutes les femmes de la maison étaient sur le palier, leur livre d'heures à la main, attendant qu'on partît et curieuses de voir passer le cercueil.

Le corbillard arriva enfin, en retard d'un quart d'heure, noir avec sa grosse croix jaune, deux lanternes allumées, attelé d'un maigre cheval dans des harnais sales et conduit par un cocher en casquette. Un homme long, osseux, les cheveux ras, monta à la chambre, enleva la bière avec M. Lamy, et après l'avoir fait glisser sur les tringles de la voiture, ferma dessus les portières, bruyamment.

On se mit en route vers l'église, le corbillard en avant, Jean, tête nue, derrière, puis M. Muller, M. Lamy et quelques voisins; et les femmes marchaient sur les trottoirs, bavardant entre elles.

A l'église il fallut attendre. On resta debout à la porte, devant le cercueil posé sur le brancard.

Puis un vicaire arriva, en surplis, son livre à la main, et le clerc se mit à côté de lui, tenant un vase de cuivre dans lequel trempait le goupillon. M. le vicaire lut les psaumes, aspergea d'eau bénite le corps, et tout de suite après, la morte fut remise dans le corbillard.

Au cimetière, M. Lamy regarda autour de lui : ils n'étaient plus que trois, Jean, M. Muller et lui, les pieds enfoncés dans la terre jaune; et un ciel noir, très bas, les enveloppait.

Les cordes grincèrent, la caisse toucha lourdement le fond de la fosse et un peu de terre s'éboula. Alors Jean s'affaissa sur lui-même, sans connaissance.

Une heure après il était couché dans le lit de M. Muller. On l'avait transporté dans un fiacre qui revenait des champs, et M. Muller avait donné son adresse.

— Ce n'est pas bien de me l'enlever, monsieur Muller, avait dit Lamy. J'aime cet enfant comme s'il était le mien. Et puis, est-ce que Thérèse n'est pas là pour le soigner ?

Mais M. Muller avait répondu par de bonnes raisons :

— Non, Lamy, il est impossible qu'il retourne dans la maison où sa mère est morte. Certainement ça ne se peut pas. Comprenez donc ! il aurait toujours la pauvre madame Bril devant les yeux.

M. Muller veilla toute cette nuit-là et bien d'autres encore, car Jean demeura pendant un mois entre la vie et la mort, ayant presque constamment le délire et sans cesse criant lamentablement après sa mère.

VII

M. Muller habitait, au second étage d'une maison de la rue des Alexiens, une chambre dont l'unique fenêtre ouvrait sur une perspective de vieux toits. Constamment les cheminées vomissaient de la fumée noire, et parmi les tuiles rouges, des lucarnes à capuchons ressemblaient à de grosses niches de chiens.

De temps en temps, une tête de jeune fille apparaissait à l'une ou l'autre de ces lucarnes, et des bras frais, troussés jusqu'à l'épaule, tendaient sur une corde des linges et des loques qui claquaient au vent.

Matin et soir, et parfois même la nuit, retentissait

le pan pan d'un savetier qui clouait ses semelles et chantait à tue-tête, montrant seulement au bord de la lucarne d'en face, le dessus de sa tête frisée.

Et à midi, de petites vieilles à chignons gris se penchaient par dessus les gouttières et y versaient l'eau grasse des casseroles, en ayant soin de tenir celles-ci par les anses, à deux mains.

C'étaient toujours aux mêmes heures les mêmes figures : il y avait encore un vieux petit marchand de parapluies qu'on voyait le matin, dès qu'il faisait clair, arroser sur le bord du toit des pots de réséda ; et un marchand d'oiseaux donnait de la graine de chènevis à ses serins, raclait le plancher de ses cages avec un couteau, remplissait d'eau claire les godets et sifflait, la figure collée aux barreaux, regardant voler les longues petites bêtes et leur apprenant des airs.

Puis le soir, des chats maigres se promenaient dans les chéneaux en miaulant et considérant d'en haut les longs pans de murs bruns, au bas desquels il y avait des cours grandes comme la main, avec des reflets de lumière traînant dans l'eau des éviers.

Voilà le spectacle que M. Muller avait tous les jours devant les yeux, quand il ouvrait sa fenêtre. Et il s'amusait de voir aller et venir tout ce petit monde, en pensant, selon les heures :

— Que ferait bien à présent mon voisin le marchand de parapluies ? Il est descendu à la boutique d'à côté acheter son lait et son pain, et il va faire son café, car j'entends sa bouilloire qui siffle sur le feu. Et quand il aura pris son café, mangé ses petits pains et remis la jatte dans l'armoire, il ira voir ses pots de réséda, mettra son doigt dans la terre où plongent les racines pour savoir si elle est assez mouillée, puis passera derrière ses oreilles les branches de ses grosses lunettes et se mettra à travailler jusqu'à midi.

Ou bien il songeait :

— Il est sept heures. Je n'ai pas encore vu ma petite voisine avec ses joues rouges comme des pommes, sa bouche pourprée comme une framboise et son œil noir, tout gros de sommeil, qui se plisse dans les coins, quand elle met la main dessus pour voir le coin bleu, là-bas, et aussi le petit blond qui perche sous le coin bleu. Hé! hé! Elle a dormi longtemps, ma voisine, mais elle s'est couchée tard. A minuit j'ai très bien vu de mon lit la chandelle qui tremblait toute rouge sur son rideau. Sûrement ce petit blond lui joue dans la tête. Pourquoi pas? Ils sont du même âge. Bon! le rideau s'agite. Ah! ah! elle est levée. C'est, ma foi, très vrai qu'il n'y a rien de mieux au monde que de voir les jeunes gens s'aimer. La jeunesse! voilà le vrai printemps. Le cœur chante, il fait bleu dans le ciel et il pousse des fleurs jusque dans les tessons de bouteilles.

» Qu'est-ce qu'elle va faire maintenant? Pour sûr, elle est à la petite table qu'on voit d'ici dans le coin, avec un pot à l'eau, une cuvette et un petit miroir posé contre le mur. Comment se nomme-t-elle? C'est Jeannette, je crois. Est-ce bien Jeannette? Non, Jeannette, c'est la grande brune qui met à midi sur la corde les blouses de ses petits frères, car elle en a trois, et elle est seule pour les nourrir. Décidément, je ne sais pas son nom. — Enfin! la voilà. Bonjour, ma voisine! Eh! eh! la petite trogne! les petits yeux! Quand je vous disais qu'elle y regarderait! Et lui? Voyons, où serait-il bien, lui? — Hem! il est à sa fenêtre aussi. — Allons! voilà des heureux! Elle va faire à présent son petit déjeuner de café au lait en songeant au coin bleu, et puis elle laissera courir ses mains sur l'étoffe, avec l'aiguille qui reluit et le dé à coudre qu'elle ôtera de temps à autre pour mouiller son doigt.

Et ces choses occupaient beaucoup M. Muller, pendant le peu de temps qu'il passait chez lui.

Depuis bientôt un an, il avait pris l'habitude de se lever à six heures : il s'habillait, buvait un verre d'eau claire en cassant dedans une tranche de pain, ce qui était son déjeuner, et allait chercher Jean pour le conduire à l'école. Puis, comme il était toujours un peu en retard, il se mettait à courir, sautillant d'une jambe et marchant de l'autre, si bien qu'il arrivait au pensionnat soufflant et rauque, la sueur dans le dos et les cheveux plaqués au-dessus des oreilles, car il n'y avait vraiment que là qu'il en eût encore. Il sonnait un petit coup, s'enfonçait dans le creux de la porte pour ne pas être aperçu de l'étage, et aussitôt qu'on avait ouvert, se faufilait très vite du côté de sa classe, par crainte de M. le directeur.

Mais celui-ci, petit homme ventru et chauve, dont le nez se décorait d'une majestueuse paire de lunettes d'or, sortait régulièrement du vestiaire au moment où M. Muller y accrochait son parapluie, et lui disait, sans le saluer, seulement ces mots :

— Neuf heures un quart, monsieur. La classe est à neuf heures.

Et cela s'était répété si souvent que M. Muller, qui faisait ce qu'il pouvait pour être à l'heure et n'y parvenait pas, eût préféré recevoir tous les matins sur la nuque un coup de bâton. Il ne répondait rien, haussait un peu les épaules en ouvrant les bras comme pour dire : « Que voulez-vous ? c'est plus fort que moi, » et allait relever le surveillant, qui le remplaçait depuis un quart d'heure.

Il montait alors dans la petite chaire de bois dressée

au fond de la classe, près du tableau noir, des cartes de géographie et des planches d'histoire naturelle, se frottait le front, passait sa main sous son gilet pour tirer la chemise qui collait à son dos, posait son foulard sous son coude et commençait la leçon.

M. Muller faisait la seconde classe, celle des grands, et enseignait l'histoire générale, la géographie, les mathématiques, la botanique, la chimie, la physique, l'astronomie et le français.

A midi, il sortait pendant une heure, courait chez lui se rafraîchir la tête et les mains, achetait deux petits pains beurrés et les mangeait au cabaret, en buvant un verre de faro sur un bout de journal qu'il lisait très attentivement.

Puis il rentrait à la pension et y demeurait jusqu'à trois heures, après quoi il avait fini : il ne lui restait plus qu'à examiner les devoirs de ses élèves et à marquer à l'encre rouge les *bien, très bien, assez bien, satisfaisant, peu satisfaisant*, ou les *à recommencer*, selon que les devoirs étaient bons ou mauvais.

M. le professeur Muller était la meilleure pâte de professeur qu'on eût jamais vue, bien qu'un peu vif; mais il criait beaucoup, piétinait dans sa chaire, se mettait droit sur ses petites jambes, roulait derrière ses lunettes de gros yeux terribles, disait qu'il mettrait toute la classe en retenue le dimanche, et n'en faisait rien, le dimanche venu. Aussi s'amusait-on beaucoup à son cours: l'un ou l'autre élève avait toujours ses mains sous le pupitre et y confectionnait des boules de papier mâché, ou bien y pinçait la queue d'un hanneton. M. Muller se soulevait alors sur ses deux poings, descendait de la chaire, l'œil braqué sur le pupitre, et disait:

— Élève un tel, montrez vos mains.

L'élève montrait ses mains, et généralement il n'y avait rien dedans, parce que la boulette ou le hanneton avait passé aux mains du voisin. M. Muller regagnait sa chaire, l'œil en dessous ; mais au moment où il y remontait, il entendait tout à coup le zouzou du hanneton qui s'envolait au plafond, ou bien il recevait sur la nuque la boulette de papier mâché. Il devenait alors très rouge, frappait sur les bancs et faisait des harangues furibondes, tandis que les élèves poussaient des hem ! hem ! ou des hu ! hu ! rugissaient, aboyaient, coqueriquaient, se mouchaient de toutes leurs forces et riaient derrière leurs mains, la tête penchée sur les cahiers, comme s'ils étaient tout à leur lecture.

Oh ! c'était une bonne classe que celle de M. Muller ! et les grands disaient aux petits :

— Tu as de la chance, toi ; tu vas faire une année de Muller. Nous allons entrer en première, nous autres, chez M. Jupin, qui est un homme sévère.

Et de son côté, M. Muller avait les larmes aux yeux quand il lui fallait quitter ses élèves au bout de l'année ; il leur disait :

— Vous êtes de fameux vauriens ; mais c'est égal, je vous aime tous bien. Tâchez de ne pas faire « endêver » trop M. Jupin.

Et voilà ce qui faisait la pluie et le beau temps dans la vie de M. Muller.

Mais tout était bien changé depuis la maladie de Jean, et il n'y avait plus de beau temps pour M. Muller. A présent, tous les jours, il arrivait en retard d'une demi-heure, ne grondait plus ses élèves, poussait des soupirs à fendre l'âme et, au milieu de la leçon, demeurait la tête dans les mains à se demander ce qu'il adviendrait de lui s'il perdait son petit Jean.

Un matin qu'il entrait, la tête basse, l'œil gros, défait, après avoir veillé Jean toute la nuit, M. Scherpmes, le directeur, sortit du vestiaire, poussant devant lui son gros petit ventre serré dans son habit à queue d'aronde, gravement, les mains derrière le dos.

— Monsieur le professeur Muller, dit-il, j'ai eu pour vous toutes les complaisances, mais vous dépassez les bornes. J'avais pensé que ma mansuétude vous aurait touché : il n'en est rien. Votre conduite est tout à fait inexplicable. Je dirai plus, elle est mystérieuse. Vous êtes toujours en retard, vous partez avant l'heure, vos élèves se portent aux licences les plus répréhensibles et votre enseignement est relâché. Quel est donc le mobile qui vous fait agir ainsi ? Voilà ce que je voudrais savoir. Des renseignements particuliers m'autorisent à croire que l'inégalité de votre conduite provient d'une de ces passions funestes qui conduisent les hommes aux abîmes. Quelle est cette passion ? le direz-vous, monsieur le professeur ? Ah! ah! vous ne répondez pas. — Monsieur le professeur, je vous supprime votre gratification annuelle de deux cents francs. Allez!

A ces derniers mots M. Muller, qui était resté devant M. le directeur, debout, à tortiller les bords de son chapeau, leva tout à coup la tête, ouvrit la bouche, puis s'en alla faire sa classe, sans avoir rien dit.

Il était très agité, faisait des gestes qui ne signifiaient rien, devenait sans raison rouge jusque dans la nuque, commençait une démonstration et ne l'achevait pas, prenait coup sur coup de grosses prises dans sa tabatière, ôtait ses lunettes et les remettait, pensant au fond de lui :

— Mes deux cents francs! Il veut me prendre mes deux cents francs! Qu'est-ce que je vais faire s'il me les prend réellement? Qui payera le médecin, le pharmacien, les oranges, le bouillon et le reste? ce n'est pas lui, je suppose! Me prendre mes deux pauvres cents francs! Je voudrais bien voir comment il ferait à ma place. Est-ce que je n'avais pas le droit de compter là-dessus pour tout ce qui reste à payer? Et l'heure qui n'avance pas! J'irai lui parler après la classe; je lui dirai : « Mon bon M. Scherpmes, vous, un père de famille, ayez pitié d'un orphelin. » Oui, je lui dirai tout : il faudra bien qu'il me les rende.

VIII

Au premier coup de la cloche qui sonnait midi, M. Muller plia ses livres, fourra pêle-mêle ses crayons et ses plumes dans son pupitre et dégringola les deux marches de sa chaise, son chapeau de travers sur sa tête, pendant que les élèves enjambaient les bancs en les frappant avec leurs talons, criaient, sifflaient et se jetaient leurs cahiers à la tête.

Un tremblement le prit quand il aperçut le sévère M. Scherpmes se promenant de long en large dans le vestibule à pilastres, où, sur des consoles de bois peint, régnaient les bustes en plâtre de Cicéron et de Démosthène. Il se mit à brosser très longuement son chapeau dans le vestiaire, en attendant que les derniers élèves fussent sortis; mais son agitation était si grande qu'il brossa son chapeau à contre-poil, de sorte que la rare peluche qui y restait encore se hérissa toute raide.

Et quand il eut fait ce manège pendant quelque temps, il regarda du coin de l'œil et vit qu'il n'y avait plus que M. le directeur dans le vestibule. Alors il fut soudain très troublé, toussa dans le creux de sa main, mit son chapeau, l'ôta, le remit encore, pensant en lui-même :

— Certainement, s'il s'agissait de moi, je ne lui réclamerais pas mes deux cents francs. Il n'y a rien d'humiliant comme de demander quelque chose quand on n'est pas sûr de l'obtenir et quand on est dans son tort.

Cependant il fit un effort sur lui-même, et au moment où M. Scherpmes se disposait à remonter l'escalier, il l'aborda humblement :

— Monsieur le directeur, vous me feriez grand plaisir en me rendant les deux cents francs.

— Ah ! ah ! fit M. Scherpmes en relevant ses lunettes pour mieux le dévisager.

— J'ai tout à fait besoin de cet argent, et, si vous me le retirez, je serai réduit à courir le cachet, le soir, après les classes.

Il ajouta :

— Ah ! si vous saviez, monsieur le directeur ! J'ai un ami malade chez moi, un ami sans ressources, un enfant, un orphelin ; c'est moi qui le veille, il n'a pour ainsi dire que moi ; je suis quelque chose comme son père ou son frère, et il faudra payer, un jour ou l'autre, le médecin, le pharmacien, et tous ces gens-là.

M. Muller se tut tout à coup, comme s'il craignait d'en avoir trop dit. Il lui sembla qu'il se vanterait en allant plus loin, ou du moins qu'on pourrait croire qu'il se vantait, et il considéra ses pieds gêné, en frappant le bout de son parapluie contre ses bottes. M. Scherpmes se haussa sur ses petites jambes, dressa majestueusement la tête, et fronçant les sourcils derrière ses lunettes d'or, dit :

— Si je comprends bien, vous faites de la philanthropie. Eh bien, monsieur, c'est un tort. Est-ce que je fais de la philanthropie, moi ? Cependant j'ai aussi des amis, croyez-le, mais mes amis sont bien en place, comme moi, et je ne me permets pas des amis pauvres. Non, monsieur, c'est un luxe que je ne me suis jamais permis.

— Monsieur le directeur, mon ami est resté six jours entre la vie et la mort, dit M. Muller chaleureusement.

— Eh ! monsieur, s'il fallait sauver tout le monde, on n'en aurait jamais fini ! Remarquez que je ne blâme pas les sentiments d'humanité ; mais je trouve étrange que vous ne sachiez pas les proportionner à vos ressources. Est-ce qu'il n'y a pas l'hôpital pour les pauvres gens ? On y est très bien, à l'hôpital.

— Monsieur le directeur, j'irais moi-même à l'hôpital plutôt que d'y envoyer un ami.

— Oh ! oh ! c'est de l'exaltation. Eh bien ! comme vous voudrez. Si je vous dis là-dessus mon sentiment, je n'ai d'autre mobile que votre intérêt. Quant aux deux cents francs, vous connaissez le règlement : il est formel. Je regrette de devoir répondre à votre demande par un refus catégorique.

— Au nom du malheur ! fit M. Muller suppliant.

Et il pensait en même temps quelque chose comme ceci :

— Est-ce que je vais être forcé de faire des bassesses, à présent ?

Mais M. le directeur Scherpmes pinça sa petite bouche mince, si extraordinairement qu'elle ne semblait plus jamais devoir s'ouvrir ; et cependant il dit à M. Muller qui avait de grosses gouttes de sueur au nez, derrière les oreilles et aux mains :

— Le malheur ! Le malheur ! Qu'est-ce que vous avez besoin de vous occuper de ce qui ne vous regarde pas ? Est-ce que le malheur des autres vous regarde, je vous prie ? — Écoutez, monsieur. Je vais vous exprimer à ce sujet mon désir formel. Je tiens essentiellement à ce que mes professeurs aient des sentiments distingués. Or, j'apprends, monsieur, que vous vous compromettez par des liaisons, oui je le dirai, par des liaisons inconvenantes. On vous a vu dans des meetings d'ouvriers, vous hantez le cabaret, en plein midi vous vous affichez avec des gens en blouse. Et puis, vous vous négligez extrêmement, votre extérieur manque de dignité, vous vous abandonnez à une incurie déplorable. Il faut avec moi de la tenue, monsieur. Hé !

Alors M. Muller sentit qu'il allait se fâcher. Ses grosses joues se gonflèrent et il enfonça son chapeau dans sa tête en disant :

— Tout cela est vrai, monsieur Scherpmes. J'ai l'honneur de vous saluer.

Dans la rue, il s'oublia à frapper les pavés du bout de son parapluie en gesticulant et en se parlant à lui-même, et les chiens aboyaient à ses talons.

— C'est trop fort. Mes pauvres deux cents francs ! Cet homme est stupide. Est-ce qu'on prend comme cela ses ressources à un pauvre diable ? Me voilà bien maintenant. Comment voulez-vous que j'en sorte ? Qui est-ce qui me donnera de quoi payer le médecin et le pharmacien ? Oui, qui ? J'ai bien fait de partir. Si j'étais resté, je crois que je l'aurais assommé. Assommé ! Avec ça que je n'aurais pas dû le faire ! Je suis une brute. Et il est père de famille ! Je souhaite que ses enfants... Non, je ne veux pas de mal à ses enfants. Les enfants n'ont rien à faire là dedans. Le pire, c'est qu'il recommencera avec un autre. J'aurais dû le prendre à la gorge et lui dire : Misérable, ce que tu fais là, le sais-tu ? c'est me voler, moi, c'est voler Jean, c'est le tuer, c'est nous mettre sur la paille ! Est-ce que je sais, moi, ce que j'aurais dû lui dire ? Il est bien temps d'y penser. J'ai toujours été comme ça. Dans le moment même je ne dis rien, je ne fais rien, je n'ose rien, une poule mouillée ! et puis après, je suis feu et flamme, je crie, je tempête, je casse les vitres, j'extermine tout ce qui est sur mon chemin. — Ah ! que le monde est dur !

Et M. Muller, qui avait commencé par une si grande colère, tapant le trottoir à coups de parapluie un peu plus fort à chaque mot qu'il disait, sentit tout à coup ses yeux se mouiller et toussa à pleins poumons pour ne pas se laisser aller à son attendrissement.

Quand il fut près de sa porte, il respira bruyamment et se dit :

— Je travaillerai.

IX

Depuis quinze jours que Jean était chez M. Muller, le bonhomme dormait dans le vieux fauteuil qu'il tenait de son grand-père et qui gardait sur sa basane éraillée, la forme d'une personne couchée. Il y passait la nuit, la tête dans un mouchoir, à côté du lit de Jean, après avoir pris soin de tirer à lui la table où étaient les fioles, la veilleuse et un livre qu'il commençait toujours à lire avec la résolution de ne pas s'endormir.

D'abord il lisait très attentivement, s'interrompant parfois pour regarder du côté de Jean, puis il laissait tomber la tête, fermait les yeux, les rouvrait à demi et tout à coup rattrapait son livre, au moment où celui-ci lui glissait des mains : alors une colère le prenait, il se frottait les yeux, secouait sa tête, collait son front à la vitre froide et se promenait sur ses bas, pour démeurer éveillé ; puis il se rasseyait, se remettait à lire et finalement s'endormait pour de bon ; mais il se réveillait en sursaut au bout d'une heure, s'imaginant que Jean avait crié, s'indignait d'avoir cédé à l'envie de dormir, et lentement s'endormait de nouveau, ronflant comme une basse ; car M. Muller ronflait, et cette infirmité faisait son désespoir.

A l'aube, ouvrant l'œil, il s'interrogeait :

— Est-ce que j'aurais ronflé cette nuit-ci ? Mon Dieu! quel malheur de ronfler !

Et quand Jean s'éveillait, il lui demandait à son tour :

— Est-ce que j'ai ronflé cette nuit ? Je suis bien sûr que je t'ai empêché de dormir. Il faut absolument que je perde cette mauvaise habitude.

Le matin, à huit heures, madame Lamy arrivait, son cabas plein de copeaux au bras, et préparait le feu, car on était en hiver, et le givre dessinait ses palmes diamantées sur la vitre.

Elle disait à M. Muller :

— Vous avez le visage bien tiré ce matin, monsieur Muller. Je suis sûre que vous avez veillé. Allez-vous-en prendre l'air. Je ferai ce qu'il y a à faire.

M. Muller mettait son chapeau et s'en allait, disant :

— Ah ! madame Lamy, j'ai oublié de vous dire : je lui ai donné sa potion il y a une heure. N'oubliez pas de la lui donner selon la prescription.

Ou bien :

— Si vous avez besoin de moi, faites-moi appeler.

Ou bien encore :

— Le médecin arrivera à telle heure. J'ai mis là du papier, de l'encre et une plume pour ses ordonnances. Soignez bien tout, madame Lamy. Je me repose sur vous. Allons, à tantôt. N'est-ce pas que vous veillerez bien à tout ?

Il partait, revenait, passait un quart d'heure à insister sur toutes sortes de recommandations, et madame Lamy lui disait :

— Oui, oui, soyez tranquille... C'est bon... Je ferai tout ce qu'il y a à faire.

Elle mettait alors tiédir de l'eau sur le feu, lavait les mains et la figure de Jean, rangeait la chambre, plaçait une nouvelle mèche dans la veilleuse, ensuite s'asseyait dans le grand fauteuil et tricotait.

Le docteur arrivait à dix heures, posait ses gants et son chapeau sur la table et disait en entrant :

— Eh bien ! comment allons-nous ce matin ? La nuit s'est-elle bien passée ? Avons-nous encore eu les grands coups dans la tête ?

Il tâtait le pouls de Jean, écoutait ses explications, hochait la tête de haut en bas et grommelait :

— C'est cela... c'est cela... Oui, parfaitement cela.

Puis, au bout de cinq minutes, il s'en allait, après avoir écrit une ordonnnance, et madame Lamy l'accompagnait jusqu'au palier, lui demandant :

— Eh bien, monsieur le docteur, comment va notre malade ?

Et depuis quelque temps le docteur répondait :

— Très bien. De mieux en mieux.

Jean, en effet, ouvrait à présent les yeux, reconnaissait les personnes qui l'approchaient et prenait un peu de bouillon deux fois le jour. Il était tout jaune et si maigre que son petit corps se moulait à peine dans les couvertures ; mais il ne criait plus comme les huit premiers jours en mordant ses draps, et il n'avait plus qu'un grand mal sourd à la tête, le soir surtout.

Une chose qui étonnait tout le monde, c'est qu'il ne parlait jamais de sa mère, dans ses moments lucides, tandis qu'il parlait constamment d'elle quand il avait le délire.

A onze heures, madame Lamy jetait une pelletée de charbon mouillé sur le feu, regardait si tout était en bon ordre dans la chambre, demandait à Jean s'il n'avait besoin de rien, disant :

— Jean, monsieur Muller va revenir. Il est bientôt onze heures et demie, et il sera ici à midi. Je m'en vais aller faire le dîner de Lamy.

Puis madame Lamy prenait son cabas et courait chez elle, le plus vite qu'elle pouvait, après avoir acheté des pommes de terre chez la verdurière, un peu de lard chez le charcutier, ou deux saurets qu'elle apprêtait avec un œuf battu. M. Lamy rentrait à midi et trouvait les pommes de terre au feu, les saurets à la poêle et la table mise, bien que madame Lamy n'eût eu qu'une petite demi-heure pour faire son dîner ; mais elle était si vaillante qu'elle n'était jamais en retard, et tandis qu'elle faisait une chose, elle pensait déjà à la manière dont elle en ferait une autre.

Et elle disait à son mari :

— Lamy, il n'y a pas gras manger aujourd'hui ; car il faut penser aussi à ce pauvre Jean, et pendant que l'un mange du bouillon, l'autre est bien forcé de manger de la soupe aux herbes. N'est-ce pas vrai, Lamy ?

— Tout ce qu'il y a de plus vrai, femme, disait Lamy. Mais vous faites encore beaucoup trop pour moi. Il me semble qu'un bon plat de pommes de terre me suffirait très bien. Comme cela, vous pourriez économiser trois ou quatre sous de plus par jour pour Jean.

— Oh ! Lamy, c'est déjà si peu pour un homme qui travaille, et il n'y a pas moyen de faire moins que nous ne faisons.

M. Lamy mangeait de grand appétit, prenait ensuite

sa tasse de café, allumait sa pipe et allait en passant dire bonjour à Jean.

Et un peu après, on entendait madame Lamy grimper lestement l'escalier; elle arrivait avec son petit cabas, en tirait une orange, la dépeçait et en donnait les quartiers à Jean, après avoir râpé un peu de sucre dessus.

L'après-dînée se passait ainsi, Jean suçant de temps à autre un morceau d'orange et sommeillant, madame Lamy tricotant, tassant du charbon sur le feu, chauffant le bouillon, et se levant cinquante fois de son fauteuil pour trotter à droite et à gauche dans la chambre, sans bruit.

A quatre heures, M. Muller rentrait, ôtait ses bottes pour ne pas éveiller Jean et demandait à madame Lamy ce qui s'était passé durant son absence. Puis, M. Muller tirait de son armoire une cafetière avec son ramponeau, jetait dans le ramponeau deux grosses pincées de café en poudre et versait l'eau bouillante, debout, la main à la bouilloire, écoutant grésiller l'eau à travers les trouets du ramponeau, pendant dix minutes, montre en main. Car M. Muller, qui avait la prétention de faire un café comme on n'en fait pas aux *Mille Colonnes* ni ailleurs, mettait exactement dix minutes à passer l'eau, ni plus ni moins; et, en vérité, M. et madame Lamy ont toujours trouvé son café délicieux.

Pendant qu'il demeurait ainsi devant le feu, surveillant la coction, madame Lamy étalait la nappe sur la table, puis les assiettes, le beurre et le pain.

Enfin, à sept heures et demie, M. Lamy entrait: on s'asseyait, on causait bas et l'on soupait de café et de tartines.

— Est-ce que vous avez dîné aujourd'hui? demandait Lamy à M. Muller.

— Je crois bien que j'ai dîné, et fameusement, répliquait M. Muller en toussant.

A neuf heures, M. et madame Lamy retournaient chez eux, et tout en cheminant, madame Lamy disait avec un soupir:

— Voulez-vous parier, Lamy, que M. Muller n'avait pas dîné! J'ai vu ça tout de suite à son air.

Or, un soir, comme ils s'en revenaient, M. Lamy dit à sa femme :

—Thérèse, nous sommes demain le 15 et c'est au 15 que j'ai promis de payer au menuisier le cercueil de la mère Bril. Comment allons-nous faire ?

— Jésus Marie! cria madame Lamy. Sommes-nous demain le 15 ?

— Oui, et il faut que je paye avant le soir.

— Ah! Lamy, c'est bien malheureux d'être de pauvres gens comme nous! Qu'est-ce que nous allons faire ?

— Le cercueil coûte quinze francs. Je l'ai bien examiné : il vaut ça. Non, ce n'est vraiment pas trop cher! Mais où trouver les quinze francs. Et puis, ce n'est pas tout, Thérèse. Qui est-ce qui payera l'église et le corbillard ?

— Oui, qui est-ce qui payera tout cela?

— Le tout ensemble fera bien cinquante francs, Thérèse.

—Cinquante francs, Jésus Dieu Seigneur ! Est-il possible? Nous n'avons jamais vu cinquante francs à la fois dans notre poche, Lamy.

— C'est vrai, Thérèse, mais nous avons acheté il y a un an une action de Bruxelles.

— Oui, une action qui vaut cent francs, et pour laquelle nous avons économisé pendant six ans, quand la grand'mère n'a plus eu besoin de notre argent.

M. Lamy ne répondit pas, et madame Lamy se tut aussi, tous deux absorbés dans leurs idées.

Pourtant, au bout de quelques instants, M. Lamy reprit :

— Est-ce qu'il faudra que [M. Muller paye l'église et le corbillard, Thérèse?

— Oh pour ça non, Lamy; ça ne se peut pas.

— Non, ça ne se peut pas. Il aura bien assez à payer sans payer encore le corbillard et l'église. C'est nous alors qui le payerons.

— Nous, Lamy? Mais avec quoi?

— Oui, avec quoi? Voilà!

—Est-ce qu'il nous faudra vendre notre action qui nous a coûté tant d'économies?

— Thérèse, ils ont du bonheur, ceux qui ont des actions et qui les voient, avec leurs grands chiffres noirs et leurs papiers roses, dans leurs tiroirs, sans devoir y toucher. Certainement ils ont du bonheur! Mais ils ont du bonheur aussi, ceux-là qui se disent : « Si je vends une action à cause d'un ami qui en a besoin et pour une chose qui doit soulager cet ami dans sa misère, je fais bien, et il vaut encore mieux la vendre que de la laisser dormir dans le coin. » Voilà mon idée à moi, Thérèse.

— Bon, l'homme, c'est mon idée aussi. Mais comment la vendre! On trompe souvent les gens comme nous. Si vous en parliez à M. Muller?

— A M. Muller? Non, Thérèse. Il devinerait bien vite pourquoi nous la vendons, et il voudrait tout payer lui-même. Oh! je le connais!

Et M. Lamy ajouta:

— J'irai demain matin chez Jacques Bosschout, le typographe. C'est un malin, lui. Il sait voir dans les gazettes à combien ça va, les actions.

Le lendemain matin, M. et madame Lamy s'éveillèrent plus tôt que de coutume, mais ni l'un ni l'autre ne parlaient plus de l'action qu'il fallait vendre. Quand M. Lamy eut déjeuné, il alluma sa pipe et dit en regardant la pendule :

— C'est l'heure. Je m'en vais jusque chez Jacques Bosschout.

— Oui, dit madame Lamy, il faut aller voir Jacques Bosschout.

Alors elle se leva lentement, alla du côté de l'armoire, essaya une clef, puis une autre, ouvrit enfin le tiroir, prit au fond un vieux livre de prières et tira du livre l'action de cent francs pliée en quatre.

M. Lamy la regardait du coin de l'œil, sans rien dire et tirait de grosses bouffées de sa pipe, en faisant claquer ses lèvres comme si le tabac ne brûlait pas.

Alors il vit qu'elle baissait tout à coup la tête, et une larme lente roula sur le menton de sa bonne vieille femme.

— Thérèse, dit-il en l'embrassant, je travaillerai pour vous la rendre bientôt.

Et ce même jour, Jacques Bosschout le typographe lui ayant fait vendre son action, M. Lamy alla chez le menuisier payer le cercueil, et chez M. le curé payer les frais d'église et le corbillard.

— Femme, dit-il en rentrant, il me reste encore quarante-cinq francs : mettez-les de côté. Le bon Dieu nous enverra le reste.

Un soir, M. Muller s'assit dans son grand fauteuil, près du feu, et se dit :

— Voilà que nous sommes aujourd'hui le 25 du mois de décembre, et dans sept jours nous serons le premier janvier. Alors je toucherai mon mois, et j'irai payer le corbillard, l'église, le cercueil et le reste. Oui, j'aurai de quoi payer tout cela, et même je payerai au pharmacien ses médicaments. Quand j'aurai arrangé ainsi mes affaires, il ne me restera pas grand'chose, mais l'arriéré sera payé, ce qui est le principal, et je payerai avec l'argent du mois prochain le docteur et les nouvelles dettes. Je crois qu'ainsi tout s'arrangera pour le mieux. J'irai trouver demain, d'ailleurs, la propriétaire, à qui je dois un terme, et je lui dirai que je lui payerai ce terme-là et le suivant en une fois, en février. Elle ne s'en fâchera pas, car c'est une bonne femme, et moi je serai bien content. Certainement, je dois mettre de l'ordre dans mes affaires, et je ne suis pas fâché d'avoir appris à me passer de dîner. C'est déjà une jolie économie : je mets comme ça de côté tous les jours les quatre-vingts centimes que me coûtait mon repas sans compter que je prenais souvent en dînant de la bière, et que le dimanche je dînais parfois à un franc. On dîne très passablement à un franc chez la mère Ravigote, mais il vaut encore mieux avoir un bon franc bien reluisant dans sa poche que d'avoir pour un franc de rosbif dans l'estomac. Il n'y a que sa soupe à l'oignon... Ah! sa soupe à l'oignon! Je la sentais en entrant, et je disais, l'eau à la bouche : Eh bien ! mère Ravigote, paraît qu'il y a de la soupe à l'oignon aujourd'hui. Elle fait très bien la soupe à l'oignon. Allons, bon! Est-ce que je m'en vais penser à ces choses? Je me porte d'ailleurs très bien, et je ne mange plus que pour dix sous. Et puis ça dépend des goûts. Moi, j'aime une nourriture simple, des saurets, du foie de porc ou du *bloedpens*, par exemple.

Il passa du charbon sur le feu et ajouta :

— Oui, j'ai toujours aimé ça, et quand on en a pour dix sous, on a très bien dîné. Et puis, c'est une si bonne chose de se dire en économisant tous les jours un peu d'argent : « Tu vois bien cet argent. Eh bien ! cet argent payera le charbon et la lumière, et ce n'est pas une petite affaire, car on en brûle maintenant, du charbon et de la lumière ! Mais c'est égal, tout sera payé avec cet argent. » Ah ! c'est une bonne chose !

Et un peu après, entendant le grand vent qui battait les toits, et regardant autour de lui combien tout était tranquille dans la chambre : Jean endormi dans le lit et faisant aller mollement sa poitrine sous les draps, le poêle mêlant son ronflement au chant de la bouilloire, et la petite veilleuse dans l'huile éclairant doucement les murs et le plafond, il pensa en lui-même :

— Nous sommes des heureux, nous autres. Il y a tant de pauvres gens courant les rues à cette heure, dans le froid, la pluie et le vent, le nez rouge et les mains bleues. Ceux-là donneraient dix ans de leur vie pour être seulement un an comme je le suis à présent, les pieds au feu, dans un grand fauteuil, ayant bien chaud et pensant à ceux qui n'ont rien. La vie est bien dure pour le pauvre monde !

Puis, comme le poêle répandait une grande chaleur, il s'assoupit, pencha doucement la tête et s'endormit en se disant :

— Quelle fête le jour où Jean pourra quitter de son lit ! Alors je commanderai un beau dîner au *Cadran bleu*, et je ferai chercher six litres de lambic aux *Trois Perdrix*. Et l'on boira aussi du vin, car j'en mettrai sur la table. Et nous dînerons ici près du feu, tous ensemble, Lamy et sa femme, Jean et moi, en riant comme des fous. Ça sera amusant !

XI

Le jour de l'an, vers neuf heures du matin, M. Muller entendit des pas qui montaient l'escalier, et il dit à Jean :

— Je suis bien sûr que voilà Lamy et sa femme qui viennent te souhaiter la bonne année.

Comme il achevait ces mots, on frappa à la porte, et il alla ouvrir. C'étaient en effet M. et madame Lamy en habits de dimanche, tenant l'un et l'autre un paquet dans la main; et ils entrèrent après avoir eu soin de secouer leurs pieds sur le paillasson, car il avait beaucoup neigé la nuit et les rues étaient toutes blanches.

— Jean, dit aussitôt M. Lamy, je vous souhaite une bonne année et tout ce qui pourra vous être agréable.

— Entrez, madame Lamy, disait M. Muller à la bonne femme qui s'attardait sur le paillasson.

— Ah ! monsieur Muller, c'est qu'il y a une boue dans les rues!

Et elle dit à son tour à Jean :

— Jean, une bonne année ! Je vous apporte des oranges, mon garçon, et un pigeon que vous mangerez en buvant un doigt de vin, car monsieur le docteur m'a permis de vous faire à dîner aujourd'hui.

Alors madame Lamy tira de son cabas une bouteille de vin de Bordeaux et six oranges, et elle mit sur la table un papier blanc dans lequel se trouvait un petit pigeon gras et blanc, joliment troussé.

Et Jean dit de sa voix douce, très bas :

— Merci, monsieur Lamy, merci, madame Lamy. Je suis bien content. Oh ! oui !

M. Muller, de son côté, embrassa M. et madame Lamy en pleurant, et il leur dit :

— Oui, merci, mes amis. Vous êtes les plus braves cœurs de la terre. Je vous souhaite une bonne année et du bonheur.

— Et à vous de même, monsieur Muller, dirent ces braves gens en pleurant aussi.

Madame Lamy prit ensuite le petit paquet blanc que Lamy avait mis sur la table et elle le donna à M. Muller en disant :

— Acceptez ça, monsieur Muller. Vous nous ferez plaisir.

M. Muller défit le papier et trouva dedans une paire de gros gants de tricot doublés de peluche bleue ; il les enfila aussitôt et s'écria en frappant ses mains gantées l'une contre l'autre :

— Oh ! ça, c'est superbe ! Et doux comme du velours en dedans ! Madame Lamy sait bien ce qui fait plaisir aux gens !

Il prit son chapeau, descendit en courant et revint une bouteille de punch sous le bras.

Alors on se mit près du feu. Madame Lamy ôta son beau bonnet noir de tulle, et chacun but une rasade de punch, causant à demi-voix et riant, car on était bien heureux d'être près du feu, à fêter la nouvelle année.

Jean sommeillait ; il était si faible qu'il tombait presque constamment en des assoupissements, et on le voyait fermer les yeux d'une minute à l'autre, puis s'endormir. Par moments son sommeil était agité et il rêvait : on n'aurait pas su dire à quoi il rêvait, mais on entendait bien qu'il appelait sa maman. Madame

6.

Lamy ayant fait crier sa chaise sur le plancher en se reculant un peu parce qu'elle avait trop chaud, Jean s'éveilla et dit en regardant autour de lui :

— Où est maman ? Ma petite maman ? Ma maman ?

C'était la première fois qu'il l'évoquait, éveillé, et il semblait la chercher autour de lui, comme s'il eût été sûr qu'elle était dans la chambre.

M. Muller se leva très vite et devint tout à coup blanc comme une hostie.

— Qu'est-ce qu'il va arriver maintenant ? dit madame Lamy à son mari.

— Oui, qu'est-ce qu'il va arriver ? répondit M. Lamy, inquiet aussi.

— Maman ! répéta Jean un peu plus haut.

M. Muller alla à lui et lui prit la main.

— Oui, Jean, dit-il, ta maman va venir. Certainement elle viendra quand tu seras guéri. Elle est un peu malade aussi, tu sais bien, ta maman, mais elle est bien où elle est, sois tranquille.

En disant cela, la voix de M. Muller tremblait, et il n'osait presque pas regarder Jean.

— Est-ce que maman est malade ? fit Jean.

Il se tut, passa la main sur son front et eut l'air de chercher quelque chose en lui-même :

— Oh ! oui, je sais, dit-il, c'est vrai, maman est malade, au lit. M. et madame Lamy sont là, près d'elle. Et moi aussi. Et tout à coup maman a toussé. Est-ce qu'elle a toussé ? Il fait noir et il y a une grosse mouche dans la chambre... une grosse mouche dans la chambre... une grosse mouche dans la chambre...

Il répéta cela trois ou quatre fois, lentement, comme si la mouche éveillait en lui d'autres souvenirs ; puis il reprit :

— Qu'est-ce qu'il est arrivé? alors Il y a une grande caisse sur deux chaises... Et maman, où est maman?... Je ne la vois plus... Ah! mon Dieu! qu'est-ce qu'il y a donc que je ne sais plus...

Tout à coup, il se leva sur ses poignets et cria :

— Ah! ma chère maman! Elle est morte!

— Jésus! mon Dieu! fit madame Lamy en croisant les mains.

— Ça devait arriver une fois ou l'autre, dit M. Lamy.

Et M. Muller pleurait dans son foulard en disant :

— Jean, elle est seulement heureuse à présent, car elle ne souffre plus. Tu sais bien qu'elle souffrait, n'est-ce pas? Maintenant la souffrance a fini pour elle.

Mais Jean ne l'écoutait pas : les larmes lui sortaient des yeux et coulaient sur ses draps, autour de lui, comme une fontaine. Il se souvenait de tout, du cercueil, de l'église et du cimetière, et il pleurait sans faire de bruit, doucement.

Et quand il eut beaucoup pleuré, il s'endormit d'un bon sommeil. Alors M. Muller devint très gai, et dit avec une figure riante :

— Voilà le danger passé, Lamy; Jean sera sur pied dans quinze jours.

— Monsieur Muller a raison, fit madame Lamy. Le docteur m'a dit en propres termes : « Quand le garçon pleurera, il sera sauvé. » Je m'en souviens très bien.

Jean causa un peu ce jour-là : il poussait par moment de petits soupirs, puis il pleurait ; et quand il cessait de pleurer, il prenait la main de M. Muller ou de M. Lamy ou de madame Lamy, et il disait :

— Je suis si heureux auprès de vous! On dirait que c'est comme au temps de maman.

Et toute la journée se passa dans la joie. Il n'y eut personne qui ne se sentît du bien à l'âme quand madame Lamy, ayant fait roussir le poulet dans le poêlon et l'ayant ensuite disposé sur une assiette, les cuisses et les ailes à part et le blanc de la poitrine au milieu, Jean se mit à sucer les cuisses, l'une après l'autre, en les trempant dans la sauce au beurre.

Il buvait de petits coups au verre de vin et disait :

— Ah ! que c'est bon, madame Lamy !

Chacun pensait alors :

— Oui, ce doit être bien bon ! C'est comme si j'en mangeais moi-même.

XII

Quand huit heures sonnèrent à l'église, les Lamy se levèrent et M. Muller, qui avait son idée, leur dit :

— Je vous ferai un bout de conduite.

Il y avait beaucoup de monde dans les rues et tout ce monde courait très vite, gaîment, dans la neige qui tombait à gros flocons, étoilant les dos et les parapluies.

Devant les vitrines des pâtissiers, les petits garçons, les mains dans les poches, et les petites filles, leurs coqueluchons tirés jusqu'aux yeux, frappaient leurs sabots contre terre pour réchauffer leurs pieds en reluquant les boîtes à couvercles dorés, les cornets à rubans roses et les petits hommes de carton qui font aller leur tête, fixés sur des socles peints en vert où il y a un tiroir avec des bonbons. Et ils regardaient aussi les belles assiettes de cristal qui reluisent au gaz, chargées de pralines, de fondants et de sucreries peintes en jaune, rouge, vert et bleu, les grands bonshommes en pain d'amandes, dans leurs culottes courtes, leurs bas de soie en sucre blanc, leurs habits à basques, si jolis, si bien faits, si bons à manger, les joues roses, tout droits contre la vitrine, puis encore les pipes, les cigares, les chiens de chocolat, et surtout les petits enfants bien habillés, avec des manchons, des mitaines, des fourrures et des souliers de peau, qui, dans la boutique, montraient du doigt à leurs mamans et à leurs papas ce qu'ils convoitaient de posséder.

Et l'on entendait battre les portes des magasins, les timbres vibrer et les sonnettes carillonner; les boutiquiers régulièrement, la bouche fendue d'un rire, remerciaient d'un « A vos ordres, monsieur; » ou : A vous revoir, madame, je me recommande. » Les gros sous et les pièces blanches tombaient dans les tiroirs avec un petit bruit clair; dans les caves les mitrons boulangeaient avec rage ; et le long des comptoirs les gens piétinaient, commandaient, marchandaient.

Au dehors les voitures des riches bourgeois passaient menées grand trot par des cochers fourrés comme des singes, et à la file sautillaient çà et là de maigres chevaux de fiacres exténués. Des gamins soufflaient dans des trompettes, battaient du tambour, jouaient de l'harmonica. Derrière les volets clos des maisons, sous des lampes bien claires, les petits enfants se roulaient par terre en montrant leurs gentils derrières roses. Et des grands-pères couraient, portant des paquets sous le bras, les amis se souhaitaient la bonne année, une grande fumée rouge sortait des estaminets, des soldats battaient les trottoirs en criant à tue-tête :

— Vive le roi !

Madame Lamy disait :

— On voit bien qu'ils ont fêté le nouvel an, ceux-là.

Et M. Lamy répondait :

— Oui, tout le monde a pris un petit verre de trop aujourd'hui, Thérèse, et les uns ont bu du punch, les autres du rhum, d'autres du cognac ou de l'anisette ou du curaçao, selon que ça tombe, en mangeant des tranches de pain d'épice ou des galettes de fin froment ou du pain à la grecque.

M. Muller ne prenait attention à rien de tout cela, mais un fourmillement lui mangeait le dos, parce qu'il avait quelque chose à demander et qu'il ne savait pas comment il s'y prendrait.

— Certainement, pensait-il, si je leur pose la question net, ils ne me répondront pas. Je les connais. Ils voudront tout payer. Comment faire? Il n'y a pourtant que Lamy qui puisse me dire où habite ce diable de menuisier.

Il reculait toujours le moment de parler, et à la fin il se trouva si éloigné de chez lui que Lamy lui dit :

— Monsieur Muller, ne craignez-vous pas que Jean ait besoin de quelque chose?

— C'est juste, je me sauve. Vous avez raison, Lamy.

Il leur donna la main à l'un et à l'autre, puis, comme se rappelant une chose oubliée, d'un air indifférent :

— A propos, Lamy, j'ai un petit travail de menuiserie à faire exécuter. Est-ce que vous ne me connaissez pas un bon menuisier ?

— Ah ! voilà, pensa en lui-même M. Lamy, nous y sommes.

Et il ajouta tout haut :

— Oh ! il ne manque pas de bons menuisiers, monsieur Muller.

— Si je prenais celui qui a fait le cercueil de la pauvre madame Bril, hein ?

Et M. Muller se disait tout bas :

— J'ai inventé là une bonne malice pour connaître l'adresse de ce menuisier.

— Celui-là ou un autre, répondait M. Lamy, qui riait en dedans de lui.

— Non, Lamy, j'aime encore mieux celui-là, voyez-vous. Il travaille bien. C'est une bonne chose d'être sûr des gens!

— Oui, dit M. Lamy pour s'amuser, il travaille bien, mais il est cher.

— Ce n'est rien, si l'ouvrage est bon. Où habite-t-il, Lamy?

Et il se disait :

— Pourvu que Lamy ne devine rien, surtout.

— Où il habite? Ma foi, je n'en sais plus rien.

— Rappelez-vous.

— C'est quelque part rue des Trois-Têtes.

Et M. Lamy pensait :

— A présent, je puis le lui dire. Il n'y a plus de raison pour que je ne le dise pas.

— Rue des Trois-Têtes? demanda M. Muller. Et son nom, quel est son nom, Lamy?

— Tist Zwickboor.

Alors M. Muller lui souhaita la bonne nuit et s'en alla très vite, le cœur joyeux, en pensant :

— Cette fois-ci je les ai bien attrapés.

XIII

Le lendemain, M. Muller sortit de bonne heure, après avoir glissé deux billets de vingt francs dans son portefeuille et des pièces de cinq francs dans un petit sac noué par un cordon. De temps à autre, il coulait sa main dans sa poche et tâtait son sac, puis il disait:

— Quel bonheur d'avoir de l'argent !

Tist Zwickboor était à son établi, rabotant et sifflant, quand M. Muller entra dans la petite chambre noire et enfumée qui lui servait d'atelier ; — et un pauvre jour gris tombait par l'étroite fenêtre vitrée de carreaux vert-bouteille.

— Tist Zwickboor ? demanda M. Muller.

— C'est moi, dit un petit homme grêle et maigre, à cheveux plats. Qu'est-ce qu'il y a pour vous servir ?

— Je viens payer le cercueil de madame Bril.

— C'est payé, dit Tist.

— Comment est-il possible que ce soit payé, puisque voici l'argent ?

— C'est payé, même qu'il y avait pour six francs de gros sous.

M. Muller partit furieux, en disant :

— Ce gueux de Lamy ! Je suis volé.

Il alla ensuite chez M. le curé et dit qu'il venait régler les absoutes.

— C'est payé, dit l'ecclésiastique.

M. Muller s'imagina que celui-ci n'avait pas compris.

— Pardon, monsieur le curé, il s'agit de madame Bril, et pas d'une autre.

— Mais, sans doute, parfaitement ; c'est payé.

M. Muller se remit en route.

— Me voilà bien maintenant, pensait-il, ils ont tout payé.

Et il entra dans une grande colère.

Le soir, quand M. Lamy arriva, M. Muller, qui avait boudé toute la journée, lui dit à brûle-pourpoint :

— Lamy ; venez un peu par ici ; j'ai quelque chose à vous dire.

Et quand il lui eut fait redescendre l'escalier et qu'ils se trouvèrent dans la rue, M. Muller, rouge, les yeux hors de la tête, lui dit avec des gestes terribles :

— Ah ça ! Lamy, est-ce que vous êtes fou !

— Moi, monsieur Muller ? fit M. Lamy, qui savait très bien pourquoi M. Muller était si monté.

— Oui, vous. Ou si vous ne l'êtes pas, c'est que vous avez juré sans doute de me faire sortir de ma peau. Eh bien, je vous dis que cette conduite n'a pas le sens commun... De quel droit vous êtes-vous permis de payer ce qui ne vous regardait pas ? Vous vous êtes dit : « Laissons le vieux bonhomme de côté : faisons comme s'il n'existait pas ; c'est un radoteur ; il bat la breloque, et il n'est plus même bon à payer pour son ami Jean ; et puis c'est un panier percé ; est-ce que ça peut payer le cercueil et l'église, un vieux grigou comme lui ? Allons donc ! » Voilà ce que vous vous êtes dit. Parbleu ! je le sais bien, moi ; je vous entends d'ici ; croyez-vous que je ne sais pas ce que vous vous êtes dit ? Elle est bonne celle-là. Eh bien, c'est scandaleux ! J'avais mis ma confiance en vous, je vous croyais un ami, je m'étais dit : « Lamy, c'est l'homme qu'il me faut. » Et vous m'avez trahi. Oui, trahi. Qu'est-ce que ça vous fait que je sois un vieux bonhomme, après tout, si ça me plaît d'être un vieux bonhomme ? Est-ce une raison pour me trahir ? Je n'aurais jamais pensé cela de vous, Lamy. Jean est mon ami, il n'a plus de père, plus de mère, personne pour le soutenir, et parce que je veux lui tenir lieu de père, de mère et de tout le monde, vous arrivez, vous, et vous dites : « Pas de ça. Nous allons l'ennuyer un brin. Nous lui montrerons bien qu'il n'est ni le père ni la mère et que nous avons bien autant de droits que lui sur son Jean. » Ah ! vous avez des droits ! Vous m'amusez !

M. Lamy, qui avait ri en dedans jusque-là, se fâcha à son tour et dit :

— Est-ce que Jean ne serait pas un petit peu à nous aussi, par exemple ? Monsieur Muller, je suis bon garçon et je vous aime bien, là, de tout mon cœur, mais il ne faut pas dire que Jean n'est rien pour nous. Ça n'est pas vrai, voyez-vous. Sa mère était notre voisine et nous avons vu Jean tout petit. Oui, il n'était pas plus haut que ça, et je courais à quatre pattes par terre avec lui sur mon dos. Et quand la mère a été malade, je me suis dit : « Tant que je serai là, Jean, il ne t'arrivera jamais malheur. » Vous voyez qu'il est aussi notre enfant, à nous qui n'en avons pas d'autre, monsieur Muller.

— Ah ! c'est comme ça, cria M. Muller. Vous voulez me l'enlever, me le prendre, me le voler ? Comme si ça se volait, un ami, un fils, un frère ! Très bien ! Et vous avez commencé par accaparer la mère morte en vous disant que le fils vivant vous reviendrait plus tard ! Ah ! ah ! très bien. Je vous vois venir. Et un jour, moi, vieux, moi bon à rien, moi qui n'ai que lui, moi qui me livrais à vous, confiant, vous me laisserez là tout seul, sur mon fumier ! Très bien ! très bien !

Et M. Muller, qui commençait à s'attendrir, s'écria tout à coup :

— Ah ! Lamy ! ce n'est pas bien. Vous êtes un brave cœur, mais vous n'auriez pas dû faire cela.

— Si, monsieur Muller, dit Lamy, c'était à nous à payer pour madame Bril. Vous ne pouvez pas tout payer non plus. Nous sommes de pauvres gens, nous, il nous faut peu de chose pour vivre. Tandis que vous, monsieur Muller, vous avez besoin de votre argent pour vous acheter des livres, des plumes, du papier, est-ce que je sais, moi ? Et puis, nous voyons clair. Oui, nous voyons bien ce qui se passe. Vous veillez toutes les nuits, vous ne dormez plus, vous ne mangez plus. Ah ! je sais bien, moi monsieur Muller, que vous n'avez plus dîné depuis un mois.

— Non, Lamy, ne dites pas cela, s'écria très vivement M. Muller. Ce n'est pas vrai.

— C'est vrai, il ne faut pas jouer la comédie avec Lamy, monsieur Muller.

— Ah ! Lamy, dit M. Muller, tout honteux, ne le dites jamais à personne.

Et ils se serrèrent les mains de toutes leurs forces, bons amis maintenant.

XIV

Le docteur ne venait plus que tous les deux jours et au bout de la semaine, il cessa tout à fait ses visites. Jean se levait un peu vers midi, s'asseyait dans le grand fauteuil près du feu, la figure tournée du côté de la fenêtre, et reniflant la bonne odeur des petits plats que madame Lamy lui fricassait sur le poêle. Elle venait tous les jours, la bonne madame Lamy, et tantôt elle apportait un savouret pour un court-bouillon, tantôt des côtelettes de mouton ou de la viande hachée dont elle faisait des boulettes en y mettant du pain et un jaune d'œuf.

C'était plaisir de voir les yeux que Jean tournait du côté du poêle, quand madame Lamy, ayant tisonné son feu, oignait de beurre sa casserole et que le beurre commençait à chanter ; puis elle posait dessus la viande, y jetait du thym ou un oignon découpé en morceaux et disait :

— Jean, ce sera bientôt prêt.

Jean riait, pensant en lui-même :

— Je mangerai dans une demi-heure, quand la viande sera bien rôtie, qu'il y aura une belle croûte dorée et que le jus sera brun. C'est une bonne chose que les petits plats de madame Lamy.

Puis, madame Lamy approchait de lui la table, posait dessus une nappe en ayant soin de l'aplatir avec la main, et servait la viande ou le bouillon dans des assiettes bien blanches ; car un soir M. Lamy avait apporté un grand panier et dans ce panier se trouvaient des plats, des casseroles, des assiettes et tout ce qui généralement manquait à M. Muller pour faire la cuisine.

Voilà ce que faisait madame Lamy, et Jean mangeait de bel appétit, rongeait les os, trempait son pain dans la sauce et découpait sa viande en petits morceaux pour manger plus longtemps, disant à tout bout de champ :

— Comme c'est bon, madame Lamy. Jamais je n'ai rien mangé d'aussi bon.

Et madame Lamy répondait :

— Tant mieux, Jean. C'est toujours un plaisir d'entendre dire que ce qu'on fait est bien fait.

Cette excellente madame Lamy rangeait ensuite dans l'armoire les assiettes et les casseroles, après les avoir passées à l'eau, mettait chaque chose en place, regardait au feu et s'en allait, disant :

— A présent que tout est bien, Jean, je vais aller soigner mon homme.

— Oui, disait Jean, et merci pour toutes vos bontés, madame Lamy.

Jean restait seul alors jusqu'au retour de M. Muller. Il pouvait marcher dans la chambre, à présent, quérir ce dont il avait besoin et se mettre au lit sans l'aide de personne. Il regardait la neige qui tombait lente sur les toits, le ciel roux comme là où il y a un incendie et les façades des maisons toutes noires sous leurs calottes blanches, et il songeait en lui-même :

— Il y a maintenant un pied de neige au cimetière, et maman dort là-dessous, dans la terre. Je ne la verrai plus jamais.

Puis il appesantissait sa tête sur ses petites mains maigres, pensait à M. Muller et à madame Lamy, et se sentait le cœur tout gros, à cause de la reconnaissance qu'il leur devait.

Quand il était fatigué, il rentrait au lit, se réjouissant de la fraîcheur des draps, et il coupait par petits quartiers les oranges de madame Lamy, dans un dessous de tasse où elle avait versé du sucre en poudre. Et quelquefois, quand ses bons amis étaient réunis près de lui, il les regardait en riant doucement et leur disait :

— Je voudrais être toujours malade pour vous voir toujours auprès de moi.

D'autres fois il se mettait à pleurer et les embrassait en disant :

— Qu'est-ce que je puis faire maintenant pour vous prouver que je ne suis pas un ingrat? Jamais je ne saurais vous rendre tout cela, ni même la millième partie.

Il n'y avait pas d'homme plus gai que M. Muller depuis que Jean était sauvé, et c'était une singulière chose de voir tout ce qu'il inventait pour le dérider. Il sautait, dansait, racontait des histoires, chantait, faisait des culbutes, mettait ses habits à l'envers et singeait M. le directeur Scherpmes, quand il se promène dans le vestibule, les mains derrière le dos et qu'il parle du nez, en disant de belles choses. Non, il n'y avait pas d'homme plus gai que M. Muller, et Jean riait de tout son cœur.

XV

Un samedi soir que M. Lamy était au coin de son feu, fumant sa pipe et lisant son journal, M. Muller entra comme une bombe et dit :

— Demain c'est dimanche. J'ai une idée. Venez à deux heures. Nous rirons. Surtout ne dînez pas.

Et le lendemain M. et madame Lamy étant arrivés, à l'heure convenue, le virent en bras de chemise, le gilet déboutonné, allant et venant d'un air affairé. Au milieu de la chambre était dressée la table, le couvert joliment mis sur une nappe empesée qui bosselait comme du carton ; il y avait à la place de chacun quatre assiettes ; et la clarté de la lampe se reflétait dans leur porcelaine luisante comme du soleil dans de l'eau.

M. Muller tournait constamment autour de la nappe, avançant, reculant, rangeant les assiettes et regardant de côté, en plissant les yeux. comme les peintres regardent leurs tableaux.

Et il disait à Jean :

— C'est comme ça, mon garçon, qu'on dîne dans le monde, et pas autrement ; mais on y est moins à l'aise, et il y a toujours des domestiques qui prennent les assiettes quand vous êtes encore en train de manger.

M. Muller avait passé une grosse heure à donner aux serviettes la forme de quelque chose, comme d'un bonnet d'évêque ou d'un bateau, mais il n'y était parvenu qu'à moitié, et Jean avait aussi essayé, bien qu'il n'eût jamais vu de choses aussi extraordinaires.

Quand madame Lamy vit le bel arrangement de la

table, la chambre époussetée et le poêle tout rouge, elle frappa ses mains l'une dans l'autre et s'écria :

— Jésus God ! qui aurait jamais cru cela ?

Et M. Lamy se sentait un peu gêné, ne sachant trop comment se tenir, ni où mettre sa casquette, et se frottait les mains au feu pour faire quelque chose.

M. Muller riait de joie et répétait :

— Eh bien... eh bien... qu'est-ce que vous en dites ?

A deux heures et quelques minutes, on entendit un pas dans l'escalier et quelqu'un frappa à la porte. M. Muller prit un air majestueux, se doutant parfaitement qui c'était, et il alla ouvrir. Une petite fille, le nez rouge à cause du froid, entra, tenant à deux mains un porte-manger presque aussi grand qu'elle.

— Bien, la petite, dit M. Muller, nous allons te débarrasser. Madame Lamy, voulez-vous m'aider ?

Il prit une à une les marmites de fer-blanc dans lesquelles mitonnait le dîner et les passa à madame Lamy. Celle-ci versait ensuite les mets dans les plats, puis posait les plats sur le feu, sous des assiettes qui servaient de couvercle. Et cela dura un bon demi-quart d'heure, car il y avait quatre services, sans compter la soupe et le dessert.

Madame Lamy à chaque marmite disait :

— Est-il possible ! Encore !

Et Lamy disait de son côté :

— Monsieur Muller, c'est trop... Oui, vous faites les choses trop grandement.

Jean riait, pensant en lui-même :

— Est-ce qu'il y aurait d'autres hommes sur la terre aussi bons que M. Muller ?

Quand toutes les marmites furent vidées, M. Muller donna libéralement trois sous à la petite fille en disant :

— C'est bien.... C'est très bien..... Tu diras à maman Ravigote que je suis content… Tu reprendras les nappes et les assiettes demain matin.

Puis on se mit à table, Jean à un bout, dans le fauteuil, près du feu, M. Muller à l'autre bout, du côté de la porte, et entre les bouts, M. et madame Lamy.

Madame Lamy servait les plats au fur et à mesure, M. Muller passait les portions, et quand on avait fini un service, madame Lamy en posait un autre sur la table et changeait les assiettes. On sentait dans la chambre une bonne odeur d'oignons, de choux, de saucisses et de sauces brunies, et une épaisse fumée flottait comme un brouillard.

Ah! c'est que M. Muller avait bien fait les choses, en effet! Il était allé la veille chez la mère Ravigote, l'air guilleret, comme un revenant qui voudrait se remettre à bien vivre.

Et la vieille femme, en le voyant, avait claqué ses mains en l'air et lui avait dit :

— Qui est-ce qui nous revient là? Comment, c'est vous, monsieur Muller! Comme vous êtes changé! Vous avez donc été malade? Tenez, pas plus tard qu'hier, je parlais de vous à mon mari et je lui disais : « Ce pauvre monsieur Muller, qu'est-ce qui lui serait bien arrivé? Une si vieille pratique! et une si bonne pratique surtout, qui n'est jamais en retard de payer et qui aime tant ma soupe à l'oignon! » Voilà ce que je disais, monsieur Muller.

— Eh bien, oui, me voilà, mère Ravigote. On a été un peu dérangé, c'est vrai. A présent il n'y paraît plus. Dites donc, j'ai demain un grand dîner chez moi.

— Ah! ah! un dîner de famille, comme qui dirait?

— Justement, et il me faudrait quelque chose de bon, pour quatre personnes, quelque chose de soigné, vous savez bien.

— A deux francs par tête. Vous aurez un dîner premier numéro. Je m'y connais, moi. Si j'avais voulu, je serais à cette heure première cuisinière chez le roi Léopold.

— A deux francs par tête, ça va. Vous commencerez par de la soupe à l'oignon.

— De la soupe à l'oignon, monsieur Muller? Y pensez-vous? La mère Ravigote ne donne pas de la soupe à l'oignon à deux francs par tête. C'est bon pour les dîners à vingt sous, ça.

— C'est égal, j'y tiens, moi. Il m'en faut, voyez-vous.

— On vous en fera, monsieur Muller, parce que c'est vous.

— N'oubliez pas le dessert.

— Pommes, galettes, flans, vous aurez ça, comme chez Dubos.

— Ah! à propos, vous devriez bien me prêter les nappes et les couverts.

— Soyez tranquille, je vous enverrai tout ça. Et le vin, monsieur Muller? Vous ne pouvez pas donner un dîner à deux francs — sans vin.

— C'est juste. Mettez deux bouteilles.

— Bon. De quoi? Médoc, Frontignan, Saint-Estèphe?

— Attendez donc... Vous allez un train.

— J'ai un bon Médoc à un franc, très comme il faut.

— C'est ça, mettez deux Médoc.

— Je vous soignerai en seigneur, dit la gaie madame Slekx, surnommée la mère Ravigote, à cause de ses sauces à la moutarde.

Et M. Muller était parti, le cœur content.

Mais c'est surtout quand il vit dans son assiette la belle purée aux oignons bien liée, qu'il se sentit le cœur à l'aise : il poussa un soupir de bien-être, remua plusieurs fois sa soupe avec sa cuiller, la laissant égoutter de haut, lentement, son nez dessus et reniflant à pleines narines.

Et il pensait en lui-même :

— J'avais presque oublié le goût de la soupe aux oignons. C'est une bonne chose de refaire connaissance avec un vieil ami.

Puis il se mit à manger, savourant chaque cuillerée et l'avalant à petits coups comme de la confiture. Et madame Lamy faisait de même, pour voir si la soupe de madame Slekx valait mieux que la sienne, car elle pensait toujours à son ménage, l'honnête madame Lamy.

— Buvons un coup à présent, dit M. Muller après la soupe.

Il déboucha avec précaution les bouteilles, passa sur les goulots la paume de sa main et versa le vin.

Mais rien surtout n'était joli comme d'entendre claquer la bière au sortir de la cruche, et elle écumait, claire et limpide au bord des verres, en moussant et en pétillant.

M. Lamy leva le sien, en homme qui s'y connaît, laissa couler dans son gosier une large gorgée et prononça :

— C'est du lambic des *Trois Perdrix*, ça !

Puis on mangea du bouilli avec des carottes, et après le bouilli de la saucisse et des choux, et après la saucisse, du rosbif avec des chicorées, et après le rosbif, du poulet et de la salade. Les deux bouteilles se vidèrent coup sur coup, on était très gai, le nez et les joues rouges, et chaque fois que les verres étaient pleins, on les choquait en se portant des santés, de la bonne façon.

Au dessert, M. Lamy dit :

— Jean, vous ne saurez jamais quel homme c'est

que M. Muller. Non, il n'a pas son pareil. A votre santé, monsieur Muller !

— A la vôtre, Lamy ! répondit M. Muller qui le regardait de côté, avec inquiétude.

Mais Lamy, un peu échauffé, ajouta :

— Tenez, Jean, j'ai ça sur le cœur, moi. C'est le meilleur homme qui soit sur la terre.

— Lamy, fit M. Muller pour détourner la conversation, qu'est-ce vous dites de ce vin?

— Il ne s'agit pas de vin maintenant, monsieur Muller. Il s'agit de vous. Oh! je sais bien que vous n'aimez pas qu'on parle de vous... Mais ça m'est égal... Moi, je ne peux pas cacher ce que je pense... Il n'y a pas d'homme comme M. Muller, Jean... Il faut l'aimer comme un père... Il n'a pas dîné pendant un mois à cause de vous, Jean.

— Ce n'est pas vrai, Jean, tonna M. Muller en se levant. Ne le crois pas. Tu vois bien qu'il a bu un coup de trop et qu'il ne sait pas ce qu'il dit.

— Ah ! monsieur Muller, dit madame Lamy, moi, je n'ai pas bu et je sais bien que c'est vrai.

— Vous aussi, madame Lamy? dit M. Muller avec le ton du plus amer reproche.

Et il ajouta aussitôt:

— Écoutez: vous inventez des choses qui ne sont pas. Est-ce que j'ai l'air d'un homme qui n'a pas dîné tous les jours, moi? Demandez à la mère Ravigote, si j'ai cessé d'aller dîner chez elle. Je sais bien ce que je fais et ce que je dis, je pense. Mais lui, Jean ! Ah ! il ne dit pas ce qu'il a fait pour toi.

Alors ce fut au tour de M. Lamy à regarder M. Muller et à lui faire des signes pour l'empêcher de parler.

— Laissons ça, monsieur Muller, dit-il, je me tairai. S'il vous plaît, laissons ça.

— Oui, fit M. Muller, causons d'autre chose.

Jean avait les larmes aux yeux en les entendant ainsi se quereller.

XVI

Après le dessert, M. Muller fit du café et madame Lamy rangea les tasses sur la table.

Et tout en prenant le café, on se mit à causer.

— Quelle joie, Lamy, disait M. Muller, si le petit monde pouvait comme ça se réunir un peu plus souvent autour d'un bon dîner pour apprendre à se connaître et à s'aimer !

— Oui, la terre ne s'en porterait que mieux, fit M. Lamy, en lapant du bout de la langue une goutte qui tremblait au fond de son verre.

Madame Lamy s'était levée avec mystère, regardant à droite et à gauche si elle n'était pas vue, et elle alla prendre dans le coin de l'armoire une bouteille à demi pleine qu'elle y avait cachée. Et elle se disait en même temps :

— Voici le moment de leur faire goûter quelque chose de ma façon. J'ai bien fait d'intercepter cette bouteille tout à l'heure et de la mettre en réserve pendant qu'ils causaient entre eux. Il y reste quatre bons verres avec lesquels je vais leur préparer du vin chaud.

Elle prit aussi dans l'armoire un demi-citron qu'elle coupa par tranches, jeta une pelletée de charbon sur le feu, et quand la flamme fut bien claire, mit dessus un poêlon, après y avoir versé le vin et le citron.

— C'est un grand malheur, dit M. Muller, que les grands ne puissent pas voir avec nos yeux. Ils croient que nous voulons leur prendre leur place, leur or, leurs plaisirs et leurs fêtes. Comme si nous avions besoin de tout cela pour être heureux ! Ils ne le sont pas non plus, allez, et ils vivent dans la crainte de perdre ce dont ils ont les mains pleines. Et qu'est-ce que c'est des voitures, des chevaux, des festins, des domestiques et des salons brillamment éclairés quand le cœur n'est pas satisfait et qu'il n'y a pas fête dans l'esprit ? Voilà pourquoi il faut répéter souvent à ceux qui ont soif et faim des choses qui ne sont pas de leur condition : « Vous avez dans les mains le vrai bonheur; apprenez à le connaître. Or le bonheur c'est le travail. » Oui, Lamy, il n'y a pas d'homme plus heureux que celui qui travaille. Et pendant qu'il travaille, il pense à sa femme, à ses enfants, à ce que ceux-ci font au moment où il pense à eux, et il se dit : « Dans quelques heures je serai bien fatigué et les bras me tomberont du corps; mais j'aurai gagné ma journée et je retournerai chez moi en chantant. La mère pèle à cette heure les pommes de terre et les garçons reviennent de l'école en tapant des pieds dans le corridor pour montrer que c'est eux. Bon ! j'entends la bouilloire sur le feu avec son petit sifflement et ses glouglous qui montent et qui descendent le long du goulot; le pot du poêle est rouge et la houille pétille, tandis que les cendres tombent dans le tiroir, avec de grandes clartés. » Et puis, le soir venu, il marche à grands pas, après avoir allumé une bonne pipe de terre qui étincelle au vent, et il se dit encore : « Le cœur me bat de penser que je m'en vais les voir, les prendre sur mes genoux les serrer contre ma poitrine, tout près du feu, pendant une heure ou deux. Je sens l'odeur des pommes de terre qui fument dans le grand plat de faïence où il y a des hommes bleus qui montent des escaliers bleus, et la fumée est si forte que la lampe paraît toute rouge au travers, comme les réverbères quand il fait du brouillard. Et quand les petits auront mangé, en soufflant sur les pommes de terre de toute la force de leurs bonnes grosses joues, ils mettront leur petite tête sur leurs bras, et alors ce sera le moment de les porter coucher. A nous deux maintenant, la mère ! Une bonne pelletée sur le feu ! Les petits ronflent comme les pipes dans lesquelles ils soufflent des bulles de savon, le dimanche, quand il fait mauvais. Viens près de moi, là, et chauffons-nous bien, car il gèle dehors. Alors j'allumerai la belle pipe qu'elle m'a donnée l'an dernier à ma fête et dont la tête, qui représente un bon vieil homme qui rit, commence à se noircir. Et je fumerai jusqu'à l'heure d'aller au lit, en buvant un bon verre de bière bien froide. » Il marche plus vite, en pensant à toutes ces joies, et quand il entre dans la petite chambre pleine de fumée, de bruit et de cris d'enfants, il se dit : « Tout est bien, puisque tout est selon mon cœur. » Ah ! voyez-vous, Lamy, il n'y a rien au delà d'une bonne journée bien remplie.

— Non, dit Lamy, en regardant madame Lamy, quand on a une bonne femme.

— Et des enfants, dit madame Lamy en soupirant.

— Ah ! dit M. Muller, on n'a pas tout à la fois. Et c'est tant mieux, car si on avait tout, on n'aurait plus raison de se plaindre ; et c'est si bon de se plaindre un peu — quand on est heureux.

Une odeur délicieuse qui venait du côté du poêle, lui fit lever la tête, et il écarquilla ses narines en disant :

— Voilà madame Lamy qui nous a fait sûrement quelque chose de bon.

Lamy renifla à son tour et dit avec conviction :

— C'est du chocolat.

— Comment pouvez-vous dire que c'est du chocolat ? fit M. Muller. Il est facile de sentir que c'est de la bière chaude, au sucre et aux œufs.

Madame Lamy ne disait rien, et la figure tournée du côté de l'ombre pour ne pas laisser voir qu'elle riait, elle pensait :

— Ils seront bien surpris tantôt quand ils sauront que c'est du vin chaud.

Elle levait de temps à autre le couvercle du poêlon et une fumée bleue s'en échappait, avec une odeur de citron et de cannelle ; elle remuait ensuite le vin avec une cuiller de bois, et parfois, l'ayant remplie, elle la laissait s'épancher de haut. Et chacun la regardait, sans rien dire, pensant tout bas :

— Nous allons bien voir ce que madame Lamy nous a fait là.

Les tasses remplies, Lamy mit le nez sur la sienne et dit :

— C'est dommage que nous n'ayons pas plus souvent de ces friandises-là.

M. Muller songeait :

— Quand j'étais petit et que c'était Noël, la mère faisait une grosse terrine de chocolat, bien noir et bien bouillant, comme celui-ci. Nous nommions ça du *caffotje*. Et il y avait sur une assiette de grandes brioches dorées qu'on cassait par petits morceaux dans les tasses. J'ai toujours aimé le chocolat.

M. Lamy, enflant ses joues jusqu'aux oreilles, se mit à souffler sur sa tasse et but une gorgée ; puis il regarda sa femme, Jean et M. Muller qui venait de boire une gorgée comme lui et le regardait aussi. Et tout à coup M. Muller éclata :

— C'est du vin chaud, Lamy. Comment avez-vous pu prendre du vin chaud pour de la bière ?

— Mais ce n'est pas moi, monsieur Muller, c'est...

— Oh ! oh ! du vin chaud ! C'est tout à fait comme dans le grand monde, madame Lamy.

Et M. Muller avala une gorgée de vin si rapidement qu'il en eut pour cinq minutes à tousser. Et tout en toussant, il disait :

— Goûte ça, Jean, c'est déli... hem ! J'ai avalé de travers —... délicieux. Ça vous a un arome ! Madame Lamy est de première force. Hou ! hou ! Je crois que j'ai avalé le bâton de cannelle.

En ce moment, M. Lamy, qui n'avait pas l'habitude du vin chaud, se mit à tousser aussi, la bouche toute ronde ouverte et les yeux hors de tête ; mais il ne se contenta pas de tousser : il voulut expliquer pourquoi il toussait. Et alors il manqua positivement d'étrangler.

M. Muller avait une petite toux de gosier saccadée, sur un fond de basse qui semblait dialoguer avec la toux de M. Lamy, laquelle était une toux de fausset, avec des tonalités qui dépassaient les hauteurs les plus vertigineuses de la vocalise. Ils sautaient tous les deux sur leurs chaises et s'accrochaient de toutes leurs forces à la table, comme pour ne pas s'envoler, et ce fut une chose amusante de les voir faire des hem ! hem! des hum ! hum ! et des hou ! hou ! longtemps encore après qu'ils eurent cessé de tousser.

Et madame Lamy allait de l'un à l'autre, leur tapant dans le dos du plat de la main et disant :

— Attendez... attendez. C'est pour vous punir de n'avoir pas vu tout de suite que c'était du vin chaud.

A dix heures, Jean s'assoupit, heureux comme un petit prince de sucre, en pensant à toutes les bonnes choses que M. Muller et madame Lamy lui avaient fait manger.

Alors les Lamy se levèrent sur la pointe du pied, et M. Muller les accompagna jusqu'à la porte de la rue. Lamy balançait un peu sur ses jambes, et madame Lamy disait :

— Monsieur Muller a très bien fait les choses.

XVII

A quelques jours de là, comme M. Muller s'apprêtait à partir pour l'école, Jean lui dit :
— Monsieur Muller, je voudrais bien quelque chose.
— Et quoi, Jean ?
— Un livre, monsieur Muller.

En disant cela, Jean regardait, dans un coin de la chambre, un coffre de bois d'où sortait, chaque fois qu'on en soulevait le couvercle, une odeur de vieux papier.

M. Muller regarda aussi le vieux meuble, cherchant en lui-même quel livre il donnerait à Jean, et il pensait ceci :
— Ah ! si j'avais quelque beau conte de fées !

Il ouvrit le coffre, et s'étant mis à genoux devant, il plongea ses bras dans un tas de livres jetés pêle-mêle. Il les prenait par poignées, deux, cinq, six à la fois, comme ils lui tombaient sous la main, tantôt par l'angle de la reliure, tantôt du côté de la tranche, puis il les rentassait après avoir jeté les yeux sur les titres.

Et Jean pensait qu'un dimanche M. Lamy l'ayant conduit au Marché aux oiseaux qui se tient sur la Grand'Place, il avait vu les marchands prendre, au fond des paniers, les coqs et les poules, absolument comme M. Muller prenait ses livres, selon que ça leur tombait sous les doigts, par l'aile, le bec ou la queue.

Or, parmi les livres de M. Muller, il y en avait de toutes les époques, avec du papier de Hollande vergeté de raies jaunes et sentant le vieux linge, avec des couvertures de veau brunies au dos par l'empreinte des mains et écorchées par les coups d'ongles, avec des tranches rouge vif pâlies au milieu par l'usure et d'où sortaient des bouts de signets recroquevillés ; il y en avait aussi avec des tranches jaspées et dorées, des tranches mouchetées de grains de poivre, des tranches alternées de rouge et de bleu ; oui, il y avait de tout cela, sans compter les anciennes éditions à frontispices gravés où le portrait de l'auteur rit sous les jabots et la perruque, les vieux *Mémoires* troués à jour par les vers qu'on voit, blancs et ronds, courir entre les pages, des livres d'histoire, de philosophie, de scolastique, de pédagogie, et bien d'autres livres encore.

Tous ces respectables bouquins, débris d'une bibliothèque de grand-père, soulevaient dans l'air, à mesure que M. Muller les remuait, une fine poussière grise qui le faisait éternuer ; et il pensait aux bonnes heures que lui-même et les autres avaient passées en les lisant. Et quelquefois glissaient entre ses doigts des ouvrages rares, cueillis chez les bouquinistes moyennant quelques sous ; et soupçonnant leur valeur, M. Muller se réjouissait de les avoir acquis à si bon marché.

— Ce sera plus tard une bonne fortune pour Jean, disait-il en lui-même.

On entendait dans la chambre le froissement sec des feuilles retournées, un bruit de vieux papier grinçant sous le doigt comme l'ardoise, et M. Muller se sen-

tait venir l'eau aux dents de toucher à toutes ces choses
rêches ; mais il avait beau remuer le fond du coffre,
fouiller les vieux tomes, ouvrir les pages moisies où la
trace des pouces était marquée en noir, il ne trouvait
pas le livre qu'il aurait voulu donner à Jean.

— C'est singulier, disait-il, que je ne puisse plus retrouver mon Perrault. Certainement je ne l'ai ni prêté, ni donné, mon bon Perrault ! L'ai-je assez feuilleté ! Est-il assez en morceaux ! Ah ! Jean, voilà un livre qui t'amuserait !

— Qu'est-ce que c'est ça, Perrault, monsieur Muller ? demandait Jean qui était descendu du lit pour voir de près les livres.

— Perrault ? Ce sont des contes bleus avec des fées roses, des jardins où mûrissent des fruits d'or et des princesses qui se marient avec des petits garçons comme toi. Tu verras.

Mais Jean ne l'écoutait plus. Penché en avant, sa petite tête pâle presque disparue dans l'ampleur du coffre, il promenait ses mains sur l'amas des gros bouquins.

— Ah ! monsieur Muller, c'est bon l'odeur des livres !

— Oui, Jean, mais ce n'est rien, l'odeur des vieux livres, à côté de l'odeur des livres nouveaux. Il n'y a pas de plus grand plaisir que d'ouvrir un livre quand les feuilles ne sont pas encore découpées, et de mettre son nez dedans pour sentir l'odeur de l'encre fraîche.

Et Jean reprit avec conviction :

— Moi, j'aime les livres où il y a des images.

— Tu as bien raison, Jean. Et mon Perrault a aussi des images, mais je ne le trouve pas.

Quand il eut bien brassé les profondeurs du coffre sans trouver son Perrault, M. Muller déposa sur la table quelques vieux tomes ; et ceux-ci étaient illustrés de belles estampes ; et il dit :

— Je ne sais pas ce qu'est devenu mon Perrault, mais sois tranquille, je t'en apporterai ce soir un plus beau que le mien.

Jean resta toute cette journée près du feu à feuilleter les livres de M. Muller, admirant surtout les petites images où des marquis en culottes à bouffettes se courbent, le chapeau à la main, devant des marquises en paniers ronds comme des tonneaux; et il pensait en lui-même qu'il n'avait jamais vu de plus jolies figures.

— Prendrai-je une couverture rouge ou une couverture bleue? se disait pendant ce temps M. Muller.

Et quand sa classe fut finie, il s'en alla flâner à la vitrine des libraires.

Une bruine brouillait la rue d'une grise et froide vapeur où les réverbères semblaient de gros yeux rouges qui pleurent en regardant venir les passants.

Le petit homme, de dessous son grand parapluie, inspectait les livres étalés chez les marchands, se baissant, se relevant, se penchant à droite, puis à gauche, pour mieux voir. Comme les vitres étaient argentées de petits globules d'eau où miroitait le gaz, il faisait des efforts incroyables pour mettre son œil aux endroits où il y avait le moins de buée, et ensuite il passait machinalement dessus, pour éclaircir le trou qu'y faisait son haleine, les grosses moufles de madame Lamy.

De beaux livres à couverture gaufrée d'or étincelaient parmi les reliures de maroquin, dont on voyait très bien papiller le grain vernissé. Et à côté de ces beaux livres, faits pour les riches, s'en trouvaient de moins chers, avec des couvertures coloriées de tons vifs que la gomme arabique plaquait de tranches luisantes. Il y avait là l'*Histoire de Fanfan-la-Tulipe, Cendrillon, le Petit Poucet, les Contes de la mère Gigogne, la mère* l'*Oie*, et bien d'autres choses encore, qui faisaient penser au bonheur des papas, des mamans et des petits enfants.

Tout à coup M. Muller s'approcha si vivement de la vitrine que son nez faillit passer à travers, et son parapluie exécuta contre le carreau un carillon singulier qui fit lever la tête aux commis courbés sur leur pupitre dans la boutique. Il venait de voir flamboyer, sur une couverture du plus beau vermillon, de jolies figures de fées dans un paysage d'azur et d'or.

M. Muller entra, empila sur le comptoir six petits francs, et prit des mains du libraire son emplette soigneusement ficelée dans du papier gris. En même temps il promenait son nez, relevé par le bout comme une châtaigne, du côté des rayons, aspirant la senteur des livres nouvellement imprimés, et pensant :

— C'est une belle chose de vivre dans une librairie.

Longtemps cette pensée le poursuivit, mais à mesure qu'il approchait de chez lui, son esprit prit une autre direction et il finit par ne plus songer qu'à la joie du petit Jean quand celui-ci le verrait rentrer avec le beau Perrault.

M. Muller monte l'escalier, et, sur le point d'ouvrir la porte, il cache derrière son dos le petit paquet qu'il tient à la main. Son cœur bat, il se dit que le cœur de son père devait battre ainsi quand il rangeait sur la table les livres et les joujoux dans la nuit de la Saint-Nicolas.

Il entre.

La chambre est noire, mais sur le plancher se dessine la lueur claire du poêle.

Alors il entend la voix de Jean qui lui dit joyeusement bonsoir et il le voit, accroupi à terre sur un livre, dans le carré rouge découpé par la chattière.

Vite de la lumière ! M. Muller pose son paquet sur

une chaise et il allume le quinquet. Et Jean, qui a pensé toute la journée aux fées et à Perrault, regarde s'il ne verra pas sortir quelque chose de la poche de M. Muller. M. Muller le regarde aussi, de côté, en riant, et quand Jean a les yeux tournés vers le feu, il va lui mettre sur les genoux le livre bien ficelé, en disant :

— Qu'est-ce qu'on dit à présent à son papa Muller ?

Alors Jean, rouge et tremblant de joie, défait le nœud, ouvre l'enveloppe et voit une magnifique couverture rouge avec ce titre gravé en or : *Contes de Fées.*

XVIII

— Est-ce qu'il y a des gens qui oublient les premiers joujoux et les premiers livres qu'ils ont eus, étant de petits enfants ? Non, on ne les oublie jamais tout à fait et parmi ces livres et ces joujoux, il en est toujours un qu'on oublie moins que les autres.

Voilà ce que pensait le poète Jean Bril en se souvenant plus tard des *Contes de Fées* de M. Muller, bien longtemps après que le pauvre M. Muller fût sorti de ce monde.

Jamais il n'avait éprouvé une émotion comparable à celle qu'il ressentit lorsqu'il eut étalé sur ses genoux le beau livre avec sa couverture rouge, et il regardait tantôt M. Muller, tantôt le livre, sans oser l'ouvrir. Son cœur était tout gros, et il avait envie de pleurer : il se mit en effet à pleurer et courut se jeter dans les bras de M. Muller, en sanglotant. Oh ! c'était un garçon très impressionnable que Jean, malgré son âge.

Il prit ensuite le livre, le tourna et le retourna dans tous les sens, l'approcha de son visage pour se délecter de l'odeur du vernis, et finalement l'ouvrit, se réjouissant dans son âme de la beauté de la couverture.

Qu'est-ce qu'il allait voir à présent ?

Son cœur battait très vite, et tout à coup son œil brilla étrangement. Sur le beau papier satiné, au milieu des blancheurs glacées de la prenière page, venait de lui apparaître un dessin colorié qui représentait Cendrillon.

Elle était toute mignonne, les joues de la couleur des pêches en septembre, avec de petites mains tournées en dedans, comme des coquillages; sous le bord de sa robe tissée d'avril que l'enlumineur avait nuancée de tons gorge-de-pigeon, s'avançait le bout de son menu pied, chaussé d'une imperceptible pantoufle. Qu'elle était jolie ! Elle rougissait, elle baissait les yeux comme si elle eût voulu se dérober aux regards ardents de Jean Bril.

Alors, le cœur palpitant, il fit voler sous son doigt les pages l'une après l'autre, et, à mesure qu'il les feuilletait, de grandes images de pourpre et d'azur, pareilles aux figures qu'il avait vues sur les vitraux de Sainte-Gudule, se déroulaient devant lui avec une mystérieuse splendeur.

Quand M. Muller eut passé suffisamment son café dans son ramponeau et qu'il eut mis sur la table le pain et le beurre, il dit à Jean :

— Allons, Jean, mets là ton livre et viens souper.

Mais Jean n'avait ni faim ni soif : il ne pensait plus à rien qu'au beau livre, et bien qu'il eût une envie folle de le lire, il ne voulait pas encore le commencer, pour rendre son plaisir plus grand par l'attente.

Et la soirée s'acheva ainsi, dans la petite chambre où l'abat-jour du quinquet faisait régner une ombre transparente, pendant que la bouilloire chantait sur le poêle, qu'au dehors le brouillard suintait en grosses gouttes qui claquaient à intervalles réguliers sur le bord de la fenêtre, et que Jean voyait monter dans une vapeur d'or des fées resplendissantes de pierreries.

Il déposa enfin son livre sur une chaise, grimpa au lit, et s'endormit avec la pensée qu'il retrouverait le lendemain les belles images près de lui.

Et le lendemain, s'étant éveillé, il regarda le livre qui était sur la chaise et se sentit une grande joie en pensant à la bonne journée qui commençait. Il couvrit de papier la riche reliure maroquinée, afin de ne pas la souiller; mais il ne put résister à la tentation d'enlever quelquefois le papier pour voir briller sur le rouge vif de la reliure les grandes lettres d'or tortillées comme des branches de vigne.

Le feu pétillait dans le poêle; il faisait grand vent dehors, et sur le couvercle la bouilloire se balançait en sifflant. Qu'il se sentait heureux, son livre ouvert devant lui, dans cette bonne chaleur de la chambre! Tantôt il lisait très vite, sautant par-dessus les lignes, et d'autres fois très lentement, pour ne pas épuiser trop vite le plaisir. Et par moments il avait de petits frissons dans le dos, croyant que ce qu'il lisait lui arrivait à lui-même.

Il avait cessé de prendre attention à la chambre, au poêle, au vieux fauteuil, et il se voyait, avec de beaux habits brillants, sur les genoux d'une fée-marraine qui lui parlait dans une langue douce comme de la musique.

Alors il cessait de lire et il appelait:

— Madame marraine ! Madame marraine !

Puis tout à coup, quand le vent grondait plus fort dans la cheminée et faisait grincer sur le toit d'en face la girouette qui a la forme d'un coq, il avait peur et il regardait du côté du poêle, ayant lu que les fées arrivent presque toujours par la cheminée.

Si elle allait paraître ! Qu'est-ce qu'il ferait bien s'il la voyait descendre dans un petit nuage d'or, avec sa robe bleue et rose et sa baguette de sureau à la main !

Mais la rafale passait, comme une femme en colère, sans que la fée fût descendue par la cheminée.

Et de temps à autre Jean regardait les belles images peintes où il y avait de jolis petits garçons et de jolies petites filles avec des yeux lilas, des joues roses, des cheveux blonds et des habits ajustés à leur taille ; — et près d'eux des fées minces et fluettes se tiennent assises ou debout, balançant sur leur cou délicat, comme des fleurs au bout d'une tige, leur tête qui sourit.

XIX

Cependant le goût de Jean allait surtout à une estampe où une forêt bleue, mais d'un bleu indigo, se distinguait par de grosses fleurs rouges et de arbres frisés comme des copeaux ; et au milieu de cette forêt, courait un sentier de sable, jaune comme de l'or.

La beauté du paysage n'était rien, il est vrai, comparée à la délicieuse personne, couchée sur un banc de gazon, à droite de l'estampe, un bras passé sous sa nuque en manière d'oreiller. Sûrement elle dormait, car elle avait les yeux fermés; et même elle dormait depuis cent ans. C'était la Belle-au-Bois dormant.

En vérité, il n'était pas possible de dormir d'un plus franc sommeil: elle dormait sur son banc de gazon aussi bien que si elle avait eu sous elle un canapé rembourré et l'on croyait voir se soulever à temps égaux sa petite poitrine. Ses pieds chaussés de mules mordorées sortaient à demi de sa jupe jaune un peu relevée vers le bas: or rien n'était plus jaune que cette robe, ni l'or, ni le soleil, ni la figure d'un méchant homme, et pour mieux la faire ressembler à du satin, l'artiste l'avait plaquée, le long des plis, d'une gomme arabique abondante.

La gomme, d'ailleurs, ne manquait pas davantage aux cheveux, lesquels étaient d'un noir où l'on pouvait se mirer, aux yeux qui étaient noirs, bruns, peut-être bleus, on ne le savait pas, aux joues qui étaient rosées, à la bouche qui était rouge, et en général à toute la figure, car le peintre l'avait particulièrement soignée. Et l'eau venait à la bouche de la regarder, parce qu'on pensait à la fraise et à la framboise.

Mais Jean ne pensait ni à la fraise ni à la framboise, et il la considérait simplement comme une bonne et jolie fille.

Ah! que n'aurait-il pas donné pour entrer dans le bois enchanté! Il aurait été droit au banc où elle dormait, la Belle-au-Bois. Il l'aurait embrassée sur la joue, celle où il y avait le plus de gomme arabique, et il lui aurait dit:

— Je suis ton petit mari, mademoiselle. Lève-toi.

Puis il l'aurait menée chez M. Muller prendre ensemble du chocolat ou du vin chaud.

Malheureusement il ne savait pas où était le bois ni comment il pourrait y pénétrer, et cela lui causait un vrai chagrin. Si encore il avait connu l'adresse d'une bonne fée, il lui aurait écrit, en ayant soin de mettre un timbre sur l'enveloppe, pour lui demander où se cachait la Belle; mais il ne connaissait l'adresse d'aucune fée, et sa marraine ne se pressait point de paraître.

Des jours entiers il demeurait blotti dans le vieux fauteuil près du feu, songeant à toutes ces choses, et il en perdait le sommeil. Jamais on ne vit un petit mari plus inquiet sur le sort de sa petite femme : il eût tout donné pour jouer un bon tour à la vieille fée qui s'était montrée si funeste à la Belle-au Bois; et il l'avait appelée Carabosse, ne connaissant rien de plus terrible que d'appeler quelqu'un Carabosse.

Mais le soir, quand l'ombre entrait dans la chambre, noircissant les coins et brouillant les meubles l'un avec l'autre, Jean n'osait plus prononcer ce nom redoutable.

Le poêle ronflait comme jamais il n'avait ronflé, et certainement on entendait gratter dans la cheminée. La bouilloire non plus n'était pas dans son état ordinaire : elle crachait, éternuait, sifflait et soufflait avec une mauvaise humeur très marquée.

Ah! c'était l'heure des mauvaises fées!

Et par la fente du rideau il regardait le ciel rouge et il y voyait traîner la robe de Carabosse, noire et flottante.

Il entendait aussi sa voix cassée : c'était une chose étonnante combien elle ressemblait à celle qui sort des petits chats de bois quand on presse le soufflet et qu'ils tirent leur langue rouge.

Ah! Carabosse! Carabosse! Et la braise qui tombait à travers le gril dans le tiroir du poêle lui faisait voir dans l'ombre, tout à coup éclaboussée de reflets rouges, l'horrible petite Carabosse avec son menton en casse-noisette, tapant son bâton à terre.

Puis M. Muller revenait, la lampe chassait les noires terreurs, et de nouveau, la jolie personne de l'estampe régnait dans sa pensée : il y avait des moments où il s'imaginait qu'elle le regardait. Comme il l'aimait ! Et il se promettait bien de l'aimer toujours.

XX

Un jour M. Muller le trouva tout en pleurs.
— Eh ! bien ! qu'y a-t-il, Jean ? As-tu de la peine ?
— Oh ! oui, monsieur Muller.
— Et pourquoi, Jean ?
— Elle ne veut pas s'éveiller, fit Jean avec une véritable désolation.

M. Muller vit sur la table l'estampe de la Belle-au-Bois dormant.

— Jean, elle ne le peut pas, dit-il presque désolé lui-même.
— Ah ! monsieur Muller, voilà si longtemps que je l'en prie.
— Attends, attends, fit alors M. Muller. C'est qu'il y a quelque mystère là-dessous.

Et le bon M. Muller, ne sachant s'il devait rire ou s'il devait pleurer, tira de sa poche son grand foulard à carreaux rouges et se moucha longuement, après s'en être mis un bout entre les dents.

En même temps il pensait en lui-même :
— « Je retournerai demain chez le libraire et je lui demanderai s'il n'a pas de livres où les petites filles s'é-

veillent après avoir si longtemps dormi. J'ai payé ce matin le docteur, le pharmacien, les trois termes et le marchand de charbon. Il me reste dix francs avec lesquels je tâcherai de donner à Jean cette petite satisaction. »

SAINTE-CATHERINE AU MOULIN

A J. Dierix de Ten Hamme

SAINTE-CATHERINE AU MOULIN

I

— Sainte Catherine, patronne des demoiselles, demeurez-moi toujours fidèle, disait la jolie Monique avec un gros soupir, en ouvrant, le matin de la Sainte-Catherine, la fenêtre du noir moulin de son père.

— Hé ! bonjour, sainte Catherine, patronne des blancs meuniers ! criaient, à la même heure, dans le moulin de Damien Taubert, le farinier et les deux garçons en se mettant à l'ouvrage.

Et dans toute la vallée de la Meuse on n'entendait que ces mots :

— Sainte-Catherine ! Voici la Sainte-Catherine !

Car la Sainte-Catherine est une grande fête chez les meuniers de la contrée, et la roue des moulins tourne, tourne gaîment ce jour-là, tant qu'arrive le soir. Mais le fils de Damien Taubert n'entonne pas la joyeuse chanson de la Sainte-Catherine et il traverse la cour toute blanche, sans saluer la jolie neige de la nuit.

— Bonne sainte Catherine ! Donat, lui crie le vieux

farinier. Il fera beau temps ce soir dans les moulins. Voilà la douzième année que je bois à la Sainte-Catherine chez le meunier votre père. Et j'espère bien continuer à boire chez le fils, quand le vieux maître n'y sera plus, Donat.

Mais Donat passe son chemin, indifférent à la joie des domestiques, et il traverse la petite prairie qui s'aperçoit à la gauche du moulin, avec ses dix beaux pommiers, sa haie d'épines sèches et son vieux pont de bois sur le joli Burnot. Il entend au loin le bruit d'un fouet qui claque au vent et il voit venir le long de la haie un joyeux garçon qui chante à côté de son chariot :

— Catherine, sur ses blancs bas, a tiré son manteau blanc, gai ! ai ! ai !

Donat franchit le vieux pont de bois sous lequel le Burnot coule, avec des bouillons d'argent, en écumant autour des pierres. Et l'eau transparente, qui se moire de lueurs sombres sur les cailloux moussus, reflète dans son petit flot froid la triste figure du fils de Taubert.

Où va-t-il à cette heure matinale ?

C'est le moment où la roue commence à ronfler sous l'eau qui bat les palettes, et les sonnailles bruissent en gais carillons autour du garrot des chevaux, car les charrettes vont partir. Damien Taubert a frappé lui-même à la porte de son fils en lui criant: « Donat, lève-toi ! » et il s'est remis au lit ensuite pour un quart d'heure, sachant bien que Donat veillera au moulin, en attendant qu'il se lève à son tour ; mais Donat a bien autre chose en tête et il marche vers les pommiers qui sont au fond de la prairie.

De grands murs noirs, lézardés par le milieu, se détachent derrière la haie sur le ciel gris du matin ; les pommiers les cachent à demi de leurs branches ébouriffées; et Donat n'aperçoit pas encore les petites fenêtres à barreaux de fer qui étalent, le long de la sombre muraille, leurs rideaux blancs bien tirés.

Il se rapproche alors et se cache derrière un arbre : de là il verra sûrement les fenêtres, la façade, la cour, et peut-être celle qu'il désire voir par dessus tout.

Et, en effet, voici que Donat allonge la tête : personne ne se montre aux fenêtres ; il s'avance en se courbant et se cache derrière un arbre plus proche de la haie ; il recommence deux fois ce manège et alors il se trouve derrière la haie même, séparé seulement du vieux moulin par une ruelle qui sert à l'entrée des charrettes.

Mais aucune charrette ne fait entendre le grincement de ses roues, les fouets ne retentissent pas et le cliquetis des rondelles de cuivre ne fait pas marcher les chevaux d'un pas plus leste. De maigres poules grattent seules un fumier où il y a plus de feuilles que de paille et qui ne fume pas comme dans les maisons où les étables sont régulièrement nettoyées.

La moisissure a rongé les murs du côté de l'eau et la roue, dont les palettes sont ébréchées, dort sur son axe immobile. Il y a plusieurs jours que la vanne n'a été levée, car le vieux bois vermoulu du déversoir est sec, et le gai ruissellement de l'eau ne fait plus chanter le claquet. Les toits, défoncés par places, laissent voir le trou noir des charpentes à nu, et les gouttières pendent le long des murs jusque sur les cailloux que l'eau a creusés. L'humidité et le froid passent à travers les fenêtres mal fermées dont les carreaux sont remplacés en plusieurs endroits par du papier collé. Mais derrière ces tristes fenêtres les rideaux sont blancs et Donat regarde surtout les rideaux. Une légère fumée bleue se tortille au bout de la cheminée, sur le toit ourlé de neige, et l'odeur du café sort de la noire maison. Sans doute le meunier, sa femme et la jolie Monique sont assis autour de la table dans la cuisine, près du feu, et ils prennent ensemble leur repas du matin.

Et tout à coup Donat entend une voix : tip ! tip ! piou ! tandis que les poules se mettent à courir à cet appel, les ailes ouvertes et le col allongé et qu'une main jette du grain en rond sous le hangar où sont remisées les charrettes.

— Monique ! crie Donat.

La jeune fille allonge alors la tête du fond du hangar et Donat aperçoit son joli visage rose, brillant d'une belle fleur de santé, avec ses yeux bruns perlés d'une lueur humide, son petit nez relevé par le bout comme une nèfle et le pli gras de ses joues, quand elle rit en montrant ses dents blanches comme les fèves.

Et Monique rit, en effet, en voyant Donat qui lui envoie un baiser du bout des doigts, derrière la haie ; elle rit, bien que ses yeux soient un peu rouges et qu'elle ait pleuré le matin, car la Sainte-Catherine fait pleurer parfois les jeunes filles.

Puis elle continue à jeter le grain à ses poules, et les unes lui volent sur l'épaule, les autres sur les bras, quelques-unes cherchent à s'accrocher à son tablier, en battant des ailes ; mais elle tourne à tout instant la tête du côté de Donat et lui dit bonjour, en riant. Ses cheveux blonds, que poudrent des flocons de neige, tombent sur son front en frisures que le vent secoue, et la paille qui pend par les fentes du grenier s'entrelace à son chignon, comme des rubans d'or.

— Hé ! Monique ! dit Donat en l'appelant du doigt.

Monique fait signe que non en balançant la tête sur ses épaules ; et cependant, bien qu'elle ait dit non, Donat la voit trousser sa jupe et accourir vers lui, après avoir regardé derrière elle si personne ne vient.

Elle accourt avec ses bonnes joues rouges comme la pomme mûrissante, la paille qui flotte derrière ses oreilles et les grains de blé qui sont demeurés accrochés à son tablier. Elle court même si vite que son sabot reste dans la neige. Alors elle s'appuie d'une main à la muraille, en levant sous sa jupe son pied chaussé d'un bas rose, et elle se penche pour ramasser son sabot dans la neige. Mais, avant qu'elle ait mis la main au sabot, quelqu'un le prend en riant et le lui passe au pied, en lui chatouillant un peu le mollet. C'est Donat qui a franchi la haie et qui lui dit tout bas :

— Monique, je suis venu pour te dire bonjour avant que mon père soit levé.

— Et moi, Donat, j'ai bien pensé, en me levant, que tu viendrais.

— Bonne fête, Monique, car c'est aussi la fête des jeunes filles aujourd'hui.

— Ce ne serait bientôt plus la mienne, Donat, si j'écoutais mon père.

— Est-il arrivé quelque chose, Monique ? Ne me laisse pas partir sans me dire ce qui est arrivé.

— Non, Donat, je ne te dirai rien. Je ne veux pas que tu te fasses de la peine à cause de moi. Ah ! Donat, c'était une belle fête pour moi quand j'étais à l'école. Nous allions nous promener alors toutes ensemble et nous revenions ensuite manger de la tarte et boire du vin chaud.

— La mère a préparé sa pâte pendant la nuit et elle commencera bientôt à cuire ses galettes. J'en mettrai de côté pour toi, Monique, bien que ta mère en fasse sûrement aussi.

— Non, Donat. Il n'y aura ce soir ni galettes ni café au moulin, car personne chez nous n'a le cœur à la noce. Mon père est rentré tard dans la nuit et il a fait lever ma mère pour qu'elle lui servît à boire, bien qu'il fût resté tout le temps au cabaret, avec des gens de Bzin.

— Monique, un baiser pour ma fête ! Ne me donneneras-tu pas un baiser ? Je ne pense plus qu'au moyen de faire de toi ma petite femme pour la vie, et certainement je le trouverai.

— Ah ! Donat, il ne faut plus penser à ce qui est impossible : mon père a perdu tout ce qu'il possédait et la part de ma mère même est mangée. Je suis à présent une pauvre fille, et il arrivera un jour où je devrai travailler comme servante chez les autres, pour gagner le pain de ma mère et de mon père. Je le ferai, Donat, car je n'ai pas peur du travail et ma mère m'a appris à n'avoir jamais les mains oisives. Toi, Donat, tu es le fils d'un riche meunier, et ton père ne voudra jamais que tu prennes pour femme la fille de son pauvre voisin. Ah bien non ! Adieu, Donat, apporte-moi tantôt tes galettes. Voici maintenant mes joues. Laquelle veux-tu ? La droite ou la gauche ?

— Toutes les deux, Monique, dit le grand Donat en levant jusqu'à sa bouche, dans ses robustes bras, la belle fille du meunier Flamart.

Mais elle lui glissa tout à coup des mains et s'enfuit en lui tirant sa casquette sur le nez.

II

Donat repassa la haie et revint en courant au moulin, par le pré blanc où ses souliers laissèrent l'empreinte de leurs épaisses semelles étoilées de clous ronds.

Ah ! ah ! il revint bon train, Donat, car il entendait de loin le bruit de la chute d'eau sur la roue, et la roue ronflait comme une bienheureuse.

Le gros cheval brun grattait la terre de son sabot ; il était attelé depuis dix minutes, mais le domestique n'osait partir sans avoir reçu les derniers ordres. Et une autre charrette venait d'arriver, chargée de sacs qu'on ne savait où remiser.

De ce côté aussi, les valets trôlaient dans la cour, sans faire avancer la besogne. Il n'y avait que la vieille Martine qui ne perdît pas son temps, et Donat la vit passer deux fois, la première fois pour donner le grain à ses poules, la seconde fois pour apporter la « caboulée » à ses cochons. Et, un peu après, elle repassa encore, ses deux seaux dans les mains, pour aller traire les vaches. Les poules trottaient à ses trousses, avec les oies, les pintades et les dindons ; et les canards poussaient derrière elle leurs gros ventres ronds en ouvrant leurs longs becs, comme des ciseaux. Une nuée de pigeons s'abattit alors sur le grain que les poules avaient laissé dans la neige et ils picoraient à petits coups, la queue debout, en montrant leurs culottes fourrées. La cheminée fumait au haut du toit, car c'était le moment où la bouilloire chante sur le poêle pour le café, et une bonne odeur montait dans l'air.

Donat prit un sac sur son dos et le monta au grenier : et les hommes ayant fait comme lui, la charrette se trouva bientôt débarrassée. Puis il donna lui-même deux grands coups de fouet, et le cheval brun partit en faisant sonner ses grelots. Il entra ensuite au moulin, par les ouvertures duquel une fine poussière blanche se volatilisait, et de la porte il cria au vieux farinier : « Bonne fête de Sainte-Catherine! »

Les vieilles solives tremblaient pendant que l'arbre de la roue gémissait sous la nappe bouillonnante du ruisseau, et une belle farine tombait en poudre odorante dans le réservoir, sous une nuée de paillettes qui volaient en tous sens perpétuellement.

Donat alla aussi à l'écurie et regarda si rien ne manquait aux chevaux ; il leur donnait de petites tapes sur la croupe, jetait un coup d'œil dans l'auge et les appelait par leur nom. Il fit enlever la litière de la nuit, balaya lui-même le pavé entre leurs jambes, puis leur départit à chacun un picotin et s'en fut voir si l'essieu des charrettes était bien graissé.

Il chantait le gai refrain de Sainte-Catherine à pleins poumons, car il avait revu sa chère Monique et il avait à présent le cœur à l'ouvrage.

— Gai ! gai ! mon garçon, lui cria en ce moment son père, qui arrivait en sifflant, les mains dans les poches. Tu feras un fier meunier quand je n'y serai plus. Allons ! le café est à table. Hardi !

Et après le déjeuner, quand Martine eut lavé les tasses, les cuillers et les assiettes, la meunière troussa ses manches jusqu'au coude, tortilla un mouchoir autour de sa tête et noua derrière son dos le tablier à pétrir le pain.

Mais ce n'était pas du pain qu'elle allait pétrir, la meunière : de beaux pains à croûte d'or poudrée de farine s'entassaient dans la huche et l'on en avait encore pour trois jours.

Elle mit de la farine sur la table, la façonna en rond, avec un trou au milieu, et versa dans le trou de la crème et des jaunes d'œufs. Puis elle prit la farine, la crème et les œufs, les roula pêle-mêle et commença à les travailler à deux mains, les tassant avec ses poings, et chaque fois que la pâte faisait boule, la saupoudrant avec un peu de farine nouvelle, afin de l'augmenter à mesure.

Rien n'était plus blanc que la planche sur laquelle elle pétrissait, si ce n'est la farine elle-même, et petit à petit la pâte jaunissait, à cause des œufs qui étaient dedans.

Un grand feu de braise brûlait dans le poêle, et chaque fois que les étincelles pétillaient, la muraille se rougissait du haut en bas, car il faisait encore noir dans la chambre ; et l'ombre des toits de l'écurie augmentait l'obscurité.

Quand la pâte fut bien remuée, elle l'étendit dans la plus grande de ses formes, et Martine la porta au four d'où sortait une odeur saine de bois brûlé.

Puis Martine alluma, dans la grande chambre proche de la cuisine, six grosses souches de bois qui se mirent à flamber gaîment ; et il y avait dans cette chambre une haute cheminée à manteau, avec des chenêts en cuivre poli posés contre des plaques de porcelaine vernie.

Martine ensuite cala une grande planche sur deux chaises rapprochées du feu et apporta la pâte pour les galettes, le pot de beurre et le gaufrier.

La meunière graissa d'abord le gaufrier, puis, ayant étalé dessus les petits rouleaux que Martine taillait à mesure dans la pâte, elle ne cessait de tourner le fer, de peur que la galette brûlât. Elle n'en manqua qu'une seule que Martine mangea, et toutes les autres sortirent du feu régulièrement quadrillées, avec une belle roussissure.

Les voilà toutes sur la planche, l'une à côté de l'autre, exhalant un doux parfum d'amande et de pâte chaude, et l'on ferme soigneusement la porte, parce que la grosse chatte noire voudrait bien entrer. Alors, Martine s'en va au four et elle rapporte, sur un paillasson d'osier tressé, un beau *cramique* à la croûte luisante qui laisse voir par la crevasse de ses flancs la miche couleur d'or neuf.

Toute la journée se passera dans ces apprêts, car c'est surtout au moulin qu'on doit trouver de la galette, de la tarte et du beau pain croustillant. Or, chez Taubert, la plus pure farine est sortie du sac et la meunière en est toute saupoudrée ; elle en a sur les mains, sur la figure, sur la robe, et quand elle éternue, c'est de la farine qui lui sort du nez.

Non, vraiment, elle ne s'en est pas montrée avare.

Déjà les domestiques sont venus prendre en courant leur repas du midi et ils ont rediné ensuite à quatre heures ; mais ils ont senti la fine odeur de la pâte et ils n'ont pris qu'une simple beurrée avec leur café, pour se garder de l'appétit.

Puis le soir tombe, la lanterne s'allume dans le moulin et on remplit d'huile les lampes de la maison, avec l'intention de les allumer bientôt.

La vieille Martine trotte dans les cours et les chambres comme à vingt ans, et un large rire lui fend la face, quand, sa lanterne dans une main et la marmite de fer dans l'autre, elle se dirige du côté de l'étable pour donner la pâture à ses vaches.

Pourquoi rit la vieille Martine et pourquoi son ombre qui tremble sur la neige fait-elle la grimace derrière elle ?

C'est qu'elle pense à la joie de la meunière quand elle lui donnera tout à l'heure son cadeau de Sainte-Catherine.

Et, tandis que Martine traverse la cour, courbée en deux, sur ses longues jambes maigres qui lui montent jusqu'aux épaules, Donat est tout songeur.

Son père l'a chargé de conduire de la farine au village voisin et il est parti avec la charrette, dans l'après-midi, marchant d'un grand pas allègre et faisant pétarader son fouet.

Les frimas vêtaient les montagnes d'une chape scintillante et Donat chantait la chanson de Sainte-Catherine. De légères nuées roses flottaient comme des écharpes dénouées dans les fonds violets du ciel : il faisait un temps doux qui fondait la neige au milieu du chemin, lentement. Et tantôt Donat marchait à côté de son cheval, tantôt il s'asseyait parmi les sacs de farine pour se bercer au mouvement des roues.

Mais quand Donat revient, après avoir déchargé sa marchandise, il laisse aller le bidet et ne lui chatouille plus l'oreille de la mèche de son fouet.

Monique ! Monique ! que lui a-t-on dit dans le village où il est allé ? Son père veut la contraindre à épouser le meunier Chicord qui la demande en mariage, malgré ses soixante ans bien sonnés. Monique, la rose fleur de la vallée, épouser Chicord, ce petit vieux à la tête de singe, dont la peau est crevassée comme une morille sèche et qui a une barbe à râper du sucre dessus !

Donat se souvient alors de ce que Monique lui a dit le matin. S'en souvient-il bien ? Il cherche dans sa mémoire, mais la tête lui danse sur les épaules, et il la prend à deux mains en sanglotant.

A la fin il se rappelle.

Oui, c'est bien à cet affreux mariage qu'elle a fait allusion avec tant de mystère, sans se risquer à un aveu complet. Mais elle, Monique, sa Monique, acceptera-t-elle ce pacte honteux ? Il la revoit, souriante et douce, près de lui, et il remarque à présent ce qu'il n'a pas vu le matin. Monique a pleuré : elle a les yeux rouges. Quel moyen d'empêcher ce mariage, car Monique est sa mieux voulue depuis longtemps, ils ont grandi ensemble et ils se sont aimés. Quand a-t-il commencé à l'aimer ? Il n'en sait rien et elle non plus. Il leur semble qu'ils se sont aimés toujours. Ah ! il parlera ; il implorera son père et sa mère ; il leur dira que Chicord veut épouser Monique. C'est maintenant qu'il sent combien il l'aime.

Devisant ainsi, Donat rentre au moulin : il détèle le cheval, après avoir poussé la charrette sous le hangar. Mais il voudrait voir Monique et il traverse le pré, espérant qu'elle se trouvera derrière la haie. Monique est fille de bon conseil : il lui demandera ce qu'il doit faire.

Hélas ! c'est en vain qu'il jette contre la fenêtre une poignée de cendres et qu'il tousse pour la faire venir : Monique ne paraît pas.

Alors il s'en retourne à la maison, la tête basse, et au tournant du chemin il aperçoit derrière la vitre la grande clarté tranquille de la lampe.

III

La meunière se ploie sur la planche et ses mains, jaunies par la lumière, s'agitent comme des feuilles de tremble.

Le meunier passe en ce moment devant la lampe, disparaît dans le fond de la chambre, puis reparaît avec sa veste blanche et sa casquette enfarinée ; et tout à coup il met la main sur l'épaule de la meunière ; et tous deux se regardent en riant. Donat voit ces choses, mais il ne sait ce que son père et sa mère se disent entre eux.

Or, la meunière pétrit une belle pâte et le poêle

ronfle, car il faut grand feu pour ce qu'elle projette de faire, et nulle ne s'entend mieux qu'elle à confectionner une *flammiche*, nulle parmi les femmes de Dinant ni d'ailleurs. Elle prend son rouleau et le passe sur la pâte qui s'étend, rosée de beurre et d'œufs et parfaitement égale sur tous les points, comme une nappe ; elle met ensuite la pâte dans une forme de tarte et enfourne la forme dans le poêle ardent ; mais avant tout, elle a coulé sur la pâte une épaisse couche de beurre et de fromage blanc qu'on appelle *stoffé* dans le pays.

Et pendant qu'elle prépare ainsi le chef-d'œuvre de la soirée, le meunier lui dit en lui mettant la main sur l'épaule :

— Femme, voici beau temps que le moulin de notre voisin tourne à rien. Il viendra dimanche un homme de Pfau qui lui achètera ses charrettes et son cheval. Je pense qu'il est triste d'assister à la ruine de ses voisins quand on les a connus dans l'abondance.

— Oui, c'est une triste chose, dit la meunière. Allez, je plains de tout mon cœur Gertrude Flamart et sa fille.

— Il y eut un temps où le moulin de Flamart faisait plus d'affaires à lui seul que tous les moulins du pays ; mais Flamart a spéculé sur les grains et cela l'a conduit à sa perte. Ainsi parla ensuite Taubert.

— Bien sûr, répliqua sa femme. Un meunier a bien assez à faire de moudre sa farine sans s'occuper encore de spéculer sur la hausse et la baisse.

— Après ça, Flamart à jeun n'est pas un méchant homme ; mais quand il a bu, c'est un brutal qui bat tout le monde. Flamart ne buvait pas autrefois. Non, il n'avait pas bu le soir que notre grange brûla, et c'est lui qui retira nos chevaux de l'écurie, quoique le feu fût déjà dans les pailles.

— Nous ne devons pas oublier qu'il nous rendit alors

un grand service, Damien, et il nous avança de l'argent, car il était à l'aise en ce temps. Il est vrai que nous lui avons souvent prêté, depuis, de l'argent et qu'il ne nous l'a jamais rendu.

— Il serait pardi ! fort en peine s'il devait y songer, fit Damien Taubert en s'esclaffant de rire, car il n'a plus sou qui vaille. Mais ce n'est pas une raison pour oublier le bien qu'il nous a fait.

— Pauvre Gertrude Flamart ! Pauvre Monique !

— Notre garçon, femme, est en âge de conduire un moulin et je ne suis pas encore trop vieux pour conduire le nôtre. Taubert n'a pas peur d'un sac à mettre en place, et, bien qu'il commence à se ressentir des rhumatismes, il monte ses vannes au cran qu'il faut comme par le passé. J'ai pensé que Flamart céderait peut-être bien son moulin à notre gars.

— Et moi, Damien, j'ai pensé plus d'une fois que Monique serait une bonne meunière. Sa mère l'a habituée de bonne heure à faire le ménage, et elle ne rechigne pas à l'ouvrage. Elle tient le linge en ordre, aide Gertrude à battre le beurre, trait la vache et connaît la valeur de l'argent.

Alors Damien de nouveau regarda sa bonne femme, et celle-ci le regarda aussi, et ils virent bien qu'ils avaient la même idée.

— Taisons-nous, dit le meunier, car voici notre garçon qui rentre.

Et Donat, ayant secoué sur le seuil la neige qui collait à ses souliers, salua son père et sa mère, rendit compte de son voyage et s'assit près du feu, le front lourd.

— Comment leur parlerai-je de ce que j'ai sur le cœur? se demandait-il.

Il ouvrait la bouche, la fermait et pensait à l'heure qui passe irrémédiablement. Le cordon de sa blouse tremblait sur sa poitrine comme si le vent eût soufflé dessus, mais c'était le battement de son cœur qui mettait ainsi le cordon de sa blouse en mouvement.

— Eh bien, garçon, ne sens-tu pas l'odeur qui sort du four ? lui demanda la meunière.

— Oui, mère, dit Donat, c'est une odeur de brûlé.

— Qu'as-tu donc dans la tête pour confondre l'odeur de la *flammiche* avec l'odeur du brûlé ?

— Est-ce vraiment de la *flammiche*, mère ? repartit Donat, honteux.

Mais il ne se montra pas joyeux comme il l'eût été en tout autre moment, car il aimait la *flammiche*, et au contraire, il laissa retomber sa tête sur sa poitrine.

— Donat, lui dit sa mère, il y a plusieurs jours déjà que tu n'es plus le même homme qu'auparavant. Il se passe quelque chose, Donat, et moi, ta mère, je n'en sais rien.

Alors Donat alla fermer la porte derrière son père qui venait de sortir et dit :

— C'est vrai, mère, j'ai de la peine.

— Et à propos de quoi as-tu de la peine, mon garçon ?

— J'ai rencontré le messager de Saint-Gérard qui m'a dit que notre voisin Flamart voulait marier Monique au vieux Chicord.

— Est-il possible, Donat ?

— Mère, s'écria le jeune meunier en sanglotant, j'avais fait vœu que Monique serait mienne.

— Ah ! Donat, pourquoi n'as-tu jamais ouvert ton cœur à tes parents ? Monique est une bonne fille. Mais il faut que j'en parle au meunier, car il est le maître de dire ce qui lui plaît et ce qui ne lui plaît pas.

Elle n'en dit pas davantage, car le meunier rentrait justement, mais Donat se sentit le cœur plus léger, et il ouvrit même le four du poêle pour voir la belle croûte luisante qui commençait à gonfler sur la *flammiche*.

Et la meunière pensait en elle-même :

— Donat ne sait pas que j'ai vu clair depuis longtemps dans son cœur, mais il vaut mieux qu'il en soit ainsi, car le meunier est le maître, et ce qu'il fera sera bien fait.

La vieille horloge à gaîne brune qui s'allonge dans le coin, avec son cadran doré et ses heures en émail, fait entendre le petit bruit de chaînes rouillées qui précède la sonnerie ; et, en effet, le marteau s'abat six fois.

Alors le meunier va jeter un dernier coup d'œil sur le travail de la journée, mais le farinier a déjà emporté la clef du moulin et Taubert voit son ombre qui passe et repasse devant la fenêtre du grenier.

— Paquot s'habille sûrement, dit-il.

Et il trouve à l'écurie les deux domestiques en train de renouveler la litière et de bouchonner les chevaux, avec une grande activité.

IV

— Bien, les garçons, leur dit le meunier. Quand vous aurez fini, le gâteau sera sur la table.

Et voici qu'il voit à son tour passer, derrière la fenêtre de l'escalier, la vieille Martine qui abrite sa lampe de la main et qui descend avec son beau jupon bleu, son châle à carreaux et son bonnet noir à rubans verts.

Les poules sont couchées, les chevaux broient leur avoine, les porcs fouillent dans l'auge en reniflant du groin les rondelles de betterave, et les vaches clapotent du mufle au fond de la crèche.

Alors Damien Taubert monte à sa chambre et va changer ses habits de travail contre une bonne redingote grise, et Donat fait comme lui.

Pendant dix minutes il n'y a plus personne en bas que Martine qui regarde la *flammiche* et les deux chats qui regardent Martine, car la meunière est montée aussi pour lisser ses cheveux et passer sa belle robe en mérinos.

Le moment approche : chacun a le cœur content et Donat sent naître en lui le désir de goûter des bonnes choses que sa mère a faites.

Martine et la meunière étendent sur la table la toile cirée à bordures d'or, la belle toile décorée d'un bouquet de fleurs rouges en son milieu, et qu'on met à l'envers en temps ordinaire, pour éviter que le vernis s'écaille ; et sur la toile ensuite on aplatit avec la main une nappe amidonnée qui bosselle comme un plant miné par une taupe. Assiettes, couteaux, fourchettes, salière et poivrier, rien ne manque, et la lampe, dont on a coupé soigneusement la mèche, jette une clarté de fête sur la grande table. Dans l'âtre, le bois flambe en craquant, et une lueur rose empourpre les carreaux de porcelaine, le long du mur.

Les chaises, en noyer poli, à fond de feutre bouton d'or s'alignent encore contre le papier à ramages bleus de la muraille, car le monde n'est pas venu ; et l'on attend aussi Gudule, la sœur de Damien Taubert, qui doit arriver d'Anhée. Sur la cheminée, un miroir encadré d'acajou reflète la table brillante, les assiettes, le quinquet, les chaises qui sont en face et l'alcôve avec ses courtines bien tirées, qui se voit dans le mur, à gauche.

Et près de l'alcôve se trouve le pupitre en vieux chêne sur lequel le meunier écrit ses quittances. Ah ! c'est une bonne vieille chambre, mais on n'y entre pas souvent, et il s'en émane une odeur de colle de papier.

Tout à coup Lion, le chien de la cour, aboie et le sabot d'un âne martèle à petits coups menus le pavé, dans un roulement sourd de voiture.

— C'est la tante Gudule ! crie-t-on.

Et du fond de la carriole une petite vieille, affublée de châles et de jupons, écarte la paille où elle est assise et saute à terre, lestement, tandis que Martine lui met, en riant de tout son cœur, sa lanterne sous le nez.

Gudule dételle elle-même l'âne, sans vouloir qu'on l'aide, puis le conduit à l'écurie, où elle lui jette une botte de foin.

Ensuite elle entre, poussant en avant sa petite mine de furet et son long nez mince aux deux côtés duquel brillent en clignotant ses yeux gris.

— Bonne Sainte-Catherine, mon frère, dit-elle en entrant. J'ai mis pour vous dans la charrette un sac de noix.

— A table ! fait le meunier.

Alors on entend les domestiques et le farinier qui frottent leurs pieds au paillasson, près de la porte, et ils chuchotent, se demandant ce qu'il faut dire.

— Entrez, les garçons, crie le meunier.

Ils entrent tous les trois, l'un derrière l'autre, et le farinier est en tête ; il a une veste de laine, de la poche de laquelle pend un mouchoir rouge ; et les deux domestiques arborent une belle blouse bleue dont les plis luisent au feu de la lampe, par-dessus leurs chemises fraîchement blanchies.

— Meunière, dit le farinier, après avoir toussé, nous

vous apportons un petit cadeau de Sainte-Catherine, avec l'espoir que nous recommencerons l'année prochaine et l'année d'après et toutes les années que le bon Dieu nous donnera.

Et il met sur la table, devant la bonne femme qui rougit de plaisir et frappe ses mains l'une dans l'autre, une cafetière et deux jattes, en belle porcelaine à fleurs, avec : *Vive sainte Catherine !* en grandes lettres.

— Merci, les garçons, dit-elle. Mettez-vous à table.

Puis elle appelle :

— Martine ! Martine !

Alors la servante arrive, dans sa toilette des grands jours, toute rouge, les joues vernies de savonnée, et elle donne un beau bonnet ruché à la meunière en lui disant :

— A mon tour, meunière. Je suis votre servante depuis quinze ans et je n'ai jamais manqué votre Sainte-Catherine. Bonne Sainte-Catherine ! Et je vas vous embrasser.

Et tout le monde crie :

— Vive sainte Catherine !

La vieille Martine jette un coup d'œil triomphant sur le farinier, car il y a entre eux une certaine rivalité, à cause de leurs années de service dans le moulin, et Martine en a quinze, tandis que Paquot n'en a que douze.

— A table, les enfants, crie encore une fois le meunier.

Et il dit à sa bonne femme :

— Notre voisine ne fête pas la Sainte-Catherine : il n'est pas juste que nous la fêtions sans elle. Donat, si le cœur t'en dit, va chercher la meunière et amène aussi Monique.

— C'est bien dit, fait Martine, elles sont seules au moulin. Le meunier est allé riboter la Sainte-Catherine au cabaret.

Donat est parti sans prendre le temps de décrocher sa casquette et il court jusqu'au moulin, à grandes enjambées, dans la neige qui s'est remise à tomber et tombe doucement, comme de la nuit blanche.

Des lumières clignotent dans le lointain, et lorsque s'ouvrent les portes, on entend des chansons. Mais il n'y a qu'une faible lumière à la fenêtre du moulin, et les grands murs trouent le soir pâle d'une masse noire que n'égaie aucun bruit.

Il frappe à la porte.

Monique et sa mère sont assises près du feu et toutes deux reprisent du vieux linge qu'elles tirent d'un grand panier d'osier. Quand elles auront rapiécé et recousu tout le linge qui est dans le panier, elles auront bien gagné leur jour de Sainte-Catherine.

Mais Donat pousse d'un coup de pied le panier sous la table.

— En route, mâme Flamart !

Elles s'entourent la tête d'une capeline, en se réjouissant de passer une bonne soirée chez leurs voisins. La vieille servante gardera la maison jusqu'à leur retour et Monique promet de lui rapporter une galette.

Dieu ! que Donat est joyeux ! Il prend la meunière sous un bras et Monique sous l'autre, mais il serre plus tendrement celui de Monique, et il veut les faire sauter sur le chemin.

V

La neige de Sainte-Catherine danse devant eux, blutée par les tamis de l'air, et des étoiles diamantent les cheveux qui sortent du coqueluchon de Monique. Quand ils pénètrent dans la grande chambre, la chaleur fond les flocons, et une rosée emperle ses frisettes blondes qui flottent en se dénouant.

— Bonne fête de Sainte-Catherine, dit la meunière à ses voisins en entrant.

Elle est en bonnet noir et en robe noire, correctement vêtue.

— Et à vous aussi, on vous la souhaite, Gertrude ! lui dit la femme de Damien Taubert.

— Il n'y a plus de fête pour nous, répond la meunière avec un triste sourire.

Mais en ce moment Martine crie : Gare ! et apporte au bout de ses deux bras tendus, sur le paillasson, la flammiche fumante.

Tout le monde aspire la bonne odeur qui sort de la croûte dorée et plus d'un ravale avec bruit sa salive, à cause de l'eau qui lui vient à la bouche.

Non, jamais flammiche ne fut plus vermeille sur les bords, plus fondante dans le milieu : la croûte s'enfle légèrement, et à travers des vésicules qui crèvent çà et là, on distingue une crème de beurre et de fromage fondus.

Le couteau plonge dans les flancs de la belle tarte et la découpe en tranches égales, de manière que chacun soit content. Puis, les lèvres se retroussent et les dents mordent avec plaisir dans la pâte chaude.

Une odeur de café se répand en même temps dans l'air et la cafetière paraît sur la table avec du lait frais, écumant, et des piles de quartiers de sucre. Alors on remplit les tasses et un liquide bouillant arrose les tranches de flammiche dans les gosiers.

Quelqu'un qui fut content de voir fumer le café dans sa tasse, ce fut le plus jeune des deux domestiques, car il avait avalé sa tranche d'un seul coup et il était en train de défaire le nœud de sa cravate pour ne pas étouffer.

La jolie Monique avait pris place près du feu : la flamme de l'âtre allumait deux paillettes dans ses yeux et ses dents s'empourpraient comme d'un joli reflet de roses. La pointe de son oreille était rouge aussi, mais pas autant que ses grosses joues veloutées, qui ressemblaient aux moitiés jumelles d'un abricot.

Donat, par moment, la regardait de côté, de l'air de quelqu'un qui boude, et il la regardait seulement quand il croyait n'être pas vu d'elle. Le bon Donat, à présent, boudait en effet sa chère Monique, mais il n'eût su dire au juste pourquoi.

— Donat, lui dit Monique, quand il se baissa pour jeter une bûche dans le feu, es-tu fâché ?

— Oui, répondit Donat, à cause de ton mariage avec e vieux Chicord.

— Tu sais donc que mon père... Ah ! Donat, je ne te l'aurais jamais dit pour ne pas te faire de chagrin. J'en ai bien assez moi-même.

— Non, Monique, il fallait me le dire. Je l'ai su par un homme de Saint-Gérard.

— Eh bien, oui, c'est vrai, Donat. Mais je ne me marierai jamais.

— Jamais ?

— Jamais.

— Avec Chicord?
— Avec personne.
— Pas même avec moi?
— Grande bête! lui dit Monique en lui donnant un coup de poing dans le dos.

La flammiche s'acheva vivement et Martine apporta le pain de gâteau. Oh! le beau pain! Il était tout brun au-dessus et tout jaune en dedans ; et il avait le goût du biscuit et moussait sous la dent.

Les valets engloutirent six tranches, bien qu'elles eussent l'épaisseur d'un pouce, et les ayant dévorées, ils se tapotaient le ventre, complaisamment, écarlates tous trois. La meunière était fière de son ouvrage et elle passait le pain sous le nez de sa voisine, pour lui faire sentir la fine fleur de la farine.

Mais il n'y eut personne qui mangea autant que la vieille petite Gudule Taubert, la sœur de Damien, et ses dents faisaient un bruit continuel de souris derrière une cloison.

Au tour des galettes, à présent! Des cris partaient, dans l'air ; on applaudissait ; et petit à petit les convives, l'œil noyé, prenaient sur les chaises des carrures de gens repus.

Constamment une cruche pansue, parfumée de l'odeur du houblon, versait par son goulot dans les verres une bière brune qui se frangeait d'écume en coulant. Et les garçons du moulin, devenus bruyants, commencèrent à rire en tapant du poing sur la table ; ensuite ils se levèrent et allèrent fumer leur pipe dans la cuisine, où les garçons des autres moulins se chauffaient en buvant un bon verre.

— Hé! garçons! la bonne fête! leur cria le meunier, de loin.

Et tout le monde répondit :

— Vive sainte Catherine ! bonne fête, meunier !

Dans la chambre, les mères causaient, ayant rapproché leurs chaises.

— Voilà longtemps que je n'ai fêté aussi gaîment la Sainte-Catherine, bien que ce ne soit pas chez moi, disait Gertrude Flamart.

— Voisine, ayez confiance : les temps changeront.

— Non, meunière : il n'y a plus rien à faire à présent. Flamart ne saura jamais remonter son moulin. Mais ce n'est rien pour moi : je suis vieille et je n'ai plus longtemps à souffrir. Mais Monique, voisine ? Que deviendra ma pauvre Monique, voisine ?

— Elle fera un bon mariage et vous donnera du bien-être dans vos vieux jours.

— Ah ! voisine, qui voudra de Monique, si elle n'apporte un peu d'argent en dot à son mari ? Flamart veut lui faire épouser le vieux Chicord, mais cela ne sera pas. Non, cela ne peut pas être. Flamart a perdu la tête.

La pauvre meunière frotta alors du revers de sa main deux grosses larmes qui gouttaient sur ses joues décolorées comme les prés en hiver.

— Je vous plains de tout mon cœur, lui dit la mère de Donat en lui prenant la main. On n'est jamais plus malheureuse que dans ses enfants. Et Monique n'est pas heureuse, n'est-ce pas, Gertrude ?

— Ah bien, non ! cria la meunière, quoiqu'il n'y ait pas de cœur comme elle au monde. Non, voisine, il n'existe pas de meilleure fille, aussi douce, aussi serviable envers les pauvres gens, aussi dévouée à ses parents. Ah ! nous sommes bien à plaindre !

— Et si Monique trouvait quelque joli garçon qui lui plût et qui lui apportât en dot un bon moulin, elle n'aurait certainement que ce qu'elle mérite, voisine.

— Vive sainte Catherine ! criaient les garçons du moulin dans la cuisine en choquant les verres, car un nouveau venu entrait en ce moment.

C'était un meunier des environs qui avait été chercher sa petite fille à la pension et qui l'emmenait à son moulin, en croupe sur son vieux bidet. Il avait attaché le bidet à l'anneau de fer qui est scellé dans le mur près de la porte et il venait fêter les Taubert en passant.

— Bonjour, la meunière, cria-t-il en entrant. Bonne fête de sainte Catherine ! Voici la petite qui revient de l'école et qui va se chauffer un brin les petots à votre feu.

Monique prit la fillette sur ses genoux et lui réchauffa les mains avec son haleine ; puis l'enfant mangea une grande galette et cria de toutes ses forces, les yeux dilatés :

— Vive sainte Catherine !

— Camarade, un coup avant de remonter à cheval, dit Taubert à l'homme en lui versant un petit verre de Hasselt.

— Ça n'est pas de refus ! A la compagnie !

Et, debout, ses grandes bottes passées par-dessus ses culottes et son bâton à lanière à la main, le compère vida son verre, d'un coup, la nuque renversée.

— Je suis bien contente, babillait la petite fille, mise en verve par le feu. Nous avons eu une belle fête à l'école. Oui, le matin, nous avons toutes été à la messe. Après, nous avons fait une longue promenade. Et après, nous sommes revenues manger de la tarte et boire du vin avec de l'eau. Et après, nous avons dansé, oui, et les maîtresses nous regardaient danser en disant: C'est bien. Et alors il est venu des musiciens. Oui, et il y en avait deux. Et alors le plus grand a joué de la clarinette et l'autre a joué du violon. Et après, papa est venu avec son cheval et j'ai monté dessus avec papa. Enfin nous nous sommes arrêtés ici.

Et la petite fille faisait aller ses courtes jambes rondes en se balançant sur les genoux de Monique; et elle hochait la tête de haut en bas, pour mieux montrer sa joie.

— En route, gamine, dit le meunier.

Et pendant que Martine lève la lanterne devant le bidet, le meunier monte en selle [et assied la gamine devant lui.

— Hue!

Et voilà le bon bidet parti.

VI

Alors Donat et Monique se mettent à causer tout bas, penchés tous deux sur la bûche qui flambe, du temps où ils allaient à l'école, elle avec son petit cabas de fer et lui avec son calepin où sonnaient ses plumes et ses ardoises. Ils cueillaient des mûres et croquaient des noisettes, le long du bois, ou enfilaient de grands chapelets de feuilles sèches, en passant.

— Nos gaillards ont l'air de se convenir assez bien, dit le meunier à Gertrude Flamart en s'asseyant près d'elle. Qu'en pensez-vous, meunière?

— Ils sont à peu près du même âge, Taubert, répondit Gertrude, et ils ont été élevés ensemble. On prend petit à petit l'habitude l'un de l'autre dans la vie.

— Je pense qu'ils feraient une bonne paire d'époux,

si leurs parents s'entendaient pour les marier, reprit le meunier. Qu'en pensez-vous, Gertrude Flamart?

— Oui, Taubert, j'aurais dit cela, si Flamart ne s'était pas mis à boire au lieu de moudre son grain.

— Flamart a mal tourné, c'est vrai, Gertrude; mais chacun a ses malheurs et il nous a aidés dans les nôtres. Taubert et sa femme n'oublient pas le bien qu'on leur fait, meunière, et ils préfèrent oublier le mal que le bien. Voilà pourquoi je vous dis, Gertrude, que si Monique a du goût pour notre garçon et si notre garçon a du goût pour votre fille, il nous faut les marier ensemble.

— Ah! m'sieu et mâme Taubert, cœurs du bon Dieu, cria Gertrude Flamart en se levant toute droite, je ne vous ai pas assez estimés.

— Ecoutez, Gertrude, et vous, femme, écoutez. Je dis ce que je dis. Eh bien, quand les enfants ont du goût l'un pour l'autre, il faut les marier le plus tôt possible. Ce sera un beau jour de Sainte-Catherine pour eux si nous leur mettons la main dans la main en leur disant : Aimez-vous, les enfants, et que sainte Catherine vous porte bonheur.

La bonne femme du meunier Flamart eut alors un sanglot derrière ses mains et dit à Taubert :

— Non, il n'y a pas d'homme comme vous, voisin!

Et Donat causait toujours tout bas avec Monique, car la chambre était grande et les garçons du moulin riaient aux éclats dans la cuisine, de façon qu'ils n'avaient rien entendu de ce que se disaient entre eux les vieux parents.

Mais Damien Taubert se lève en riant et va prendre Monique par la main.

— Monique, lui dit il, voulez-vous de Donat Taubert pour votre mari?

Alors Monique se trouble et son visage prend la couleur des pommes en octobre ; elle baisse les yeux, roule dans ses doigts l'ourlet de son tablier de soie, et ne répond pas tout de suite : mais une grosse larme perle à ses cils, elle lève sur le bon meunier ses yeux clairs et noyés comme un matin d'avril, regarde du même coup sa mère et la mère de Donat, puis se jette sur la poitrine du beau garçon en sanglotant.

Et de douces larmes baignent les joues des deux mères, tandis que Donat passe son bras au cou de la fraîche jeune fille et que Taubert va prendre leurs mains pour les mettre l'une dans l'autre. Et il dit à son fils :

— Ta mère m'a tout conté, Donat. Ayez de la joie ensemble comme nous en avons eu, ta mère et moi.

Martine, qui est une fine mouche et qui sait bien pourquoi Donat va chaque matin au bout du pré, ferme alors la porte qui sépare la chambre de la cuisine et frotte ses yeux en pensant :

— Quelles belles noces le jour où not'jeune maître se mariera !

Le feu jette un éclat plus vif et la lampe éclaire de sa belle mèche qui n'a jamais mieux brûlé, la joie tranquille de tous ceux qui sont réunis dans la chambre.

Tout à coup la vieille tante Gudule, qui s'est endormie sur sa chaise, met ses poings dans ses yeux et crie :

— Qu'est-ce qu'il y a, Jésus ? Qu'est-ce qu'il y a ?

Car elle vient d'entendre un grand bruit et elle croit que sa charrette a versé dans un champ, au bas de la route. Mais le grand bruit s'explique : c'est le meunier qui débouche une bouteille de vieux bordeaux et il y en a encore une douzaine dans la cave humide. Et Gudule tend son verre au flot couleur pelure d'oignon qui coule de la bouteille, en disant de sa bouche pincée :

— C'est donc une noce, mon frère ?

— Oui, tante, c'est une noce, crie Donat joyeusement en jetant en l'air le bouchon de la bouteille. Et voici la mariée.

— Il ne manque plus qu'une chose, dit Taubert, c'est le consentement de Flamart. Mais je lui achèterai son moulin pour Donat et il ne refusera pas. Buvons, les enfants, et vive sainte Catherine !

— Vive sainte Catherine ! répètent les meuniers dans la cuisine.

Et dans les maisons de la vallée le même cri se fait entendre de temps à autre, car c'est une habitude au village que les jeunes gens fassent un joli cadeau aux jeunes filles qui s'appellent Catherine, et tantôt c'est une tasse ornée de lettres d'or, tantôt une Sainte Vierge en porcelaine ou un bonnet avec des rubans éclatants ; puis, l'on s'assied autour de la table, près du poêle qui ronfle, et l'on boit du café en mangeant de la galette, tandis que l'heure sonne à la vieille horloge rouillée et que la neige fait danser à la porte ses jolies étoiles, comme la laine d'une toison.

Et quand minuit arrive avec la fin de la veillée, il ne reste plus rien de sainte Catherine que son beau manteau blanc sur les monts, une bûche qui se consume dans l'âtre, et parfois, comme pour Donat et Monique, un tendre souvenir qui ne s'effacera jamais.

UN MARIAGE EN BRABANT

A Charles De Coster

UN
MARIAGE EN BRABANT

I

C'était un habile homme dans sa partie que Claes Nikker, et point méchant, bien qu'il eût voulu le faire croire. Oui, c'était un habile homme et nul ne s'entendait comme lui a ressemeler les vieux souliers, car Claes Nikker était savetier comme son père l'avait été avant lui. Tous les jours, du matin au soir, sauf les dimanches, on entendait le pan ! pan ! de son marteau, et quelquefois même, quand tout le monde était couché, on le voyait encore, à travers la fente du volet, besogner en fumant sa petite pipe noire.

Oh ! la pratique ne lui manquait pas dans le village et l'on venait même de deux lieues à la ronde, tant il était connu. Il chaussait les pères et les fils, les mères et les filles aussi, deux fois l'an régulièrement, car le reste du temps, c'étaient les vieux souliers qu'on lui portait à raccommoder. Et chacun était content de lui, car il travaillait bien et à bon marché, et il n'y avait qu'une voix pour dire : c'est un habile homme que Claes Nikker.

Dès qu'on était entré dans le village, on voyait sa petite maison couleur de jambon fumé et on se disait tout de suite : « C'est là que demeure Nikker, » à cause des mesures en papier qui pendaient à une corde, derrière le carreau.

Et c'était là en effet. Claes était assis sur son tabouret, ses besicles au bout du nez, l'échine courbée, avec son long tablier à bavette contre ses maigres cuisses plates; et un petit jour vert tombait par les étroits carreaux de vitre dans l'échoppe, si petite que Claes Nikker l'occupait tout entière. Il avait devant lui son établi, avec les tranchets, l'alène, le marteau et la pierre creuse pour battre le cuir, et dessus, il y avait encore pêle-mêle, des boules de chanvre noir et blanc, de la cire jaune, de la poix, de la colle de pâte et les soies de porc qui servent à passer les ligneuls par les trous que l'alène a percés. Et près de la fenêtre, pendaient à un crochet, parmi les mesures, de beaux morceaux de basane jaune et rouge, au-dessus des deux formes posées sur le coin de l'établi ; Claes en avait deux, en effet, ce qui est déjà un luxe à la campagne, et il s'en servait pour tous les pieds, ayant soin de mettre des rallonges en cuir pour les pieds plus grands que les formes.

Claes tenait toutes ces choses à portée de sa main : sous son tabouret, des cuirs de semelles trempaient dans une vieille casserole pleine d'eau. Et dans les coins des piles de souliers, de bottes, de brodequins et de bottines s'entassaient sens dessus dessous, avec des marques à la craie sur la semelle. Parfois il les regardait du coin de l'œil, sans tourner la tête, en se disant : « Quel malheur que tout le monde soit toujours pressé ! »

Claes Nikker avait vu fleurir bien des printemps du fond de sa petite échoppe, oui ! et neiger bien des hivers, mais le rusé compère était resté garçon, un vieux garçon de soixante-cinq ans, les cheveux ébouriffés sur un front bas, les sourcils haut montés, les yeux gris et clignotants, le nez gros et criblé de trous noirs par-dessus une gouttière profonde, la bouche perdue à droite et à gauche dans deux plis larges à y cacher des noisettes, enfin un menton énorme hérissé d'un poil gris et ras qui produisait le bruit d'une râpe quand on frottait la main dessus. Et pan pan ! Claes Nikker passait pour un homme terrible, et en effet, il ne faisait pas bon « être dans sa manche, » comme il le disait lui-même, car il avait la langue bien pendue. Mais il aimait la plaisanterie et rien n'était plus drôle que de le voir s'apprêter à lancer un brocart : il changeait alors de place son petit bout de pipe et le mettait à gauche s'il l'avait pris à droite ; mais avant tout, il salivait entre ses dents un long jet jaune qui claquait à terre ; puis il clignait de l'œil par-dessus ses besicles rondes et enfin disait ce qu'il voulait dire, et pas autre chose.

Les soirs d'hiver, quand la lampe de maître Nikker brillait derrière le volet, les enfants s'amusaient à jeter de la neige par la fente en criant : Eh ! pan ! pan ! Les vieilles mains de Claes, avec leurs os saillants, leurs veines grosses comme des haies au bord des chemins creux et leur peau brune comme le dos d'un crapaud, n'en continuaient pas moins de tirer le ligneul au bout des soies, de battre le cuir ou de piquer l'alène ; et en même temps on entendait sortir de sa maigre poitrine nue où s'ébouriffait un bouquet de poils, une vieille chanson nasillarde. Or, quelquefois une jeune et fraîche voix répondait à la sienne du fond de la petite chambre qui est derrière la boutique, et Truitje, la nièce de Claes, chantait en effet, tout en préparant les pommes de terre pour le souper.

— Je ne sais pas, fillette, lui dit un jour le bonhomme, je ne sais pas, mais vous avez la tête bien à l'envers depuis quelques jours !

Et en disant cela, il regardait la jolie fille de son petit œil gris qui riait, pendant que sa bouche se tirait vers le bas et que son menton, hérissé comme une brosse, s'allongeait d'une manière effrayante.

Sûrement il y avait quelque chose, car Truitje, qui en ce moment saupoudrait de poivre les pommes de terre, y versa la poivrière tout entière; et il s'aperçut très bien qu'une jolie couleur rose lui montait dans le cou, à travers ses frisettes de cheveux. Mais ce fut une bien autre affaire quand le plat de pommes de terre ayant été apporté à table, l'oncle Nikker se mit à éternuer quinze fois de suite sans pouvoir poser la main sur son mouchoir, dans la poche de son tablier. Et après qu'il eut éternué quinze fois, il resta longtemps encore la bouche ouverte, avec de grosses larmes qui lui descendaient dans le creux des joues et s'accrochaient aux poils ras de son menton, comme un homme qui est sûr que l'accès n'est pas fini.

— Dieu vous bénisse, maître ! dit un jeune garçon qui entrait justement.

II

— Ah ! c'est toi, Piet, que le diable t'emporte, répondit Claes.

Le garçon demeurait sur le seuil de la chambre, sans oser avancer, car ce n'était pas tout à fait une parole cordiale que venait de lui adresser son vieux patron ; et il regardait en même temps Truitje et Nikker, mais surtout Truitje.

Or, Truitje, la bonne fille, ayant jeté les yeux sur le plat de pommes de terre, s'était mise à tousser de toutes ses forces, en tenant sa gorge à deux mains.

Ce qu'elle toussait ! On n'a pas d'idée de la force avec laquelle toussait Truitje : même on voyait distinctement le fond de son petit gosier rose, avec ses jolies dents blanches devant, comme des grains d'anis sur de la confiture de groseille.

Voilà pourquoi Piet la regardait plutôt que son oncle, et certainement il y avait quelque sympathie entre eux, car il se mit à tousser, lui aussi.

Il faut dire à son éloge qu'il toussa à se désosser la poitrine, avec une violence dont on ne l'eût jamais cru capable, et il toussa jusqu'au moment où le bruit de quelque chose qui tombe à terre se fit entendre.

— Hé ! qu'est-ce cela ? dit Claes Nikker en se tournant vers le jeune garçon.

— Maître, ce sont les souliers que vous m'avez donnés à ressemeler, répondit en tremblant le pauvre Piet.

Et, en effet, il les avait laissé tomber à terre.

Alors Claes Nikker frappa du poing sur la table et s'écria en ricanant horriblement :

— Ah ! ah ! Truitje Nikker laisse tomber la poivrière dans les pommes de terre et Piet Snip laisse tomber ses bottes sur le carreau. — Pieter Snip, vous êtes un enjôleur de filles. Sortez, Pieter Snip.

Claes Nikker voyait d'un œil bien singulier le pauvre Piet, car nul moins que lui n'avait l'air d'un séducteur et toute sa personne semblait demander pardon de n'être pas rentrée sous terre au premier mot de son maître. Ce jeune garçon avait même une si piteuse figure en regardant Truitje au moment de partir, qu'il n'y avait que Nikker au monde pour lui trouver de mauvaises pensées. Non, il n'avait pas de mauvaises pensées dans la tête lorsqu'il jeta un long regard humide à sa chère Truitje, mais peut-être la tête lui tournait-elle un peu sur les épaules.

— Je m'en irai donc, puisque vous le voulez, maître, dit Pieter Snip.

Et il fit comme il avait dit.

Alors Claes se mit à rire dans son menton à poils gris, en regardant sa nièce du coin de l'œil.

Truitje était vraiment à plaindre et elle demeurait immobile près du poêle, sans rien faire, en ayant soin de se tourner de manière à cacher sa figure à son oncle. Oui, elle était à plaindre, car Piet l'aimait, le pauvre garçon ; elle était sûre qu'il l'aimait et peut-être avait-elle des raisons pour le savoir.

Sans doute il n'était pas beau ; Lamme, le fils du maréchal, avait plus fière mine que lui, et cependant Truitje ne détestait pas Pieter Snip. Aussi Truitje bouda-t-elle son oncle après qu'il eut mis si méchamment Pieter Snip à la porte, et elle l'observait, tout en boudant, dans le petit miroir qui pendait à la cheminée.

— Est-il possible d'avoir le cœur dur comme ce méchant homme, pensait-elle. Il ne songe qu'à faire de la peine aux pauvres gens.

Claes Nikker, lui, continuait à rire, en homme content de soi. Alors un grand chagrin s'empara de Truitje ; il lui sembla voir le pauvre Piet sur le chemin poussant de grands soupirs et regardant de loin la maison dans l'espoir que sa « bonne amie » paraîtrait sur le seuil de la porte. Elle prit le coin de son tablier dans sa main droite, le porta à ses yeux et se mit à pleurer à chaudes larmes.

— Truitje, dit Nikker, depuis quand les filles pleurent-elles après les garçons ? Il n'y a qu'aujourd'hui que de pareilles choses se voient, mais aussi ce n'est qu'aujourd'hui que les filles ont la tête si légère et qu'elles songent à quitter leurs parents avant l'âge.

— Oncle ! oncle ! cria Truitje derrière son tablier, vous n'avez jamais bien agi envers le pauvre garçon.

— Petite sotte, dit Nikker en cessant de rire, je ne pouvais pas agir autrement. Il faut que les parents soient d'accord avant de permettre à leurs enfants d'échanger des paroles. Dites, Truitje, est-ce que le papa Snip en a jamais causé à l'oncle Nikker ?

Ayant ainsi parlé, Claes Nikker se mit à siffler une chanson et il ne s'interrompit de siffler que pour allumer sa petite pipe noire, puis il rentra à l'atelier, et Truitje entendit son pan pan. Elle s'assit alors pour manger quelques pommes de terre, mais elle eut beau vouloir pousser du bout de sa fourchette une pomme de terre tout entière entre ses jolies dents blanches, elle ne put jamais en manger qu'un morceau.

Elle la laissa retomber sur l'assiette et pensa en elle-même :

— Piet n'est pas malin. Il aurait fallu, en effet, que

le père Snip vint trouver mon oncle Nikker, pour arranger les choses.

Et là-dessus, oubliant Piet, son chagrin, son oncle, elle se mit à chanter sa chanson, comme les oiseaux après la pluie. Et tout en chantant, elle débarrassait la table, repliait la nappe et passait les assiettes à l'eau.

Le lendemain était jour dominical. Elle mettrait son beau bonnet à perles de jais, sa robe de mérinos et son châle de laine à carreaux noirs et blancs. Oui, et elle lisserait ses cheveux de pommade, après les avoir pressés le soir en papillotes.

Voilà ce que se disait la jolie commère, pendant que l'oncle Nikker regardait attentivement, par-dessus ses lunettes, derrière les mesures de papier brandillant à la fenêtre, un bout de casquette qui paraissait et disparaissait toutes les trois minutes au bord d'une haie, à quelques pas de la maison.

— Ah ! ah ! mon gaillard ! pensait-il, le chat guette la souris. Mais la souris est bien gardée, Piet Snip; et il faudra que le vieux singe vienne montrer par ici son museau pelé, avant que la souris tombe dans tes pattes.

« Vieux singe » s'appliquait évidemment au père du jeune Snip, bien que Claes Nikker appliquât assez généralement le nom de singe à presque toutes les personnes de sa connaissance.

Puis, achevant sa pensée :

— Piet est bon ouvrier. Oui, il fait très convenablement une paire de souliers et il gagnerait déjà une bonne journée, s'il était établi. J'ai là du travail pour lui. Pourquoi donc le petit singe s'est-il enfui tantôt ?

— Piet ! Piet !

C'était Claes Nikker, ne vous déplaise, qui appelait ainsi Pieter Snip, sur le pas de la porte ; mais la casquette qui, la minute d'avant, s'était dressée au-dessus de la haie, mit tout à coup une obstination si singulière à se dérober que Claes Nikker crut devoir ajouter :

— Piet Snip ! Venez donc, vous êtes derrière la haie. On voit très bien votre casquette.

Piet Snip ne se montrait pas.

— Venez donc, mauvais garnement, continua Claes Nikker, j'ai du travail pour vous.

Il y eut une certaine hésitation de la part de la casquette; un moment, on put la voir de face et tout à coup elle ne fut plus visible que de profil. Quelque chose à la fin parut pourtant couper court à ses incertitudes; et en même temps Claes Nikker entendit un petit bruit au-dessus de sa tête. Il leva les yeux et vit une main qui sortait de la fenêtre et s'agitait du côté de la casquette, avec une sorte d'appel impératif. Et l'oncle Nikker rit en lui-même, en pensant que la main était celle de Truitje et que Pieter Snip ne serait jamais sorti de sa cachette sans l'ordre de cette petite main.

Truitje était en effet montée au grenier lorsqu'elle avait entendu son oncle appeler à haute voix Pieter Snip — et elle lui faisait de la main de grands gestes pour le déterminer à paraître. Ce fut d'abord la casquette qui parut, puis le bon garçon avec son air piteux, ses cheveux en baguettes de fusil, son nez à angle droit et sa bouche ouverte comme une porte de grange.

— Piet, lui dit Claes, entrez dans la boutique. J'ai du travail pour vous. C'est un vrai scandale de passer des heures entières derrière une haie.

Le garçon se mit à tousser dans le creux de sa main, comme s'il n'avait pas entendu.

— Voici des souliers à ressemeler, Piet, continua Claes. Une demi-semelle seulement. C'est pour Nelle Swettenhaas. Et voici une paire à laquelle vous mettrez des talons. Entendez-vous, des talons, Piet Snip? Et à celle-ci vous mettrez une pièce sur le côté, pour Lupp Pouffijas. Avez-vous compris ce que je vous ai dit, Piet ?

Piet fit signe qu'il avait compris et partit, après avoir demandé s'il ne devait pas revenir le soir, mais Nikker lui dit que non, et Piet Snip s'en alla, les souliers dans son mouchoir, en regardant de côté s'il ne verrait plus Truitje.

III

Une grande ombre noire se répandit dans la chambre où travaillait maître Claes, comme si un nuage fût passé devant la fenêtre, et quelqu'un cogna contre le carreau. Claes se leva aussitôt et alla ouvrir la porte, car il avait reconnu M. le curé derrière la vitre. C'était bien lui, en effet, avec sa grosse petite personne joufflue et bien portante, ses moufles en tricot, son tricorne sur le bout du nez et son petit œil clignotant qui furetait dans le fond des consciences.

— Ah ! ah ! Nikker, bonjour, dit M. le curé quand il fut entré. Comment cela va-t-il, mon garçon, depuis que je ne vous ai vu ? Et Truitje, va-t-elle bien aussi ?

— Très bien, monsieur le curé, répondit maître Nikker, très bien.

— Je suis content de votre dernière paire de souliers, Nikker, très content. Oui, je suis tout à fait content. Mais j'ai le pied un peu serré dedans : il faudra les mettre sur la forme pendant un jour.

— Oui, monsieur le curé, c'est ce qu'il faudra faire. Certainement je le ferai.

— Ah! Claes Nikker, voilà à peu près vingt-deux ans que je suis votre curé ! Nous devenons vieux, mon fils.

Et M. le curé ayant ouvert sa tabatière, donna deux petites tapes contre la paroi, prit une grosse prise de tabac et la roula entre son pouce et son index, longuement, puis il ferma sa boîte, boucha sa narine gauche et se mit à renifler à petits coups dans sa narine droite les grains écrasés sur son pouce. Cette besogne, qu'il recommençait souvent, avait l'air de réjouir particulièrement M. le curé, car il allongeait alors son menton jusque sur son rabat, fermait à demi les yeux et poussait un soupir de bien-être.

— Oui, Nikker, vingt-deux ans, fit M. le curé. Combien vous dois-je, Nikker, pour mes derniers souliers ?

— Quinze francs, monsieur le curé, comme toujours. Mais cela ne presse pas. Cela ne presse jamais, monsieur le curé.

— Vous êtes tous mes enfants. Je vois avec plaisir, Claes, que vous n'augmentez pas vos prix et que vous êtes toujours le même Claes Nikker qui fit ma première paire de souliers il y a vingt-deux ans, quand j'entrai dans ce village.

— Oui, monsieur le curé, mais le cuir a bien augmenté depuis et ce qui coûte à présent quinze francs n'en coûtait alors que dix.

— Claes ! Claes ! tout augmente de jour en jour, et notre pauvre Sainte-Vierge n'a presque plus de vêtements sur son dos. Est-ce que Truitje ne lui fera pas une jolie robe pour Pâques ?

— Je suis un pauvre homme, monsieur le curé, fit le malin Nikker en battant de toutes ses forces une semelle, un très pauvre homme, mais je parlerai de la robe à Truitje.

— C'est une bonne fille. Voilà bientôt le temps de la

marier : vous aurez alors de petits enfants dans les jambes. Sur ce, bonsoir, Claes Nikker; je m'en vais confesser. Ne vous dérangez pas.

Et après M. le curé, ce fut au tour de M. Mathias Job à frapper contre le carreau, mais cette fois l'ombre qui glissa dans la chambre était mince comme une lame de couteau, car l'instituteur ne passait pas pour un homme corpulent. C'était une chose effrayante de voir combien le vieux petit paletot jadis bleu qu'il portait par-dessus un gilet de soie effilochée tendait sur son dos et l'on ne savait lequel il fallait plaindre le plus, du paletot ou de M. Mathias Job lui-même, tant ils avaient l'air de se gêner l'un l'autre.

Bien qu'il fît très froid ce jour-là le pauvre instituteur n'avait sur les épaules que son petit paletot. Certainement M. Job n'eût pas été fâché de tirer ses manches jusqu'à ses poignets, mais au premier essai qu'il avait tenté autrefois, les manches avaient menacé de craquer au coude, et il s'était, dès ce moment, ôté de la pensée qu'un pareil travail fût possible. Autant eût valu, en effet, faire tomber ses pantalons sur ses pieds, car la distance qui séparait ses pantalons de ses souliers n'était pas plus considérable que l'espace compris entre ses poignets et la manche de son habit.

Sans tomber dans l'exagération, on peut dire de M. Mathias Job que jamais homme n'eut le nez plus rouge, les mains plus violettes, ni les oreilles plus cramoisies, quoiqu'il ne songeât pas à en tirer vanité. Il portait au cou, par-dessus son col d'habit, une grosse écharpe de laine, et cette écharpe lui montait jusque par delà les oreilles, tenant les cheveux droits par derrière.

M. Mathias Job venait de terminer sa classe. Il était quatre heures, et les petits polissons du village, l'ayant vu partir, faisaient de grandes glissades devant la maison communale. Il avait des rouleaux sous le bras, enveloppés de couvertures grises sur lesquelles était écrit : « État civil », car M. Mathias Job cumulait les fonctions de secrétaire et d'instituteur dans le village.

Il eût donc pu passer pour un personnage doublement important, si, chaque année, il ne lui était devenu un peu plus impossible de paraître en public avec les avantages de sa position, à cause de madame Mathias Job, qui tous les ans ajoutait aux jeunes Mathias Job déjà existants une fille ou un garçon, selon que cela tombait.

— Bonjour, ami Nikker, dit l'instituteur en entrant. Je vous apporte quelque chose. C'est un petit travail de rien du tout.

M. Job extirpa de ses poches ses longues mains rouges et déploya ses rouleaux. Il n'en tira pas précisément des actes de naissance ou des actes de décès, bien qu'une pareille chose eût semblé naturelle, mais deux paires de souliers qu'il mit devant Claes Nikker, en le regardant avec un peu d'inquiétude.

Nikker prit les souliers dans ses grosses mains noires, les considéra attentivement sous tous leurs aspects et fit aller sa tête de bas en haut cinq ou six fois, comme quelqu'un qui se trouve tout à coup devant une difficulté imprévue.

M. Mathias dit alors avec une certaine humilité :

— Certainement, brave Nikker, ils ne sont plus neufs.

C'était pure bonté à M. Mathias Job de reconnaître que ses souliers n'étaient plus neufs, car vraiment ils n'avaient pas besoin de commentaires; tout ce qu'on aurait pu dire sur leur compte ne valait pas ce qu'ils disaient d'eux-mêmes. Il y avait une paire de souliers d'homme et une paire de souliers d'enfant, toutes deux si lamentables que leur existence ne tenait qu'à un fil.

Maître Claes les connaissait assurément; peut-être même les connaissait-il trop bien, car c'était la neuvième fois qu'on les lui apportait à raccommoder. Il les regardait en plissant les yeux comme on regarde un travail dont on est content, et aussi comme un ami qui vient un peu plus souvent qu'il n'est invité; et il pensait en lui-même :

— Mathias Job est une honnête pratique, bien qu'il porte ses souliers plus longtemps qu'il n'est décent ; mais j'ai mis à ceux-ci tant de pièces, de demi-semelles et de talons que je ne sais plus où il me sera encore possible de coudre un morceau de cuir pour boucher les nouveaux trous.

Et, en effet, il n'était pas dans ces vestiges de chaussures un endroit grand comme l'ongle qui n'eût été ressemelé, recloué, recousu et rapiécé par Claes Nikker, depuis deux ans qu'il les avait livrées. Une infinité de languettes et de béquets en forme de triangles, de rondelles et d'étoiles, couvraient le cuir primitif comme une végétation de parasites, et par dessus, l'on voyait les petits points gris du fil.

Mathias Job avait un penchant à appuyer plus particulièrement à droite qu'à gauche, et ce défaut d'équilibre contristait visiblement ses souliers, car le peu de semelle qui leur restait encore se groupait à gauche, tandis qu'à droite un trou rond indiquait que le pied de M. Mathias Job avait fait depuis longtemps connaissance avec le pavé de la chaussée. Le talon, de son côté, s'en allait en petits morceaux, par feuillets qu'on eût arrachés un à un, comme les ardoises d'un vieux toit.

— Non, dit Claes Nikker sévèrement, ils ne sont plus neufs, honorable monsieur Job.

M. Mathias Job répondit très bas en tremblant :

— J'espère, Nikker, que vous les arrangerez bien encore pour cette fois. Ce sera la dernière. Je vous amènerai à la Noël les enfants pour leur prendre mesure de souliers neufs.

— Écoutez, ce que je dis est dit, fit Claes Nikker, je ferai pour le mieux.

M. Mathias Job remit alors ses papiers en poche, releva son écharpe sur son nez, fourra ses longues mains dans son pantalon et s'en alla, en ayant soin de bien fermer la porte derrière lui.

Et maître Nikker pensait :

— Madame Mathias Job aura bientôt son neuvième.

M. le bourgmestre frappa aussi au carreau, mais il n'entra pas, car il tenait par la bride un gros cheval blanc qu'il venait d'acheter à la ville :

— Ah! ah! bourgmestre, lui cria Nikker. Vous n'entrez pas un instant?

— Ce n'est pas la peine, Nikker. Je pense que vous allez bien, et Truitje aussi. Qu'est-ce qu'il y a de nouveau ici, Nikker?

— Nette Orverschot vient d'acheter au Cromme son cochon. Est-ce que vous croyez que le cochon pèse ses cent livres, bourgmestre?

— C'est selon, Nikker, les uns disent qu'il pèse plus, les autres disent qu'il pèse moins. Moi je ne dis rien.

— Cela vaut mieux, pensa Claes Nikker ; on ne fait ainsi de tort à personne et on est sûr d'être réélu quand c'est le moment des élections.

Le bourgmestre Michiel Pot attacha au garrot de son cheval les souliers que maître Nikker venait de terminer pour lui et partit en criant : hue ! à la grosse bête.

Puis il en vint d'autres encore jusqu'à ce que Claes Nikker eût soufflé sa lampe, car c'était le lendemain jour du Seigneur, et chacun voulait savoir s'il aurait ses souliers pour aller à la messe. Et à mesure que l'un ou l'autre sortait, maître Claes riait en lui-même et se disait :

— Voilà quarante ans que je connais les pères, les mères, les filles et les garçons. Oui, Claes Nikker sait bien des histoires, mais il les garde pour lui.

« Jan Nikker, mon père, me disait : « Claes, mon garçon, regarde bien les souliers des gens qui te donneront à travailler : leur histoire est dans leurs souliers. Ah ! ah ! Claes Nikker n'est pas si bête qu'on croit ! »

Et pan ! pan !

IV

Le lendemain, dix heures sonnant, Truitje se rendit à la messe dans sa jolie toilette noire, tenant entre les doigts son livre de prières et son chapelet. Tout le monde la reluquait à cause de sa fraîche mine reluisante comme de l'étain neuf, et elle se mit à genoux sur sa petite chaise, non loin du chœur, levant de temps à autre la tête pour regarder M. le curé à l'autel. On ne pourrait affirmer toutefois qu'elle regardât uniquement M. le curé, car elle roulait par moments son gentil œil brun de côté, sachant bien que Pieter Snip n'était pas loin.

Et quand elle sortit, elle n'ignorait pas non plus que Pieter Snip se trouvait parmi les jeunes hommes en blouse, bien rasés et bien peignés, qui fumaient leur pipe au bas de l'escalier de l'église.

Les vieux paysans s'en allaient par petits groupes, du côté de l'estaminet qui est en face de l'église, avec son enseigne où il y a un coq rouge dont la queue ressemble aux plumes des papegais du tir à la perche. C'était, en effet, l'estaminet du *Coq rouge*, un bon estaminet où l'on trouvait toujours à manger du jambon et de la miche fraîche; le bourgmestre y était déjà avec les échevins. Et Truitje vit parfaitement que les jeunes hommes à leur tour se dirigeaient du côté du *Coq rouge*, mais Pieter Snip n'eut garde d'aller avec eux. Il prit à gauche, derrière l'église, par la ruelle qui débouche sur la grande route, et tout à coup il aperçut devant lui Truitje qui marchait très vite, ses jupons retroussés, tenant son grand parapluie rouge ouvert au-dessus d'elle. Il faisait un vilain ciel gris sur lequel les arbres et les maisons se détachaient tristement, comme la croix jaune sur le drap noir du catafalque, et la pluie tombait depuis le matin.

— Vous allez bien vite, Truitje, lui dit Piet Snip, d'une voix douce comme le miel.

Il était tout trempé et ses cheveux pendaient sur son nez, plaqués par la pluie, bien qu'au matin il les eût proprement tirés sur ses tempes.

Truitje eut l'air de se débattre contre un grand coup de vent, poussant de toutes ses forces son parapluie devant elle, sans rien dire.

Alors il reprit :

— Truitje, voilà le mauvais temps. La pluie passe par un grand trou à travers notre maison.

L'amoureux Piet avait dû chercher longtemps au fond de sa cervelle pour trouver ce joli propos, car il s'entendait mieux à battre le cuir qu'à parler.

Alors Truitje leva vivement son parapluie, le regarda dans les yeux, et lui riant au nez, ses dents blanches étalées, se sauva par la grande route. Mais le brave Piet courut après elle, en riant aussi, tout gêné, et quand il l'eut atteinte, il lui prit la taille en disant :

— Truitje !

— Eh bien ! fit Truitje en s'arrêtant.

Il se trouva de nouveau très embarrassé et ne sut plus que dire.

— Piet, lui dit alors la fine Truitje, depuis quand les filles doivent-elles demander les garçons en mariage ?

En parlant ainsi, Truitje devint rouge jusque dans son cou et Piet la vit courir à toutes jambes vers la maison de Claes Nikker, qui s'apercevait là-bas Pour lui, il resta immobile à la même place, jusqu'à ce qu'elle eût fermé derrière elle la porte de la maison, après avoir tourné la tête de son côté.

— Pieter Snip, vous n'êtes qu'un imbécile, s'écria-t-il.

Et, furieux, il jeta sa casquette à terre.

— Garçon, lui dit ce jour-là sa mère qui le voyait triste depuis quelque temps, vous avez du chagrin. Qu'est-ce qui vous démange ?

— Ah ! mère, cria Piet en sanglotant, je voudrais me marier.

— Je le pensais, dit la mère, tranquillement. C'est Truitje Nikker qui vous a tourné la tête, Piet.

— Oui, mère, c'est Truitje Nikker, mais le vieux Claes ne me la donnera pas.

Alors le pauvre Piet raconta ses peines. Sa mère l'écouta parler, puis se mit à rire.

— Claes Nikker n'est pas bête, dit-elle. Il sait mieux que personne ce qu'il y a dans la poche des gens et il sera très content d'avoir pour gendre le fils des Snip.

Voilà ce que vous dit votre mère, mon garçon. Mais c'est un rusé que Claes Nikker et il faut agir prudemment avec lui.

La mère de Piet était une fine mouche, l'œil malin, toujours alerte et gaie, sèche comme un caillou. Elle tenait son ménage avec ordre, rognant un franc centime par centime, et même un peu avare, s'il y a de l'avarice à augmenter chaque jour ses économies ; et elle mettait les siennes dans un vieux bas, sous la paillasse de son lit.

On savait bien au village que Lukas Snip, son mari, n'avait jamais eu plus de deux sous à la fois dans sa poche, mais il ne s'en plaignait pas, le cher homme, et même il était extraordinaire qu'il les dépensât. Il n'allait ni au cabaret, ni au jeu de quilles, ni au tir à la perche, et sa seule distraction était de fumer sa grande pipe en porcelaine près du feu, le dimanche ; c'était une pipe comme on n'en voit pas tous les jours, avec un long fourneau peint de figures roses au bout d'un tuyau mou en soie guillochée d'or. Le vieux papa Jan Snip, qui avait fumé quelque dix ans dedans, l'ayant eue d'un vieux soldat prussien, son parent, l'avait transmise à son fils Lukas en lui recommandant d'en avoir le plus grand soin. C'était dans cette belle pipe que Lukas Snip fumait le dimanche, près de son feu, et quand Lukas n'y sera plus, ses petits-enfants fumeront dedans à leur tour, si d'ici là la pipe ne casse pas, ce qui peut arriver.

Il n'y avait pas d'homme plus habile que ce Lukas pour remettre en état une vieille culotte ou un vieil habit, faire des reprises dans les draps usés, rapiécer les vêtements hors de service, etc. Voilà bientôt quarante ans qu'il était tailleur, et il avait autant de pratiques dans sa partie que Claes Nikker en avait dans la sienne. Quand Lukas Snip déclarait qu'il n'y avait plus rien à faire d'un gilet, d'une veste ou d'un pantalon, c'est que vraiment il était impossible que quelqu'un pût encore en faire quelque chose. Il se promenait pas mal de fonds de culottes, de manches de vestes, de collets d'habits dans le village, dont Snip était fier à bon droit, sachant bien ce qu'ils lui avaient coûté de besogne; et en effet lui seul était capable d'y donner un si fier coup d'aiguille. Il travaillait dans sa petite chambre du matin au soir, et continuellement on voyait ses nerveuses mains jaunes aller, courir, passer l'aiguille et tirer le fil avec une vitesse extraordinaire.

C'était un petit homme toussoteux et maigre, un peu courbé. La peau de sa figure, terreuse et ponctuée de porreaux, tendait sur ses joues comme une vitre sur une estampe, et elle était entièrement coupée de menues rides, aussi bien qu'une vieille figue. Il avait en outre une bouche mince qui, pareille à une eau dans un entonnoir, se renfonçait tout au fond du croissant que le bas de sa figure dessinait depuis son nez jusqu'à son menton. Or, Lukas avait perdu à peu près toutes ses dents : c'est pourquoi sa bouche rentrait si fort, ce qui ne l'empêchait pas de tenir dans le coin de droite une petite pipe noire comme du charbon et coiffée d'un chapeau en fil de fer, par crainte des étincelles. Chaque fois qu'il aspirait une bouffée de fumée, ses joues se creusaient de deux trous où l'on eût logé à l'aise une couple d'œufs de pigeon ; au contraire s'il soufflait pour rallumer le feu de sa pipe, ses joues se gonflaient comme le dos d'un chat en colère.

Mais le gaillard n'était pas seulement tailleur : il était aussi barbier ; oui vraiment ; et un plat en cuivre, échancré au bord et creux dans le milieu, se balançait au-dessus de sa porte, à une tringle rouillée.

Quand un client entrait pour se faire raser, il s'asseyait devant la fenêtre, les jambes étendues, en rejetant sa tête en arrière. La vieille maman Snip s'approchait alors, la mine riante, et lui nouait derrière le cou une serviette à carreaux bleus et blancs, pendant que Piet Snip le fils faisait mousser le savon dans le plat à barbe ou passait le rasoir sur le cuir qu'il tendait de toute force, un bout dans ses dents et l'autre bout dans sa main.

Lorsque le savon avait bien écumé, Piet introduisait le menton de la pratique dans l'échancrure du plat et du revers de ses doigts, savonnait le cou et les joues, à tour de bras, jusqu'aux yeux. Puis le père Lukas piquait son aiguille dans le drap, passait une demi-douzaine de fois son rasoir sur le plat de sa main pour qu'il n'y restât pas de morfil, et ayant placé sur l'épaule de la pratique un coussinet en serge afin d'y frotter son rasoir, il commençait l'opération.

Lukas avait la main légère. Il écorchait bien un peu par moments la peau du client, mais personne ne s'en plaignait. Tandis que sa main droite promenait en tous sens le rasoir, il levait de sa main gauche le nez des bonnes gens entre son pouce et son index, le bras arrondi et le petit doigt tout raide.

D'autres fois, ses grands ciseaux dans les doigts, il taillait les cheveux des gens de la paroisse. Le peigne entrait par la nuque et sortait par le front, suivi de près par les grands ciseaux qui s'ouvraient et se fermaient en faisant klis klis. En un instant la nuque était dégagée et les cheveux dessinaient dans le cou la forme d'une écuelle, tout aussi bien que si Lukas s'était servi d'une assiette pour les couper. Puis les ciseaux remontaient du côté des oreilles et l'on voyait celles-ci sortir de dessous les cheveux longues, grosses, pointues ou rondes comme des pavillons de trompettes. Et de temps en temps, Lukas prenait la tête de la pratique dans ses mains et se mettait à un pas pour mieux voir son ouvrage. Soyez sûr que pas un cheveu n'était plus long que l'autre, quand Lukas soufflait dans la nuque du client et lui enlevait la serviette repliée dans le col de la chemise : aussi Lukas taillait toutes les meilleures têtes du village.

Quand il avait fini, la maman Snip balayait à la rue les cheveux tombés à terre et il se remettait à coudre.

Le petit homme travaillait sur sa table, les jambes repliées sous le corps, au milieu de toute sorte de vieux morceaux de drap qui lui servaient à remettre des fonds. Il ne s'interrompait que pour prendre une bobine dans son grand carreau, enfiler une aiguille ou choisir dans le tas un carré de drap vert, noir, bleu ou brun. Et quelquefois un joli bout de drap vert s'ajustait aux manches d'un habit noir; mais le fil était toujours solide et le temps ne venait pas à bout des coutures de Lukas Snip.

Doux d'ailleurs comme un mouton, parlant peu, ne riant presque jamais et regardant constamment du côté de sa femme pour savoir ce qu'il devait penser ou dire.

— Lukas, lui dit un matin la bonne vieille, notre garçon est à marier.

— Oui, Anne-Mie, notre garçon est à marier.

— Et Truitje, la fille de Claes, est aussi à marier, Lukas.

Lukas leva la tête et regarda sa femme, ne comprenant pas : cependant il hocha la tête de bas en haut et dit comme elle :

— Oui, Truitje est aussi à marier

— Eh bien, Lukas, reprit Anne-Mie Snip, il faudra aller voir Claes Nikker.

Lukas était si loin de penser à Claes Nikker qu'il s'exclama :

— Plaît-il, Anne-Mie ?

— Je dis qu'il faudra aller voir Claes Nikker, car Claes Nikker ne viendra pas le premier.

— Je le ferai, Anne, si vous le trouvez bon, mais que dirai-je à Claes Nikker ?

— Vous ferez comme lui : s'il parle, vous parlerez ; s'il ne parle pas, vous ne parlerez pas. Notre fils voit volontiers Truitje Nikker.

— Est-ce Dieu possible ? dit Lukas.

Et pour la première fois de sa vie, il mit sa pipe dans le coin gauche de sa bouche.

V

Le dimanche suivant, après vêpres, Lukas ne s'en retourna pas directement chez lui : il prit le chemin de la maison de Nikker et seulement s'arrêta un petit moment pour regarder jouer aux quilles, devant l'estaminet des *Bons Amis*.

— Eh ! Lukas, venez-vous risquer une partie ? lui cria Gaspar Peck, un marchand de grains qui passait ses journées à boire et à godailler.

— Non, Gaspar, dit Lukas, je n'ai ni de l'argent ni du temps à perdre.

Et il repartit en pensant :

— Ils ont la tête plus à l'aise que Lukas Snip, ceux qui jouent en ce moment à la boule.

Il avait une bonne casquette de peau de renard sur

la tête et sur le dos un gros paletot doublé de flanelle.

Ah ! qu'il faisait froid ! Il frappait par moments ses mains l'une dans l'autre et frottait du bout de son gant en tricot la roupie qui revenait sans cesse se pendre à son nez. Chemin faisant, il vit des enfants qui s'amusaient à polir avec leurs semelles la glace d'un pré gelé, et l'un d'eux, ayant pris son élan, fit une belle glissade, les jambes écartées et les bras en l'air, au milieu des cris de la bande qui se mit tout à coup à glisser derrière lui. Et chaque fois que l'un ou l'autre avait fini sa glissade, il venait en courant se mettre à la queue, derrière ses camarades, pour recommencer.

— Ah ! ah ! se dit Lukas Snip, c'était le bon temps! Maintenant il faut s'occuper de marier nos enfants.

Et il frappa à la porte de Claes Nikker à l'heure où les lumières commencent à briller derrière les vitres des maisons.

En ce moment une tête s'avança à la fenêtre du grenier et une autre tête se leva de dessus la haie ; et les deux têtes se regardèrent en riant.

— Tiens ! c'est Lukas Snip, dit Claes Nikker, gaîment, en ouvrant la porte. Entrez, Lukas. Il y a un bon feu : vous prendrez une tasse de café. Quelle nouvelle, Lukas Snip ?

Et Claes regardait le bon Lukas de son petit œil agité comme une anguille.

— Je passais par ici, Claes. Oui, je passais, dit maître Snip, et je me suis dit : On ne passe pas devant un vieil ami sans lui dire bonjour.

— Un vieil ami, c'est vrai, Lukas. Nous sommes de vieux amis. De quelle année êtes-vous, Snip ?

— De 1805.

— Et moi de 1807. Si j'avais une fille, Lukas, elle serait à peu près de l'âge de votre garçon.

— Truitje vous a servi de fille, Claes ; je pense que Truitje sera une bonne femme pour son mari.

— Oui, Lukas, car elle aura été bonne fille avant d'être bonne femme. Est-ce que le cochon engraisse, Snip?

— Oui, Claes, et on le tuera à la Noël. Je pense que vous viendrez manger du boudin, vous et Truitje, Claes Nikker.

— Ah ! ah ! vous allez tuer votre cochon, Lukas ? Est-ce qu'il y a une noce chez vous, dites-moi ?

— Il y en aura une, une fois ou l'autre, Claes, et je pense que vous en serez ; mais la Noël est un bon jour pour se réunir en attendant.

On entendit dans le petit corridor un bruit clair comme celui d'un soufflet, et en effet c'était un soufflet que Truitje venait d'appliquer du plat de sa main sur la joue de Piet.

Est-ce que Piet était là vraiment ?

Oui, le brave garçon écoutait derrière la porte, avec Truitje, ce que disaient les deux vieux compères.

Ils étaient dans l'ombre, si près l'un de l'autre qu'ils en tremblaient tous les deux ; un petit filet de lumière passait entre les joints de la porte; et ils voyaient dans cette lueur quelque chose de blanc qui était leurs figures.

Quand le pauvre Piet entendit qu'on parlait de la noce, il devint tout à coup si joyeux qu'il prit Truitje dans ses bras et l'embrassa à pleine bouche dans la nuque. Mais Truitje lui donna un bon soufflet sur la joue, pour la forme seulement, car une fille ne se fâche jamais d'être embrassée par un bon garçon.

— Oh ! oh ! dit Claes Nikker, il y a un oiseau derrière la porte, un bel oiseau, sur ma parole !

Et il cria très haut :

— Truitje !

Mais qui ne se montra pas ? Ce fut Truitje, non plus que son bon ami Piet.

Ils se tenaient cachés sous l'escalier, parmi les balais, craignant de faire un mouvement et retenant leur haleine.

— L'état de cordonnier est un bon état, Claes, dit le vieux Snip ; oui, c'est un état qui donne à manger à la femme et aux enfants.

— C'est ce qui vous trompe, Snip ; c'est un rude état et qui rapporte peu. Votre état est plus facile que le nôtre et il y a toujours un bon magot dans la maison d'un tailleur.

— Nikker, il est plus difficile de mettre des pièces à un habit qui ne tient plus ensemble que de reclouer une semelle usée.

— Celui qui sait ressemeler une vieille paire de bottes rebâtira sa maison tombée en ruines, Snip.

— Je le défie bien de faire une couture dans du drap sans que les points ressemblent aux cordes avec lesquelles Mathias Job sonne à messe, Nikker.

— Snip ! Snip ! nous faisons ouvrage d'homme en clouant des semelles, mais vous faites ouvrage de femme en ravaudant des chiffons.

Lukas Snip, malgré sa douceur, entra tout à coup dans une si grande colère qu'il lui fut impossible de rien répondre, et Nikker se dit en lui-même :

— Le vieux singe est battu. Il a l'air d'avoir avalé son aiguille.

Et de son côté Lukas Snip pensait :

— Je ne donnerai pas notre garçon à Truitje Nikker sans conditions.

Puis il alluma sa pipe, but une tasse de café et s'en alla en disant :

— Claes Nikker, nous vous attendons à la Noël.

— Le vieux singe n'est pas si bête qu'on le croit, songea maître Nikker en fermant sa porte.

Puis il cria :

— Truitje ! Truitje !

Et Truitje entra, un peu rouge, en disant :

— Je viens de chez Suze et j'ai rencontré Lukas Snip.

Le vieux Nikker se mit à ricaner en roulant de côté son petit œil et dit :

— Il y avait tantôt un oiseau derrière la porte, Truitje. Est-ce qu'il n'y est plus ?

Un soir, Truitje s'en allait au puits, un seau dans chaque main ; elle mit la corde à l'un des seaux et le laissa glisser dans le puits, puis l'ayant remonté, elle accrocha l'autre seau et le laissa aussi glisser.

— Eh ! Truitje, cria tout doucement quelqu'un dans l'ombre, c'est après-demain la Noël.

— Oui ! dit Truitje, mais l'oncle ne m'a parlé de rien.

— De rien, Truitje ?

La jolie fille réfléchit un instant et dit :

— J'ai une idée, Piet. Venez demain de la part de vos parents dire à mon oncle l'heure à laquelle il faut que nous arrivions.

Il la regarda avec admiration :

— Ah ! Truitje, je vous aime de tout mon cœur.

— Je vous dirai cela aussi, Piet, quand nous serons mariés.

— Donnez-moi votre petite main, Truitje. Je viendrai demain.

Et Truitje, ayant remonté son second seau, s'en alla en faisant claquer sur le sol durci les talons de ses sabots.

Le lendemain, Piet Snip arriva vers la brune. Aussitôt Claes Nikker se mit à battre de toutes ses forces le cuir sur la planche. Certainement le bon garçon aurait eu besoin d'une latte dans le dos pour se tenir ferme sur ses jambes.

— Maître, dit-il, mes parents m'envoient pour vous rappeler que c'est demain la Noël.

— Oui, garçon, c'est demain la Noël, dit Nikker, je le sais aussi bien que votre père et que votre mère, Piet, fils de Lukas.

— C'est à six heures qu'on mange le boudin.

Et Piet à travers sa culotte, très fort se pinçait la jambe pour se donner du courage.

— Ah ! ah ! on mange le boudin chez vous, Piet ? A six heures ? C'est très bien, je sais ce que j'ai à faire. Bonsoir, fiston.

VI

La Noël arriva tout en blanc, au son des cloches et des chants d'église, et dans le village, chacun, en se levant, souhaitait la bonne fête à ses parents et à ses amis.

— Truitje, dit Claes Nikker, nous irons ce soir manger du boudin chez les Snip.

— Oui, oncle Claes, cria la jolie fille en lui sautant au cou. Et voici une belle cravate que je vous ai faite pour votre fête de Noël. Vous la mettrez ce soir pour être plus beau que Lukas Snip.

Et l'oncle Claes pensa en lui-même :

— Truitje est une bonne fille pour moi et sera une bonne femme pour son mari.

Une odeur de friture sortit de la maison des Snip quand Claes Nikker poussa la porte pour entrer.

C'était une odeur qui faisait plaisir au cœur ; une grosse fumée montait du poêle jusqu'aux poutres du plafond; et quelque chose chantait sur le feu.

— Ah ! ah ! kermesse à boudins ! cria Nikker en entrant. Allons ! la bonne fête de Noël à tout le monde!

Puis, apercevant Piet qui demeurait dans un coin, sans souffler mot, les yeux fixés sur Truitje, il lui dit :

— Oui, Piet, bonne fête à tout le monde !

Et tout le monde criait :

— Kermesse à boudins ! kermesse à boudins !

La nappe était mise, une grande nappe à carreaux bleus et blancs, pareille aux serviettes à raser de Lukas Snip, et sur la table les assiettes en étain brillaient, claires comme la lune.

Noël ! Noël !

Les boudins sifflèrent dans le beurre de la poêle ; puis on les porta à table sur un grand plat, dans une sauce épaisse où dégorgeaient leurs entrailles ; et il y en avait de bruns et de blancs.

Comme la pointe des fourchettes cogne le fond des assiettes ! Du blanc ! du noir ! Qui en veut ? Et la bière coule des pots en moussant dans le ventre rond des demi-litres qui se frangent d'écume. La bonne femme de Snip court du poêle à la table, fait sauter les boudins dans la sauce et les sert fumants dans un tourbillon de chaude vapeur.

Après les boudins, ce fut le tour des pieds et des oreilles ; jamais cochon ne fut à pareille fête. Le feu dardait ses langues crochues à travers le gril, et la chair rôtissait tendrement, tandis que le sang tombait goutte à goutte dans les charbons, parmi les éclairs bleus et jaunes du sel. Pendant ce temps, le beurre lentement fondait sur le plat, dans les épices, attendant le moment de baigner la jolie viande dorée.

Noël ! Noël !

Les pieds et les oreilles apparaissent sur la table, roussis, croustillants, jolis comme des viandes d'amour et laissant aller un rose jus qui se mêle par petits filets au beurre fondu.

Piet, versez la bière! A boire Piet ! Et la bière, limpide et claire, miroite dans les verres comme la peau d'une jolie fille au soleil.

Tout à coup le feu darde des flammes plus vives et le beurre chante de nouveau sa chanson. Alors on voit la bonne vieille femme de Snip tremper une grande cuiller en fer dans la casserole, recouverte d'un linge, qui pose sur la chaise près du feu. Oui, elle l'y plonge tout entière et verse dans la poêle une pâte grasse et blanche qui se répand, coule et s'étale comme de la crème.

— Koekebakken ! koekebakken ! crie Claes Nikker.

Et tout le monde répète :

— Koekebakken ! koekebakken !

La pâte roussit, se troue, frit sur les bords, et la maman Snip qui tient la poêle par la queue lui donne de petites secousses pour l'empêcher de brûler.

Truitje s'avance en ce moment, la jolie fille, rose comme le feu, et à son tour prend la queue de la poêle entre ses mains.

— Ah ! ah ! Truitje ! crie-t-on. Faites-la sauter, Truitje !

Son petit cœur frétille comme une ablette prise au filet, car il y a un art de faire sauter les koekebakken.

Une ! deux ! Et la crêpe, fine, mince, dorée, saute

en l'air, se retourne et retombe dans la poêle, à l'endroit qu'il faut. Bien, Truitje !

Il y a quelqu'un dont le cœur a battu aussi vite que celui de Truitje : c'est Piet. Ah ! si elle allait manquer ! Une ! deux ! Mais la crêpe est retombée d'aplomb. Il boit un grand coup et ses yeux brillent en regardant sa bonne amie.

— Eh bien, Nikker, qu'en pensez-vous ? fit tout à coup Anna Snip à l'oreille de Claes, au plus beau du tapage.

— Je pense que votre cochon était gras à point, mère.

— Nikker, je pense à autre chose. Je pense que notre garçon et votre nièce se voient volontiers. C'est aux parents à arranger le mariage des enfants.

— Qu'est-ce que vous me dites là ? s'écrie le sournois Nikker en frappant ses mains l'une dans l'autre.

— Vous avez de bons yeux, Nikker, et vous savez ce que vous savez.

Et la petite vieille femme le regardait en clignant ses paupières.

— Ceux qui croient faire une affaire d'argent en épousant Truitje Nikker se trompent, dit alors Claes en se renversant sur sa chaise et prenant son genou droit dans ses mains.

— Écoutez, Claes, lui répondit la bonne femme ; pour qui travailleraient les parents s'ils ne travaillaient pas pour leurs enfants ?

— Claes Nikker a travaillé depuis qu'il est sur la terre, mais il sera bientôt temps qu'il se repose, s'il veut encore se reposer en ce monde.

— Notre garçon travaillera pour sa femme et ses enfants : il connaît à présent son métier.

Alors Nikker se mit à ricaner et dit :

— Piet veut donc m'enlever ma chère Truitje, vieille mère ?

— Piet sera un bon fils pour vous, Nikker, comme il l'a toujours été pour nous.

— Et qu'est-ce que Lukas Snip donnera à son fils Piet pour entrer en ménage ? Voyons, mère, qu'est-ce qu'il lui donnera ?

La bonne vieille toussa alors dans le creux de sa main et dit :

— Vous savez bien, Nikker, que nous sommes de pauvres gens et que nous avons besoin de ce que nous avons ; mais Piet aura du bien après nous.

— Alors n'en parlons plus : je ne veux pas que Truitje soit malheureuse avec Piet.

— Nous donnerons à notre garçon le cochon et les poules.

— Non, mère, il lui faut une vache.

— Une vache, Nikker ? c'est bien cher. On n'en saurait pas avoir à moins de quatre cents francs. Qui est-ce qui payera une vache de quatre cents francs à Piet ?

— Anna Snip a mis bien des sous dans le vieux bas qui est sous sa paillasse.

— Jésus Dieu ! taisez-vous, Nikker. — Truitje aura sa vache.

— Et le pré, Anna Snip : il faut le pré avec la vache.

— Le pré, Nikker ? elle aura la vache, mais pas le pré.

— N'en parlons plus, mère ; Truitje n'aura ni la vache ni le pré et Piet n'aura pas Truitje.

— Vous voulez donc nous tirer notre dernier sou, Claes ? Nous avons un petit pré le long de la rue aux Vaches. Elle l'aura.

— Non, Anna, la terre est maigre près de la rue aux Vaches. Vous donnerez le pré qui est derrière l'école.

— Y pensez-vous, Nikker ? Gardez Truitje ; j'aime mieux garder notre pré.

— Il faudra aussi quatre paires de draps, trois couvertures en laine et le lit, un bon lit neuf en noyer.

— Non, Nikker, cela n'est pas possible. Piet se mariera avec une autre que Truitje.

— Claes Nikker, de son côté, donnera la boutique avec ses formes, ses cuirs, ses outils et la pratique. Pendant que Claes Nikker ira planter les pommes de terre dans le pré des enfants, Piet Snip soignera la boutique, les formes, les cuirs, les outils et la pratique de Claes Nikker. Voilà ce que je dis, mère, et je ferai comme je dis.

— Voyons, Claes, dit la vieille femme en lui poussant le coude et en mettant sa chaise contre la sienne, je donnerai trois paires de draps, trois couvertures en laine et un bon lit neuf en noyer, mais vous me laisserez le pré qui est derrière l'école.

— Ce que j'ai dit est dit, mère : je n'en retrancherai rien.

— Ah ! quel homme vous faites, Nikker ! Il n'y a pas un homme plus dur que vous dans tout le pays, cria la vieille Anna; et elle se leva.

VII

— Vivat Noël ! cria Nikker en piquant du bout de sa fourchette une belle crêpe dorée que Truitje venait de lui mettre dans son assiette.

Car Truitje était à présent devant le feu, la poêle à la main, et on entendait à chaque instant le sifflement de la pâte coulant sur le beurre. Le feu la faisait paraître toute rose, et elle demeurait debout, sa robe entre les genoux, secouant la poêle à petits coups et jetant en l'air ses jolies pâtes croustillées.

Piet ne l'avait jamais vue si jolie et il la regardait bouche bée, lui pinçant par moments le bras, en cachette, très doucement.

— Piet ! que pourrait bien dire votre mère à mon oncle Claes ? demanda Truitje en suivant du coin de l'œil les deux compères. Il s'agit de nous sûrement.

— Ah ! Truitje, je donnerais ma part de paradis pour vous voir déjà faire des koekebakken pour votre petit mari. — Oui, ils causent de nous, ça se voit bien.

Lukas Snip était de l'autre côté du feu : il fumait dans sa grande pipe en porcelaine, assis sur une chaise, sans rien dire. De temps en temps il s'interrompait de fumer pour manger un morceau ou pour boire à son verre, puis il remettait sa pipe en bouche et continuait à tirer de petites bouffées qu'il lançait droit devant lui.

Et il pensait en lui-même :

— Piet trouvera, je pense, une bonne femme en Truitje. Elle a l'air de se connaître au ménage et elle ne frit dans la poêle que juste le beurre qu'il faut. C'est un bon temps celui où l'on fait la cour à sa femme. Je me mettais comme notre garçon près du feu et je restais des heures entières à regarder Anna, en fumant des pipes, sans trouver un mot.

Les koekebakken passaient à la ronde, sur le grand plat d'étain, et chacun y faisait honneur à sa manière, les uns en les coupant par petits carrés, les autres en les repliant en quatre, mais tout le monde en mangeait de bon appétit. Un voisin, le gros Dirck, paria qu'il en avalerait deux en une seule bouchée, et en effet il les avala : ses énormes joues enfournèrent les deux crêpes comme une mie de pain, et on le vit seulement faire un peu la grimace quand il s'agit de les faire passer à travers le gosier. Mais la minute d'après, il se mit à rire dans sa graisse, et passa sa main sur son estomac en disant :

— C'est bon.

Puis le gros Dirck, levant son coude, laissa couler dans sa bouche coup sur coup deux demi-litres de belle bière, et la bière faisait glouglou comme l'eau d'une gouttière, en passant dans le vaste entonnoir de sa gorge. C'est ainsi que le voisin gagna son pari. — Noël! Et tout le monde but à la santé du gros Dirck. Chacun d'ailleurs but à la santé de ses parents, de ses amis, de ses connaissances et même de ceux qui n'étaient ni des connaissances ni des amis ni des parents.

Vers neuf heures, les hommes s'en allèrent au cabaret vider un dernier verre et les femmes rentrèrent à la maison chauffer dans le lit la place de leurs hommes. Et quand il n'y eut plus chez les Snip que Nikker et sa nièce Truitje, la vieille Anna posa un petit verre devant Claes et lui versa du genièvre; et elle fit la même chose pour son mari. Puis elle s'assit près du poêle et elle dit :

— Lukas, j'ai parlé à Claes Nikker du désir de notre garçon. Je vais vous dire à présent ce qu'il m'a répondu. Il donnera sa boutique, ses outils, ses formes et ses pratiques au mari de Truitje, mais il veut que nous donnions à notre garçon une vache, le pré qui est derrière l'école, trois paires de draps de lit, trois couvertures en laine et le lit.

— Oui, dit Claes Nikker, un bon lit neuf en noyer.

— Ah! ah! fit le vieux petit Snip, c'est là ce que demande Claes Nikker ?

Truitje se tenait près du feu, les yeux baissés, regardant la pointe de ses bottines, et en même temps elle plissait entre ses doigts l'ourlet de son petit tablier de soie. Piet, de son côté, fendait du bois avec le couperet dans un coin, et il frappait de si grands coups qu'on avait peine à s'entendre.

— Je pense, Anna, dit au bout d'un certain temps Lukas Snip, que Nikker demande beaucoup, mais si vous croyez qu'il faut lui accorder ce qu'il demande, je n'ai rien à dire.

Il y eut un long silence pendant lequel Anna Snip frappa plusieurs fois ses genoux du plat de sa main et hocha la tête d'une épaule à l'autre. Enfin elle s'écria en levant les mains :

— Qu'il en soit fait comme vous le voulez, Claes Nikker.

Et elle appela son fils Piet.

VIII

— Piet, lui dit-elle, nous avons tout arrangé. Vous apporterez en mariage à Truitje une vache, le pré qui est derrière l'école, trois paires de draps de lit, trois couvertures et un bon lit neuf en noyer.

— Maître !

Et Piet prit en pleurant la main de Nikker dans les siennes. Mais le vieux dur-à-cuire ne se laissa pas attendrir et dit :

— Piet, je vous donne ma Truitje et j'espère que vous ferez bon ménage. Mais il faut que je voie avant tout si vous ferez bon ménage avec ma pratique et si vous méritez que je vous laisse ma boutique entre les mains. Ecoutez, Piet : j'ai dans ma boutique un bon morceau de cuir laqué blanc. Je vous le donnerai afin que vous en fassiez une paire de souliers pour le pied d'un petit enfant. Nous saurons alors ce dont vous êtes capable, Piet, et vous mettrez plus tard devant la fenêtre les petits souliers sous un globe pour qu'on voie que c'est Piet Snip qui les a faits.

— Maître, dit Piet, je le ferai

Alors Lukas Snip coula un regard oblique vers Nikker et dit :

— Et moi, je veux savoir si Truitje est habile à raccommoder les vieux effets. Oui, il faut aussi que Truitje montre ce qu'elle sait faire.

Lukas mit sa pipe sur la table et alla chercher dans l'armoire une serviette blanche nouée par les bouts, soigneusement. Il l'ouvrit et en tira une petite robe de satin enguirlandée de perles, qui avait une odeur d'encens.

Et le vieux Lukas dit :

— C'est la robe de la Sainte-Vierge. M. le curé me l'a apportée parce qu'elle est mangée des mites. Truitje remettra les perles qui manquent et reprisera les trous.

— Je le ferai, dit Truitje.

Six jours après, Piet apportait à Claes Nikker la paire de souliers ; et ils étaient doublés de satin, avec des semelles minces comme une feuille de papier.

— Piet, dit Nikker, après avoir longtemps considéré les souliers : c'est un bon ouvrage. Il n'y a que Claes Nikker qui puisse faire mieux. Vous serez un fier savetier.

12.

Et le lendemain Truije apportait la robe de la Sainte-Vierge chez les Snip. Il n'existait plus un trou et les perles étaient au complet.

— Ah ! Truitje, venez sur mon cœur, cria le vieux Lukas, il ne manquera jamais un point aux chemises de notre garçon.

Aux Pâques, la procession sortit de l'église et fit le tour du village.

Elle passa par la maison de Claes qui était blanchie à neuf, avec de jolis contrevents peints en vert. Un rayon de soleil faisait briller à la fenêtre un globe de verre sous lequel s'abritait une mignonne paire de souliers en laqué blanc. En dehors de la fenêtre deux bougies brûlaient dans des chandeliers; et des branches de sapin pendaient aux volets.

M. le curé marchait lentement sous son dais, tenant dans ses mains le Saint-Sacrement, et derrière lui venait le bourgmestre Michiel Pot portant une bannière. Puis six jeunes filles du village, en blanc, soutenaient sur leurs épaules la Sainte-Vierge dans sa belle robe de satin luisante au soleil. Le ciel était bleu et les oiseaux chantaient, mais il faisait bien plus beau encore dans le cœur de Piet et de Truitje.

Et quand Piet vit passer la belle robe de la Vierge dans la fumée de l'encens, il chatouilla du bout de son doigt la main de Truitje à genoux devant lui, et Truitje retint le doigt de Piet dans le creux de sa main.

Il y avait deux mois que la noce avait eu lieu.

LA NOEL
DU PETIT JOUEUR DE VIOLON

A Émile Leclercq

LA NOEL
DU PETIT JOUEUR DE VIOLON

I

— Jean, dit à son domestique M. Cappelle de la maison Cappelle et C¹ᵉ, allez donc voir quel est ce tapage à la porte de la rue.

— Je n'ai pas besoin de me déranger, monsieur Cappelle, pour savoir que c'est le petit mendiant à qui vous m'avez fait donner deux sous ce matin, répondit Jean en regardant par la fenêtre du bureau.

— Ces mendiants ne nous laisseront donc jamais tranquilles, s'écria M. Cappelle. Tous les ans, je donne cent francs au bourgmestre pour les pauvres de la ville. Dites-lui cela, Jean, de ma part, et faites-le partir.

— Attendez un peu que j'aie fini d'épousseter votre grand fauteuil, monsieur Cappelle, et vous verrez si je n'irai pas le lui dire. C'est incroyable comme il y toujours de la poussière dans votre bureau. Comment donc! cent francs aux pauvres de la ville ! Je lui dirai cela, soyez tranquille, et s'il lui prend envie de recommencer, je lui dirai par-dessus le marché que je n'ai pas le temps de courir du matin au soir après des rien-du-tout, des gueux, des rats, monsieur Cappelle...

Et Jean donnait de si furieux coups de son plumeau sur le fauteuil que les plumes se détachaient par poignées... — Oui, monsieur Cappelle, des rats. Cent francs par an ! vous badinez, je pense.

— Doucement, s'il vous plaît, Jean, vous allez déchirer le cuir de mon fauteuil. J'entends de nouveau le violon. Sortirez-vous à la fin?

— Oui, monsieur Cappelle, fit Jean en passant son plumeau sous son bras. Mettez-vous seulement un peu à la fenêtre pour entendre comment je vais l'arranger.

Puis il se planta au milieu du bureau, croisa ses bras, et regardant son maître d'un air attendri, la tête sur le côté, s'écria:

— Est-il Jésus Dieu possible que des rien-du-tout, des gueux, des rats, oui, des rats, monsieur Cappelle, viennent ennuyer jusque dans sa maison un monsieur si honnête, et qui donne cent francs par an aux pauvres de la ville? Non, monsieur, cela n'est pas croyable.

Ayant ainsi parlé, Jean se dirigea lentement du côté de la porte, les bras croisés et le nez en terre, avec de petits hochements de tête, comme un homme qui médite sur ce qu'il vient de dire, mais, au moment de sortir, il releva les yeux, et interpellant son maître:

— Ainsi donc, monsieur Cappelle, je lui dirai de votre part... Qu'est-ce qu'il faudra dire, s'il vous plaît, monsieur?

— Jean ! attendez un peu, cria en ce moment une joyeuse voix de petite fille.

Et Hélène, que tout le monde appelait Leentje dans la maison, entra en sautillant dans le bureau de son père. Oh ! la jolie enfant ! Elle avait dix ans, les joues roses, les cheveux blonds, les yeux bruns, et sa grande tresse serrée dans des nœuds de soie bleue battait son dos, comme une gerbe d'épis tressés.

— Père, supplia-t-elle, un petit sou pour le joueur de violon qui est devant la porte de la maison. Jean ira le lui porter.

Mais M. Cappelle lui répondit avec humeur:

— Qu'as-tu à t'occuper de cet affreux petit drôle ? J'en ai assez de sa manivelle.

— Ah ! père, il est si gentil, fit l'enfant en joignant les mains, très doucement, et il joue si bien ; il n'a peut-être plus de père, car enfin... Est-ce que tu me laisserais aller jouer du violon aux portes des maisons, père ?

— Leentje, voilà une sotte question... Qu'y a-t-il de commun entre nous et les pauvres gens? Tu es la fille de Jacob Cappelle, de la maison Cappelle et Cie.

— La plus riche maison de la ville, Leentje, dit Jean en crachant derrière sa main, dans le corridor.

— Eh bien, père... Tiens ! je voulais te dire quelque chose de très raisonnable et voilà que j'ai oublié... Attends. Ah ! je sais maintenant... Je ne voudrais jamais que ma poupée manquât de rien tant que je serai vivante, et pourtant je ne suis que sa maman. Voyons, un petit sou, s'il te plaît, papa, ou je le prends sur l'argent de mes économies.

— Tiens, voilà le sou, Leentje, mais c'est le dernier qu'aura ce petit mendiant. A votre âge, mademoiselle, j'étais déjà plus sérieux : je m'occupais des intérêts de la maison, au lieu de prendre attention à des coureurs de rue.

— Je suis pourtant bien sage, père. Je sais tous les jours ma leçon et j'ai eu hier encore trois bons points pour mon écriture.

— Oui, ma chérie, mais tu es pendue tout le jour à ma poche. Un sou est un sou, et dix sous font un franc, et un franc avec d'autres francs font au bout de l'année un joli intérêt. Crois-tu qu'on nous donnerait comme cela des sous à la porte des maisons si nous étions pauvres?

Ici Jean crut devoir intervenir, et crachant encore une fois derrière sa main, dans le corridor, il s'écria:

— Ah bien, non, Leentje, qu'on ne nous les donnerait pas. Un si bon monsieur et qui, tous les ans, donne cent francs aux pauvres! Ah bien, non, et pour ma part, monsieur Cappelle, je vous dirais: Allez-vous-en; nous avons bien assez déjà de nos pauvres, auxquels nous payons cent francs par an. Est-ce que je mendie, moi? Je suis domestique chez monsieur Cappelle et je travaille. Eh bien, travaillez aussi. Voilà ce que je dirais.

M. Cappelle haussa les épaules, et poussant du doigt Leentje vers la porte:

— Allons, fillette, dit-il, va avec Jean. Voici la fin de l'année et j'ai à revoir mes livres de compte.

Ils descendirent et brusquement Jean se mit à crier de toute la force de ses poumons:

— Hé! Là-bas! Hé! Mendiant! Garnement! Propre à rien!

L'archet cessa de faire grincer les cordes du violon et un jeune garçon se leva de la marche en pierre sur laquelle il était assis, dans l'encoignure d'une porte. Alors Jean prit un air majestueux et la main tendue, comme un avocat qui commence un plaidoyer :

— Monsieur Cappelle vous fait dire, de sa part, qu'il donne cent francs par an aux pauvres de la ville et que......

— Venez, petit, venez par ici, interrompit Leentje, poussant à travers la porte sa jolie tête rose.

Et de la main, elle lui faisait signe d'approcher.

Le petit mendiant qui avait ôté son chapeau, en souriant gauchement, quand Jean s'était mis à lui parler, entra dans le grand vestibule peint en marbre blanc, étonné, regardant la hauteur des voûtes, avec de réitérés mouvements de tête humbles et lents pour saluer.

Jean ferma la porte, examina le garçon des pieds à la tête et tout à coup indigné, montra Leentje et s'écria :

— Savez-vous bien à qui vous parlez? A Leentje, la fille de M. Cappelle. Et M. Meganck, le notaire lui-même, n'est pas plus riche que M. Cappelle, quoique son cocher ait un frac avec de l'argent dessus.

Mais l'enfant avait posé le doigt sur les haillons du musicien :

— N'ayez pas peur, dit-elle, et répondez-moi. Vous n'avez plus de père, petit?

Il fixait à présent les yeux sur la pointe de ses pauvres vieux souliers, haussant les épaules, doucement, pour montrer qu'il ne comprenait pas ; puis par contenance, un poing sur sa hanche, il se mit à siffler dans ses dents, d'un air à la fois timide et résolu.

— Bon! c'est un sourd-muet, s'exclama Jean. J'ai vu ça de suite. Voyons, répondez. N'est-ce pas que vous êtes sourd-muet?

— Comment voulez-vous qu'il soit sourd-muet, Jean, puisqu'il chantait hier en jouant du violon?

Alors le jeune garçon mit son instrument sous son menton et ouvrit la bouche comme s'il s'apprêtait à chanter ; mais Leentje posa la main sur l'archet et lui dit :

— Moi, j'aime le violon, mais mon papa ne l'aime pas. Je vous ai demandé si vous n'aviez plus de papa ? Est-ce que vous ne m'avez pas compris ?

Il leva sur Leentje deux beaux grands yeux noirs, doux comme du velours, et haussa de nouveau ses épaules ; mais cette fois un triste sourire plissait le coin de sa petite bouche bien formée.

— Ah ! s'écria tout à coup Leentje gaiement, en frappant ses mains l'une dans l'autre, il veut dire qu'il n'est pas du pays. D'où viendrait-il, Jean ?

Jean fit alors le tour du jeune garçon, les mains derrière le dos, levant et abaissant son long nez de travers pour mieux voir les habits du petit mendiant, et une grimace dédaigneuse plissait le bas de sa grosse figure bien nourrie.

— Tenez, lui dit Leentje, j'ai demandé à mon père un sou que voici et j'y joins trois sous qui m'appartiennent. Cela vous fait quatre sous pour vous acheter un gâteau, car c'est la Noël ce soir. J'ai bien encore vingt sous dans ma tirelire, mais j'ai promis de les donner à la vieille Catherine. Amusez-vous bien : une autre fois je vous montrerai ma poupée. Vous ne la connaissez pas ? Elle a coûté vingt francs. C'est une poupée très jolie.

Et Leentje mit ses quatre sous dans les doigts du jeune garçon. Il eut un beau geste reconnaissant, et de la main dans laquelle Leentje avait glissé les sous, il frappa sa poitrine avec tant de vivacité qu'elle le regarda pour savoir s'il ne s'était pas fait de mal. Il baissa aussitôt les yeux et une grosse larme coula sur ses joues pâles, tandis qu'il portait son argent à sa bouche et le baisait religieusement.

— Il poverello, cria-t-il tout à coup d'une seule voix, avec une grande énergie.

Et glissant très vite son violon sous son menton, il posa l'archet sur les cordes et ouvrit la bouche, en regardant en l'air, la tête sur l'épaule.

— Leentje! Leentje! cria une voix dans l'escalier.

Et Mina, la bonne, parut dans le corridor, tout essoufflée.

— Que faites-vous ici, Leentje? Je vous cherche dans toute la maison. Est-il permis de faire courir ainsi les gens! Dieu du ciel! Mon corset vient de craquer. Je serai obligée de remettre une agrafe.

Mais elle, toute à son admiration :

— Voyez, Mina, quel gentil petit garçon! C'est le même qui nous a suivies dimanche quand nous sommes allées, Nelle et moi, à la boutique de M. Pouffs, le marchand de volailles, car vous étiez retournée ce jour-là chez vos parents, Mina. Il jouait du violon en nous suivant. Nelle a voulu le chasser en lui montrant son poing, mais il n'a pas eu peur de Nelle, et seulement il a mis son violon sous son bras. Ne trouvez-vous pas qu'il est bien gentil, Mina?

— Comment pouvez-vous trouver gentil un affreux petit garçon sale, noir, mal lavé et qui porte les cheveux si longs, Leentje? Je n'ai jamais rien vu de plus laid que ce vilain petit singe, et vous feriez mieux de ne pas m'exposer à prendre un rhume en vous attendant.

— Mina! Mina! pourquoi dites-vous du mal de mon petit mendiant après l'avoir trouvé si gentil hier au soir, car je vous ai donné hier une pièce neuve de cinquante centimes pour la lui remettre, et vous êtes remontée en disant que vous n'aviez jamais vu un plus doux ni plus joli mouton.

— Bon, Leentje, ce que je vous en dis aujourd'hui est pour vous mettre un peu en colère contre moi. C'est un doux mouton, voilà.

— Un doux et un joli mouton, Mina.

— Oui, tout ce que vous voudrez, Leentje, un doux et joli mouton. Etes-vous contente ? Je sais très bien que vous m'avez donné une jolie pièce de cinquante centimes toute neuve, avec la tête du roi Léopold dessus. Oui, je la vois encore d'ici.

Elle toussait en parlant, un peu gênée, car elle l'avait gardée pour elle.

Et Mina était, en effet, descendue la veille pour remettre la pièce au jeune garçon; mais au moment d'ouvrir la porte, elle avait vu le fils du sacristain Klokke à genoux dans la neige et cherchant à regarder par la fenêtre de la cave. Et Klokke, qui était jaloux, lui avait dit :

— Pourquoi venez-vous à la porte, Mina ? Est-ce que vous m'avez entendu frapper contre la vitre ? J'ai pourtant frappé bien doucement. Je suis sûr que quelqu'un a rendez-vous à cette heure avec vous. Est-ce le gros Luppe, le Crollé, ou Metten, le cocher de M. Meganek ? Dites-le moi, Mina, ou je vous pince.

— Qu'est-ce que vous me chantez là ? s'était écriée la grosse petite bonne. Vous êtes toujours planté devant le carreau pour savoir ce que je fais. Klokke ! c'est fini. Je ne veux plus rien avoir pour vous. Mariez-vous ailleurs. J'en ai assez de toutes vos raisons. Qu'est-ce que vous dites ?

— Eh bien, si c'est comme cela, je m'en vais. J'en ai assez de tous les museaux que je vois tourner par ici. Vous avez beau dire, je pars pour ne plus revenir.

— Je ne dis rien.

— Non, non, c'est inutile. Nous irons chacun de notre côté. J'en connais qui vous valent bien, et il n'y a que le choix qui m'embarrasse. Votre amie Justine...

— Eh bien ! prenez Justine : je vous l'abandonne, avec son cou sur le côté et son air de n'y pas toucher. Votre ami Dirk...

— Prenez Dirk. Voilà un joli mufle. Sans compter qu'il boit tout son mois en un jour. Il y a bien de quoi faire la fière !

— Vous me rendrez mon mouchoir et mon gant, s'il vous plaît, avant dimanche, car je ne veux plus que vous ayez rien à moi.

— Ni moi non plus. Vous me rendrez le cent d'aiguilles et le petit pot de pommade.

— Le petit pot de pommade ! Il y a beau temps qu'il n'y en a plus, de la pommade, dans votre petit pot. Allez, ne me retenez pas plus longtemps. Je suis bien sotte de vouloir encore causer avec vous.

— Eh bien ! gardez le petit pot, Mina, en souvenir de moi, et s'il vous en faut encore un...

— Je ne vous connais plus.

— Hein ?

— Bonsoir.

— Voyons, Mina, est-ce moi que vous attendiez, ou un autre ?

— Rien.

— Dites-moi si tout est fini entre nous ?

— Bonsoir.

— Ah ! Mina, le pauvre Klokke a-t-il mérité d'être aussi durement traité ?

— Prenez Justine.

— Ce sont là des histoires, ma petite Mina ; je n'ai rien pour Justine.

— Il n'y a que le choix qui vous embarrasse.
— J'étais venu avec l'intention de vous donner...
— Hein?
— Mais c'est inutile, puisque tout est rompu.
— Dites toujours.
— Non, cela ne sert à rien.
— Voyons un peu.
— A quoi bon?
— C'est pour voir.
— Ce sera pour une autre.
— Alors, bonsoir.
— Mina, dites-moi pourquoi vous êtes venue à la porte et je vous dirai...
— Ah! Klokke, vous ne méritez pas qu'on vous aime... Qu'est-ce que que c'est que vous me donnez?
— Mina, je vous apportais une petite broche en jais.
— Montrez un peu pour voir. Mon petit Klokke, c'est très gentil d'avoir pensé à votre Mina. On voit bien l'amitié que les gens ont pour quelqu'un aux cadeaux qu'ils lui font.
— Maintenant, Mina, nous ne nous quitterons plus. Dites-moi pourquoi vous avez ouvert la porte?
— Ah! Klokke, c'est pour cet affreux mendiant qui jouait tantôt du violon devant la maison. Où est-il? L'avez-vous vu partir?
— Le voilà qui tourne le coin de la rue.
— Leentje m'a donné de l'argent pour lui.
— Hem! hem!
— Pourquoi faites-vous hem! hem! Klokke?
— C'est que si j'étais à votre place, Mina...
— Que feriez-vous à ma place?
— Je sais bien ce que je ferais. Les mendiants sont assez riches comme cela.
— N'en dites rien à personne, Klokke. Nous le met-

trons avec les autres pour le jour de notre mariage.

— Ah! Mina, il y aura toujours du pain sur la planche avec une femme comme vous.

Et voilà comment il se fait que le petit mendiant n'eut pas la jolie pièce que Leentje avait donnée pour lui à la bonne amie de Klokke, le fils du sacristain. Mais la fine Mina n'avait garde d'en rien laisser paraître et elle faisait à présent semblant de se rappeler très bien qu'elle la lui avait donnée.

— C'est égal, Leentje, dit-elle, vous feriez mieux de ne pas vous occuper de ces petits traîneurs de pavé. Ce sont tous des fripons et des fils du diable. J'en ai vu comme cela pas mal à Bruxelles, quand j'étais en service chez M. Schoreels, le ferblantier, et j'entendais dire autour de moi qu'ils venaient de si loin que c'était au moins de Macaroni ou d'Italie, je ne sais plus au juste, mais c'est quelque chose comme cela.

— Mina! Mina! C'est donc plus loin que Bruxelles. Ah! pauvre petit garçon! Je lui garderai certainement un morceau du gâteau de Noël.

— Voilà votre père qui vous appelle. Rentrez vite, de peur qu'il ne vous trouve encore dans le vestibule.

— Bonsoir, petit mendiant, dit alors l'enfant, en faisant aller ses mignonnes mains; maman m'a appris à prier Dieu pour les pauvres. Je dirai dimanche à la messe une prière pour que vous soyez toujours un gentil petit garçon.

Alors Jean, redevenu hautain, le bourra dans les épaules.

— Allons, sortez d'ici. M. Cappelle vous fait dire de sa part qu'il donne tous les ans cent francs aux pauvres de la ville.

— Vous êtes bien dur, Jean, dit Leentje.

— Qui ça ? Moi, dur, Leentje ? On m'a toujours dit que j'avais un cœur de poulet.

— Vous le rudoyez.

— Le rudoyer ! moi ! Sortirez-vous à la fin, vilain rat ?

Le petit mendiant regarda l'argent qu'il avait dans la main, murmura quelques mots que personne ne comprit et gagna la rue. Au moment de sortir, il leva ses yeux noirs sur Jean, avec colère.

— Allez ! allez ! lui cria Jean, je me moque de vos grands yeux. Vous ne pouvez rien contre moi. Je suis ici dans un bon service où je ne manque de rien et où je gagne de bon argent. Propre à rien ! Brigand !

Et la porte se ferma.

II

Le petit joueur de violon remit son chapeau sur sa tête, serra autour de ses reins le vieux manteau bleu qu'une corde attachait à son cou et se mit à remonter la rue en frappant ses pieds gelés sur le pavé plein de neige.

Le soir tombait et le long des façades les vitres s'éclairaient l'une après l'autre. Des lampes brillaient sur les tables. De temps en temps, une fenêtre s'ouvrait sur la lumière chaude des chambres ; un homme ou une femme se penchait, fermait les volets. Les vitrines des boutiques, scintillantes de givre, étalaient des arabesques, légères comme des dentelles, sur lesquelles dansait l'ombre des brosses, des torchons, des paquets de chandelles et des nattes en paille qui pendaient à l'étalage. On voyait les boutiquiers aller et venir avec empressement derrière leur comptoir, en riant, parce que les gros sous pleuvaient ce soir-là dans leur tiroir, et les chalands tapaient leurs sabots à terre pour se réchauffer, en attendant leur tour d'être servis.

La vitrine du marchand de vin était une vraie merveille ; le malin compère avait rangé l'une à côté de l'autre, sur les planches, toute une armée de bouteilles, renfermant de belles liqueurs roses, brunes, jaunes et violettes que la lumière de la lampe faisait miroiter comme des topazes, des rubis, des améthystes et des saphirs. Et sur le trottoir, la neige se colorait de feux qui reflétaient la nuance des liqueurs dans les bouteilles. Près de là, le charcutier avait pendu à sa fenêtre de longs chapelets de saucissons, enguirlandés de fleurs en papier d'or, et de la belle saucisse luisante tournait en rond sur une assiette, à côté d'un grand foie de porc dont le brave homme était en train de couper une tranche.

L'enfant poussa la porte qui se mit à carillonner, et du doigt montra le foie.

— Qu'est-ce que c'est, mon petit bonhomme, lui dit le marchand. Je veux bien vous donner une tranche de foie, mais il faut me la payer.

Et en même temps il frottait plusieurs fois de suite son pouce contre son index pour donner plus de poids à ses paroles.

L'enfant tira de sa poche un de ses sous et le mit sur le comptoir, en passant sa main dessus, de crainte que l'homme ne le prît avant de l'avoir servi. Le grand couteau luisant plongea alors dans le foie et une tranche s'en détacha ; puis le petit mendiant ôta sa main de dessus le sou et s'en alla, emportant sa marchandise. Il avait grand'faim, il mordait dans la tranche à belles dents, et en un instant il n'en resta plus rien. Il glissa alors sa main dans sa poche pour voir s'il avait encore ses autres sous et continua son chemin.

Le pâtissier avait imaginé pour la Noël une montre extraordinaire. Des *cramiques* étalaient leurs dos bruns piqués de raisins, laissant sortir par places la miche dorée ; et une pièce montée, superbe, avait la forme d'une tour. Cette tour, dont la base était en pâte de pouding, étageait trois rangs de galeries circulaires; en haut de la dernière, parmi les fruits confits qui brillaient sur le sucre de la croûte glacée, une petite femme en jupe blanche, posée sur l'orteil du pied gauche, haussait en l'air sa jambe droite en ouvrant les bras comme si elle allait s'envoler. Puis des meringues soulevaient, non loin de la tour, leur écume figée au milieu de laquelle deux cerises et une prune semblaient des îlots battus par les flots. Contre la vitre, de grandes couques hérissées de drapeaux en soie rouge et bleue et de plumes frisées, posaient debout, à côté d'hommes en *spikelaus* et en biscuit, qui avaient l'air de dire bonjour aux passants. Il y avait aussi des assiettes remplies de dragées, de pralines au chocolat, de fondants, de sucres de couleur, de caramels, mais la plus belle chose était certainement la tour aux trois étages, à cause de sa hauteur et de ses fruits.

Le petit vagabond s'arrêta longtemps devant ces merveilles, n'ayant jamais rien vu d'aussi beau. Il se baissait, se haussait, se penchait à droite, se penchait à gauche, faisait avec son haleine des trous dans le givre des vitres, pour mieux voir. Et tantôt il sautait sur une jambe tantôt sur l'autre, frappant ses vieilles semelles sur le trottoir et chantant entre ses dents un air de son pays. Doucement il passa le bout de sa langue sur la vitre et lécha le givre à petits coups, croyant lécher les confitures.

Le pâtissier s'aperçoit tout à coup qu'il y a quelqu'un derrière sa vitrine et il fait un geste de colère. Le petit joueur se sauve alors ; mais le boulanger, lui aussi, a fait de grands hommes en *spikelaus*, des *cramiques* de fine farine, des couques en forme d'oiseau, avec des plumes et des drapeaux. Et l'enfant s'arrête de nouveau, regarde ces belles choses avec le désir d'en manger.

Il n'a pris, depuis le matin, pour toute nourriture, qu'un petit pain de deux sous et une tranche de foie. A la fin il se décide, pousse la porte vitrée du maître mitron, montre du doigt les bonshommes qui sont à la vitrine, et parmi ceux-là le plus beau. Mais la boulangère appuie le pouce de sa main droite sur la paume de sa main gauche, l'avertissant ainsi qu'il doit avant tout payer. Il tire son sou et le pose sur le comptoir.

La méchante femme hausse alors les épaules et lui dit d'une voix aigre :

— Avez-vous pensé vraiment, petit drôle, que vous auriez ce grand bonhomme pour un sou ?

Puis elle prend le sou, le tourne dans ses doigts et lui donne un petit pain blanc, le plus sec de la fournée.

Comme c'est bon, du pain ! Il l'avale en quelques coups de dents et porte ensuite sa main à sa bouche pour y ramasser les miettes roulées dans les coins.

III

Constamment la sonnette des marchands carillonne ses drelin drelin ; car de riches et pauvres vont à la boutique, ce soir-là, pour acheter les cadeaux de Noël. Les ménagères passent en courant, la tête baissée sur la poitrine, les mains pelotonnées dans leur tablier, à cause de la bise qui rougit le nez et les doigts : et l'une tient dans les bras un *cramique* qui répand derrière elle une bonne odeur de pâte aux œufs, l'autre porte à son poignet un cabas d'où sortent des goulots de bouteilles. Des petits garçons et des petites filles passent aussi, chargés de provisions, et quelques-uns s'arrêtent pour ouvrir les paquets et prendre délicatement un bonbon, un morceau de sucre, un macaron.

De vieilles femmes, enveloppées de manteaux et le capuchon sur les yeux, sortent de l'église en marmottant entre leurs dents, qui claquent de froid, et il y en a qui tiennent à la main une chaufferette par les trous de laquelle le vent fait pétiller la braise.

Le petit musicien voit briller dans la noire église les hautes fenêtres en forme de trèfle ; la porte étant restée ouverte, un flot de lumière se répand sur le parvis, jusqu'à ses pieds, avec une tiède odeur d'encens. Il pénètre sous les voûtes jaunies par le reflet des cierges, et se dirige vers le poêle où se meurt un petit feu de houille. Il tend avidement ses mains et ses pieds vers la fonte brûlante : il passe ensuite ses mains sur ses jambes et sur ses bras pour les imprégner de la chaleur du poêle, et une douce action de grâces s'élève de son cœur pour remercier le Sauveur qui, aux approches de la grande nuit de Noël, lui donne du feu pour se réchauffer.

L'église est silencieuse : on n'entend dans les nefs muettes que le grincement des chaises sur les dalles bleues, le pas du sacristain dans le chœur, et le claquement des sabots, lorsque les vieilles femmes en manteau noir se dirigent du côté du bénitier afin d'y tremper leurs doigts avant de sortir. Et de temps à autre une d'entre elles s'arrête près du poêle et ouvre au feu ses petites mains sèches, en regardant de côté avec défiance le jeune vagabond. Il sent alors glisser dans son sang une chaude langueur ; sa tête retombe sur sa poitrine ; il s'affaisse dans son vieux manteau troué dont il s'est fait un oreiller. Une voix irritée éclate tout à coup à son oreille. C'est le sacristain qui lui fait signe de partir. Il se lève, regarde fièrement cet homme qui le chasse, ramasse son violon et s'en va, lentement, en boitant, car ses pieds ont gonflé dans les vieilles bandelettes de cuir qui retiennent ses souliers à ses jambes. Il ouvre la porte, et la bise glacée le frappe de nouveau au visage.

Alors le jeune garçon se parle ainsi à lui-même :

— Francesco, mon pauvre Francesco, pourquoi as-tu quitté la montagne ? Tu avais une mère à la montagne et tu l'as quittée. Où sont les autres, ceux qui m'ont précédé dans mon tour du monde ? Paolo est mort dans la campagne, pendant qu'il faisait chaud encore et que les arbres étaient verts. Il a bien du bonheur, Paolo ! Un jour, quand il gèle et qu'on n'a plus la force de marcher, on regarde derrière soi et l'on cherche de quel côté du ciel est la montagne. C'est alors, mon Francesco, que le chemin paraît long et l'on se dit qu'on n'arrivera jamais. J'ai perdu en chemin Paolo, et Pietro aussi, mon cher Pietro, plus jeune que moi de deux ans, et les autres m'ont quitté en me disant : Bon voyage. Buppo était le plus grand, mais il toussait. Que sera-t-il arrivé de lui et des autres ? Bonjour, Buppo, Paolo, Pietro et les autres. Ce sera tantôt la nuit de Noël ; il y a fête dans le ciel et ceux de la montagne sont descendus vers Naples. Tous les ans, à la

Noël, nous allions à Naples, avec les cornemuses et les violons, et les gens nous donnaient de la galette, du fromage, des fruits ou de petites pièces de monnaie, tout le long du chemin. Naples ! Naples ! Et tout le long du chemin, il y avait des crèches avec l'âne, les mages et notre Sauveur, devant lesquelles ronflaient les cornemuses et chantaient les hommes de la plaine. Chez les hommes d'ici il n'y a point de crèches et les mains ne jettent que du cuivre rouge. Ma mère me disait : « Francesco, tu es le dernier de mes entrailles et je te vois partir avec douleur. Mais on est riche où tu vas : voilà pourquoi je ne veux pas te retenir. Dieu soit avec toi ! Quand tu reviendras, je pourrai mourir. Va donc, mon cher enfant. » Puis elle m'a donné ce violon et elle est venue avec les autres mères jusqu'aux montagnes qui paraissent bleues quand on les voit de loin. Ensuite elles sont restées les bras tendus, et quand le soir est venu, nous avons joué de la cornemuse et du violon, afin qu'elles pussent encore nous entendre. Et maintenant, je reviens, mais plus pauvre que lorsque je suis parti, car je n'ai plus d'espérance.

En ce moment il entendit à quelques pas de lui trois petits garçons qui chantaient à la porte d'une maison, et l'un d'eux tenait au bout d'un bâton une lanterne où brûlait une chandelle. C'étaient des enfants de la campagne, en sabots, avec des écharpes sur la tête, et ils chantaient des complaintes de Noël pour gagner quelques sous. Le plus grand se haussait sur la pointe des pieds et chantait à travers le trou de la serrure, afin qu'on l'entendît mieux de l'intérieur : le second chantait en tournant sur lui-même, les mains dans les poches, et l'on voyait sa bouche large ouverte, car il criait de toutes ses forces ; le troisième criait aussi, mais il s'interrompait à tout moment pour renifler, car son nez coulait, et il se remettait à crier avec une telle force que sa voix semblait devoir se briser. Et tantôt l'un, tantôt l'autre disait : « Plus fort », pendant que celui qui avait le nez à la serrure tapait de petits coups du bout de son sabot contre la porte : alors ils se mettaient à crier tous les trois comme des diables. Et leur chanson était à l'unisson ; mais l'un avait déjà fini quand l'autre commençait, et le dernier courait toujours après le premier, sans pouvoir l'atteindre. La petite chandelle tremblante éclairait leurs nez rouges et faisait danser leur ombre derrière eux jusqu'au bout de la rue : et eux-mêmes dansaient à la dernière note de la chanson, en sautant et en retombant sur le plat de leurs sabots, sans rire. Et voici ce que disait leur chanson :

— Noël ! ils sont venus, les petits — Les petits et les plus petits encore — Dire bonjour à l'âne du Seigneur — De Notre Seigneur Jésus-Christ. — Il y a du foin et des navets cuits — Des carottes et du pain bénit. — Mangez les gens, les bêtes aussi, — *Koekebakken* et pain cuit. — Noël ! Noël ! Amen !

— Noël ! baas ! dirent les rois. — Du foin pour nos trois chevaux, — Mais pour nous des koekebakken — Lesquels nos dents couperont. — S'il en reste un tout petit morceau, — Mettez de côté pour les cochons. — Mangez, les gens, les bêtes aussi, — Koekebakken et pain cuit. — Noël ! Noël ! Amen !

— Pour chandelle une petite étoile — Montre là où dort Notre Seigneur — Dans son maillot cousu de fil blanc. — Sur la paille qui est dans la crèche, — Il dort, le joli petit mouton. — *Blokke kloppen* [1] — S'il s'éveille, c'est pour mourir. — Mangez, les gens, les bêtes aussi, — Koekebakken et pain cuit. — Noël ! Noël ! Amen !

— Car il mourra pour nous sauver de l'enfer, — Jésus-Christ, le fils de notre chère Dame. — Les petits et les plus petits encore — Auront le *cramique* et du beurre en paradis — Avec de la bonne musique de violon. — Mangez, les gens, les bêtes aussi — Koekebakken et pain cuit. — Noël ! Noël ! Amen !

— Oh ! baas, si vous êtes contents des petits enfants, — Donnez-leur, par amour de Christus, — De l'argent pour acheter des couques — Des couques avec des *prientjes* [2] dessus. — *Blokke kloppen.* Nous ôterons nos sabots pour y faire coucher le chat. — Mangez, les gens, les bêtes aussi — Koekebakken et pain cuit. — Noël ! Noël ! Amen !

Les trois petits garçons allaient recommencer pour la troisième fois leur complainte quand ils entendirent tout à coup jouer du violon à côté d'eux : c'était Francesco qui, humble et souriant, les accompagnait, et du pied il battait la mesure pour tâcher d'être d'accord avec eux. Ils cessèrent alors de chanter, et le plus grand mit son poing sous le nez de Francesco en lui disant :

— Nous ne voulons partager notre argent avec personne.

---

1. Les sabots cognent.
2. Petites figures de plâtre que les boulangers flamands mettent sur leurs pâtisseries de Noël.

Ainsi chassé, il s'en va, de rue en rue, jouant à la porte des maisons et devant les boutiques, mais l'archet glisse à peine sur les cordes, car les crins en sont gelés.

Où passera-t-il la nuit ? Au fond d'une cour sombre, sous un hangar, une charrette de paille est remisée. Il pénètre doucement dans le hangar et soulève la paille pour se glisser dessous. Un chien sort en ce moment de sa niche et fait entendre des aboiements furieux. Il revient sur ses pas et se dirige vers cette maison où la charité, la grâce et la douceur lui sont apparues sous les traits de Leentje ! Voici, en effet, la belle maison blanche avec sa grande porte peinte en chêne sur laquelle les poignées de bronze imitent des têtes de lions, et un peu au-dessus, dans le panneau de gauche, une superbe plaque de cuivre reluisante étale le nom de CAPPELLE et Cie, gravé en grosses lettres. Il regarde les fenêtres partout closes, et il y en a trois au premier étage qui sont éclairées.

Qui donc est encore éveillé dans la maison? Les sons d'un piano, comme une musique de paradis, s'échappent par les fentes des volets, et bientôt une petite voix d'or s'élève dans le silence de la nuit. Cette voix lui rappelle le murmure avec lequel sa mère le berçait, les chants des petits enfants de la montagne, le vent dans les arbres, mille choses tendres et lointaines. Puis la voix cesse, mais il l'entend longtemps encore, comme un chant de Noël, au fond de son cœur.

Des portes s'ouvrent dans la rue et il en sort des ombres qui marchent rapidement ; quelques-unes balancent à la main de petites lanternes qui rougissent la neige, car les réverbères de la ville sont éteints. Toutes ces petites lanternes se dirigent du même côté, là où la cloche sonne pour la messe de minuit. La porte de la maison Cappelle et Cie s'ouvre aussi et une joyeuse lumière se répand au dehors : des hommes et des femmes, chaudement vêtus, serrent la main au maître de la maison, et une petite voix, celle qui a chanté, leur jette le bonsoir ; puis la compagnie se sépare en riant, la porte se referme et les fenêtres où brillait l'éclat des lampes, une à une s'obscurcissent. Ah! M. Cappelle a voulu fêter le réveillon et il a bien fait les choses : on a bu du thé, du vin chaud et du punch ; la table est encore remplie de beaux pâtés et de belles tartes dans lesquels le couteau a taillé de grandes brèches. Mina déshabille Leentje et la couche dans des draps chauds, après l'avoir embrassée ; et au moment de s'endormir, Leentje tourne la tête du côté de son arbre de Noël, qu'elle a fait monter dans la chambre, avec la poupée, les étuis, les boîtes à ouvrages et les cornets de dragées. Alors la lumière qui danse au haut de la maison sur le rideau de Leentje, comme une étoile dans le brouillard, s'éteint à son tour, et l'obscurité enveloppe le doux sommeil de la fille de M. Cappelle.

IV

Ah! qu'ils sont gais, les petits flocons de neige, lorsque, pareils à des papillons d'hiver bondissant sur le tremplin de la bise, ils montent, descendent, montent encore et qu'un enfant passe à travers la fenêtre entr'ouverte, sa main dodue pour les saisir ! Qu'ils sont gais pour tout autre que le pauvre Francesco, dans cette nuit glacée de Noël! De grosses larmes roulent au bord de ses yeux, tandis qu'il souffle son haleine sur le bout de ses doigts. Le monde est bien dur! Que va-t-il faire maintenant? Il voit dans l'ombre une porte profonde dont la neige n'a pas recouvert le seuil; il y va. Tenez, le voilà qui s'assied, après avoir eu soin de tirer son manteau sous lui ; et son menton sur ses genoux, il s'endort.

Tout à coup il lui semble que la terre s'est dérobée sous ses pieds. Est-ce lui qui monte ? Est-ce la terre qui descend ? Qu'importe ! ce qui se découvre à ses yeux est bien plus beau que la terre. Et tout de suite il sent une odeur délicieuse, comme celle qui sortait de la cave du pâtissier. L'air est embaumé de vanille, de safran, de cannelle, de citron, et un petit vent chaud répand ces bonnes odeurs au loin. Dieu! qu'elles sont enivrantes ! Il les sent couler dans ses veines comme le jus des fruits mûrs.

De magnifiques campagnes s'étendent à présent devant lui, avec des tons de pourpre, d'émeraude et de turquoise, jusqu'aux horizons de montagnes qui dentellent l'azur du ciel. Et un abricot, étincelant comme un soleil, répand sa lumière sur les gelées, les sirops et les crèmes du paysage. Jamais le vrai soleil ne lui a paru à la fois si brillant et si humide!

« Seigneur ! Seigneur ! que tout cela est bon et qu'il fait doux de vivre ! » Ainsi se parle Francesco, car il vient de prendre un bain dans la crème et il a mangé trois îles coup sur coup.

Puis une montagne en caramel se dresse devant lui, surmontée de la même tour qu'il a vue chez le pâtissier. Qui donc habite la tour ? Ce ne peut être qu'une fée, et la fée sans doute est la reine du pays qu'il vient de parcourir.

Mais comment pénétrer dans la muette et splendide tour ? Il cherche en vain la sonnette. Toc, toc! fait-il enfin. Et une voix, douce comme de la confiture, lui répond du fond de la tour : Entrez.

Il entre.

De grands escaliers en sucre montent d'une galerie de pouding vers une galerie de nougat. Toc, toc ! fait-il encore. Et la même voix répond : Plus haut.

Toujours frappant, il arrive à la dernière galerie, qui est en biscuit aux amandes, après avoir passé par toute sorte de merveilles ; et tout à coup il se trouve en présence de la petite danseuse du pâtissier. Elle lui sourit très gentiment et lui dit:

— Je t'attendais, mon petit Francesco.

A vrai dire, elle n'était plus posée sur la pointe de son orteil, la jambe droite levée, comme il l'avait aperçue la première fois, au haut de la tour, chez le pâtissier. Non, elle était debout sur ses deux pieds et lui tendait la main, à présent.

Jamais Francesco n'avait vu une si jolie personne, ni plus mignonne, ni plus potelée, ni mieux faite, et elle était tout en sucre, avec des couleurs éclatantes qui la rendaient encore plus à son goût. Oh ! c'était de bon sucre, allez ! et si appétissant que Francesco, qui ne savait que répondre à la jolie personne, se mit à lui lécher le cou, sous ses cheveux blond-cendré.

D'où vient qu'il pensa tout à coup que cette jolie créature était la même que celle qui lui avait fait la charité, tandis qu'il se trouvait encore sur la terre ? Et comme si la petite danseuse eût compris ce qui se passait en lui, elle lui dit :

— Oui, c'est bien moi. Voici ma main : épousons-nous. Mon royaume sera aussi le tien.

Alors, Francesco mit sa main dans la sienne et ils furent mariés.

Le bel abricot couleur de soleil s'obscurcit en ce moment : aussitôt une teinte crépusculaire revêtit la crête des monts, et la plaine entière se couvrit d'une couche glacée de confitures aux lueurs sombres.

— Voici la nuit, Francesco, lui dit la petite fille en sucre, nous allons nous séparer.

Et Francesco la vit fondre lentement, comme une étoile dans les clartés croissantes du matin, et la tour se fondit, et les montagnes se fondirent et les paysages se mirent à fondre aussi pendant que lui-même se sentait fondre, fondre toujours un peu plus.

Jusqu'à ce que...

Le matin la servante de la maison, en ouvrant la porte pour aller chez le boulanger, trouva sur le seuil un petit cadavre glacé.

— Chut ! ne le réveillons pas. Il est parti, le pauvre Francesco, sur l'aile du rêve à travers la nuit de Noël.

LA SAINTE CATHERINE

A Champfleury

LA SAINTE CATHERINE

Deux petits enfants allaient et venaient dans le corridor, mystérieusement, épiant l'heure aux pendules; car c'était l'habitude de ne fêter la grand'mère que quelques instants avant le dîner.

Dans la rue, la neige étendait un manteau blanc, et des flocons légers bondissaient dans l'air comme des volants sur d'invisibles raquettes. Personne, parmi les pauvres gens qui se risquaient par un pareil temps le long des trottoirs, n'aurait pu soupçonner qu'il se tramait ce jour-là quelque chose dans la maison; elle avait, en effet, sa figure accoutumée et il n'y avait ni une tuile de plus à son toit ni un rideau de plus à ses fenêtres; mais à l'intérieur ce n'était plus la même chose. Tout le monde avait envie de rire et pourtant paraissait indifférent: on chuchotait derrière les portes et tout à coup l'on se taisait; quelqu'un montait brusquement l'escalier, puis redescendait sur la pointe des pieds; et tout doucement, dans le coin le plus secret de la maison, arrivaient, comme par enchantement, des bouquets et des gâteaux. Tic tac, faisait l'horloge de la cuisine; mais on eût entendu plus aisément encore le tic tac que faisait le cœur des deux petits enfants. Qu'elles étaient longues, les heures! Jusqu'à midi, ce n'était rien encore: on attendait, on patientait, et puis le pâtissier était en retard quelquefois; mais l'après-midi ne semblait jamais devoir finir. C'étaient alors des colères contre la maudite horloge! Les deux enfants étaient bien petits; même en montant sur une chaise, ils n'auraient pu atteindre au cadran; sinon, de leurs petits doigts rouges, ils auraient certainement avancé l'aiguille. A la fin pourtant, celle-ci semblait se décider à marcher un peu plus vite, le tic tac devenait plus fréquent, et quand la nuit tombait enfin, on n'aurait pu dire lequel battait le plus irrégulièrement, ou du pendule de l'horloge ou du cœur des deux enfants. Pour moi, je crois bien que c'était le cœur des enfants.

Sans qu'on pût savoir comment, le feu se trouvait allumé dans la grande chambre comme aux après-midi de dimanche, et la grand'mère venait s'installer auprès, dans son fauteuil de velours rouge, usé à la place où elle posait ses bras. Puis le soir tombait, la servante fermait les volets, et la clarté des lampes constellait l'ombre intérieure. Bien des fois la sonnette de la porte avait tinté dans la journée et des gens étaient entrés, cachant des choses dans de grands papiers ou des corbeilles. Quelles choses? Les enfants le savaient bien, mais c'était un secret qu'ils n'auraient divulgué pour rien au monde. On découvrait les corbeilles, on enlevait les papiers, et quatre petites mains frappaient l'une dans l'autre, tandis que les yeux luisaient et que la grand'mère, enfermée dans sa chambre, toussait de toutes ses forces pour ne pas avoir l'air d'entendre.

Pan! pan! pan! C'était son bâton de noyer. Alors chacun se sauvait pour ne pas se trouver sur son chemin et la grand'mère, qui entendait claquer partout les portes, passait en murmurant : Eh bien... Eh bien, d'une voix qui disait : — Allez toujours, je n'ai rien vu, je ne sais rien. Même elle frappait son bâton à terre un peu plus fort que de coutume, pour nous mettre mieux en garde contre son arrivée. Ainsi se passait la journée jusqu'au moment où l'aiguille marquait six heures.

On eût vu alors toutes les personnes de la maison se diriger vers le coin mystérieux où étaient cachés les présents ; et bien avant d'y arriver, une odeur de violette et de vanille signalait la présence de choses extraordinaires. Les voix bourdonnaient confusément, les assiettes s'entre-choquaient, on entrait et on sortait sur la pointe des pieds. Les deux petits enfants ressemblaient alors à deux grosses pivoines rouges, tant leurs joues étaient enflammées, et tous deux remuaient très vite leurs paupières, cherchant à se rappeler le compliment qu'on leur avait appris. Il y avait là aussi le père, la vieille servante et quelquefois des voisins ; seule, la mère était absente, les ayant précédés tous au tombeau ; mais il n'est pas bien certain que son âme ne voltigeait pas en ce moment autour de la bouche de ses enfants.

Puis on se mettait en marche, les enfants devant, le père derrière, et derrière le père la vieille servante s'avançait à son tour, portant dans ses mains un pot de réséda ou un rosier en fleurs. On enfilait le vestibule, on traversait la chambre à manger, et tout ce piétinement s'arrêtait tout à coup devant la porte du salon ; — si peu de temps, il est vrai, car le père tournait le bouton et les deux enfants se précipitaient dans la chambre, tendant leurs petits bras et mêlant leurs compliments.

Comment quatre bougies s'étaient trouvées allumées sur la cheminée, c'est ce qu'on ne sait pas plus que la manière dont s'était fait le feu. Sur la table, la belle lampe des dimanches brûlait, jaune et claire, sous son abat-jour de porcelaine ; et dans l'armoire, les verres vaguement tintaient, comme pour rappeler qu'ils ne seraient pas fâchés d'être de la fête.

La porte a crié en s'ouvrant et pourtant la grand'mère n'a pas tourné la tête ; mais les deux petits enfants élèvent si haut la voix qu'elle feint de s'éveiller et passe sa main sur ses yeux. Un léger tremblement agite alors tout son corps ; elle voudrait parler et ne le peut pas ; mais deux larmes heureuses coulent lentement sur ses joues, et à son tour elle leur tend les bras. Il arrive bien que sa robe fait connaissance avec la crème des tartes, mais qui pense à une petite tache sur la robe, en de pareils moments ? On pose sur ses genoux les bouquets et les gâteaux, et chacun, en lui offrant son présent, l'embrasse sur ses bonnes joues tremblantes comme de la gelée.

Quand tout le monde a fini, c'est le tour de la servante ; elle présente ses fleurs, puis frotte sa bouche du revers de sa manche et demande la permission d'embrasser la grand'mère, comme les autres. Tandis qu'elle lui appuie sa grosse figure honnête sur les pommettes, on la voit en même temps sourire et pleurer ; et les deux petits enfants montrent leurs dents blanches et crient :

— Vive sainte Catherine !

Est-ce la flamme du foyer, est-ce le reflet des rideaux ou bien la clarté des bougies qui, tout à coup, a fait passer comme un feu rose sur le visage de la grand'-

mère ? Non, c'est la joie de son cœur, et une jeunesse nouvelle semble avoir recommencé pour elle, avec cette heure qui lui apporte des souhaits et des baisers. La bouche des petits enfants fait reverdir les vieilles grand'-mères. Et elle admire les gâteaux, les bouquets, et frappe ses mains l'une dans l'autre.

— Vraiment, c'est aujourd'hui sainte Catherine ! dit-elle. Je n'y pensais pas.

Elle ne s'aperçoit pas que son beau bonnet à rubans et à dentelles la trahit. Pourquoi vous être faite si belle, grand'mère? Et tous les objets de la chambre semblent en contemplation devant sa robe à ramages.

Puis la table est mise, on saute les plats pour arriver plus vite aux gâteaux. Des lettres en sucre courent le long des frangipanes et des crèmes et toutes ces lettres réunies forment des souhaits : Vive sainte Catherine ! De la cave sortent alors de vieilles bouteilles couvertes de toiles d'araignées et les verres se remplissent d'un vin couleur d'or qui semble refléter la joie des yeux. La grand'mère élève bien haut le sien et remercie les grands et les petits pour cet heureux jour. Personne en ce moment ne demeure indifférent, et tandis que chacun la regarde, la lumière de la lampe fait autour d'elle comme une auréole qui doucement va s'éteindre dans l'ombre.

Ainsi en est-il de sa mémoire, car tout cela n'est plus qu'une vision lointaine ; mais chaque année ramène la Sainte-Catherine et quelquefois, il neige encore, comme au temps passé. J'entends alors par la chambre l'écho de son pan pan et je crois que je vais la voir apparaître, s'appuyant sur son bâton et toussant parmi les dentelles de son bonnet. Hélas! ce n'est qu'une grosse branche que le vent cogne contre mes vitres ; mais le petit enfant d'autrefois en a un à son tour et ils vont ensemble, par la campagne sourde, au cimetière où repose la grand'mère bien-aimée, et une voix semble sortir de terre et leur dire, dans le silence des choses :

— Vraiment, c'est déjà sainte Catherine ? Je n'y pensais plus, mes enfants.

LES DETTES DU MAJOR

A Ch. Potvin

LES DETTES DU MAJOR

Quand Bergman, Hans Bergman, s'enrôla dans les volontaires, c'était un brave et bon garçon qui jamais n'avait fait de mal à personne ; mais 1830 fut le signal de terribles combats entre Belges et Hollandais, et Bergman vint à Bruxelles, tout comme les autres, prendre sa part des coups donnés et des coups reçus. On dit qu'il se battit comme un lion ; une balle lui fit un trou dans la tête; on le ramassa demi mort. Hans Bergman heureusement ne mourut pas. Lorsqu'il reprit du service, il avait une large cicatrice à la joue et les galons de sergent sur son uniforme.

Bergman devint en peu de temps le modèle des sergents comme il avait été le modèle des soldats ; jamais il ne rentrait après l'heure à la caserne et il traitait ses subalternes avec une douceur fraternelle. Il n'était pas de ceux qui sacrent en donnant des ordres et n'ont que de dures paroles pour les pauvres diables. Hans oubliait même le mal qu'on lui faisait. A la vérité, la peine n'était pas grande, car il était aimé de tout le monde et les gens qui lui voulaient du mal étaient aussi rares que les puces dans sa tunique.

Bon Hans Bergman ! Ce fut un beau jour celui où pour la première fois, il promena par les rues sa capote neuve de sergent. Il n'était pas fier, mais il ressentit une douce chaleur au cœur lorsque de simples soldats, ses frères de la veille, lui firent le salut militaire. Un dimanche, sa mère vint à la ville. Il la conduisit à la promenade, puis au spectacle; et la bonne mère rougit de plaisir à la vue des jeunes filles qui du coin de l'œil lorgnaient son beau sergent, pensant peut-être au bonheur d'appuyer leur main mignonne sur ses galons.

Malheureusement la nature, qui avait donné toutes les vertus à Hans Bergman, avait oublié de lui donner l'esprit d'ordre et de prévoyance. On ne gagne pas au service de son pays; pourtant, de pauvres sergents parviennent quelquefois à économiser sur leur solde un peu d'argent pour le jour où ils se marieront.

Il n'en fut pas ainsi de Hans; sans être grand dépensier, l'argent glissait entre ses doigts comme de l'eau. Les mois se passaient, amenant l'un après l'autre un cortège de petites dettes qui mettaient à la torture l'esprit du sergent. Vainement il s'imposait pendant six jours les plus grandes privations ; on le voyait alors, accroupi sur une table de la caserne, lire du soir au matin pour éviter de penser à sa pipe, à la bière, aux parties de cartes qu'on fait à l'estaminet ; mais le septième jour, il fermait son livre et se remettait à fumer, à jouer et à boire ses douze pintes en causant avec les camarades.

Douze pintes ! ce n'était pas une grosse dépense, et pourtant il ne savait comment, ces douze pintes faisaient à la fin un total effrayant. Ce que Hans ne s'avouait pas, c'est que le plus clair de son argent allait aux pauvres gens qui souffrent la faim et le froid par les rues, et sa blague à tabac était toujours ouverte aux simples soldats qui y puisaient comme si le tabac ne lui eût rien coûté.

— Bah! se dit le bon sergent, à bout d'efforts pour restreindre son budget, le lieutenant payera les dettes du sergent.

Et il s'endormit d'un sommeil plus tranquille, plein de confiance dans l'avenir.

Tout réussit, dit le proverbe, à qui sait attendre; le proverbe eut en partie raison pour Hans Bergman; car il devint lieutenant, mais la dette, au lieu de diminuer, ne fit que s'accroître.

Passe pour un sergent de fumer la pipe par les rues et de manger à la table de la caserne; on n'est pas obligé de s'installer en pleine lumière à la comédie et l'on escamote la dépense des gants en mettant ses mains dans ses poches. Mais un lieutenant!

Hans connut alors de belles jeunes filles; il les vit aux soirées, chez des amis; il les fit danser au bal; il les accompagna à la promenade, et sa solde en subit le contre-coup.

Si encore ce n'avait été que cela! Malheureusement un lieutenant ne peut pas, comme un sergent, donner de la menue monnaie aux pauvres gens qui lui disent en nasillant par les temps de bise : « La charité, mon bon, mon beau lieutenant ! » C'est que la charité a aussi ses exigences et la pièce blanche sortait plus souvent que les liards de cuivre de la poche du lieutenant.

Hans Bergman était à présent un gros garçon blond et rose, de bonne mine. Ses dents souriaient toutes blanches à la joie de vivre; la seule ombre à cette lumière était le souvenir de ses dettes. Ah! il eût été le plus heureux de tous les lieutenants s'il n'avait pas dû ses épaulettes, ses cigares, sa chambre et quelques douzaines de bouteilles de champagne ; mais il les devait, et d'autres choses encore. A la longue pourtant, on se console de tout, même de devoir de l'argent, et chaque fois que l'amertume le reprenait, Bergman avait coutume de dire :

— Ne deviendrai-je pas capitaine ? Le capitaine paiera les dettes du lieutenant.

Il devint capitaine, en effet. Il avait quarante ans ; quelques mèches argentaient le bord de son shako.

C'était le beau temps pour se marier : plus tard il n'y faudrait plus songer.

Hans Bergman sentit son cœur tout doucement s'en aller vers la jolie fille des Backwis, vieux négociants retirés. Il eut le bonheur de la voir rougir, lorsqu'il lui parla de s'unir à elle, et ils se marièrent bientôt, comme devraient le faire tous ceux qui s'aiment en cette vie.

Hans Bergman devint en peu de temps le modèle des maris comme il avait été le modèle des sergents et des lieutenants ; jamais il ne sortait sans sa blonde Gertrude, si ce n'est pour se rendre aux exercices ; et le soir, ils allaient à deux prendre le thé chez des amis, ou bien ils recevaient de vieux camarades dans leur chaude petite maison d'époux amoureux.

Quelquefois cependant, ils demeuraient seuls, et ce n'était pas le moment le plus mauvais de la journée. Hans plongeait alors ses yeux, ses bons yeux bleu de faïence, dans les regards de sa petite femme, et les heures se passaient, elle tirant ses grosses moustaches, lui s'enivrant de sa grâce et de sa fraîcheur.

Puis une nuit, une petite voix se fit entendre dans

la maison, toute faible, et pourtant si puissante qu'elle remplit en un instant l'escalier de la cave au grenier.

— Ah ! se dit Hans avec mélancolie, on n'a pas tous les bonheurs. Avec le nouveau-né m'arrivent des dépenses nouvelles : il faudra payer le baptême et la nourrice et la toilette et l'école, sans compter tout ce que n'a pas payé le soldat, le sergent et le lieutenant.

Mais lorsque la fillette fixa sur lui ses yeux noirs comme du café, un large sourire épanouit la physionomie du bon capitaine et il alluma sa grande pipe en pensant :

— Le major payera les dettes du capitaine.

Ainsi allait la vie pour le bon Hans Bergman ; ainsi va-t-elle pour bien d'autres ; on remet au lendemain ce qu'il faudrait faire le jour même.

Mais les lendemains ne sont pas aussi heureux pour tout le monde que pour le capitaine Bergman, car à peine la fillette sut-elle lire et écrire qu'il fut nommé major.

C'est maintenant qu'il allait songer à se mettre en règle avec son passé !

Il y songea en effet, et beaucoup ; mais un major n'a pas trop de sa solde pour sa maison, ses réceptions et ses chevaux ; un major est un personnage officiel, tellement officiel que ses enfants, ses chevaux, ses domestiques ont un caractère officiel comme lui, et l'on sait ce qu'il en coûte.

Quelle différence avec le temps où l'on était capitaine ! On pouvait ne recevoir qu'une fois le mois, faire des économies, vivre son petit train de vie ; à présent tout était bien changé, et pourtant Hans Bergman n'était pas fier. Il était le père de ses soldats ; on disait en parlant de son régiment, le Bergman régiment ; il distribuait largement aux hommes le tabac et la bière, et quant aux pauvres, il était toujours demeuré leur providence ; mais il leur donnait maintenant en major, après leur avoir donné en capitaine, en lieutenant et en sergent, ce qui était bien différent.

— Ah ! soupirait-il, si je n'avais pas mes chevaux à nourrir ! Si je n'avais pas cette grande chabraque de maison ! Comme tout serait vite payé !

Et tout au fond de lui il pensait avec tristesse qu'il avait bien près de soixante ans et que s'il ne payait pas ses dettes, personne ne les payerait après lui ; car il n'était plus d'âge à passer colonel.

Aussi faisait-il des prodiges d'héroïsme pour tâcher d'économiser sur sa solde. Comme au temps de la caserne, il s'imposa des privations ; des jours entiers, il demeura sans fumer et c'était chose dure, car il aimait le goût du tabac ; rien ne lui donnait de plus riantes idées qu'un havane grillé dans son porte-cigare bruni de Cumer ; ou bien il se disait malade, pour ne point toucher à la table et économiser au moins sa part du dîner. Mais jamais il n'eut la force de retirer un grain d'avoine à ses chevaux, un bonbon à sa jolie petite Nana, une douceur à sa compagne dévouée, ni une pièce de cinq francs aux pauvres gens dans la débine ; et tout le monde autour de lui était gras et fleuri, comme dans un paradis terrestre.

Hans Bergman lentement s'achemina vers la vieillesse, aimé des grands et des petits. Ce fut une grande tristesse dans la ville le jour où l'on apprit que la maladie le tenait cloué sur son lit. Ses lèvres décolorées s'entr'ouvraient par moments comme s'il eût voulu dire quelque chose ; mais il les refermait sans avoir rien dit. Une pensée le tourmentait.

Enfin, il tourna à demi sa vieille tête souriante vers sa femme :

— Gertrude, ma bonne femme, soupira-t-il, j'avais espéré pouvoir payer avant de mourir quelques petites dettes contractées au service, mais cela n'est pas possible. Dieu payera, s'il lui plaît, les dettes du major.

LE
THÉ DE MA TANTE MICHEL

A Emile Greyson

LE
THÉ DE MA TANTE MICHEL

I

Ma tante Michel habitait, dans une petite rue noire dont je ne sais plus le nom, un appartement au premier étage d'une maison badigeonnée en jaune, le long de laquelle coulait toujours, quand il pleuvait, l'eau des gouttières, avec un petit flic-flac qui donnait froid dans le dos.

C'était une bien vieille maison déjà à cette époque et la muraille laissait voir à nu, près de la corniche, sous le plâtre écaillé, la brique brune, avec de la mousse dans les coins.

Je la vois encore, oui, je vois sa porte verte garnie dans le haut et dans le bas de gros clous à tête ronde, et il y en avait aussi près du bouton de cuivre de la serrure, ce fameux bouton où les petits garçons venaient se regarder en faisant des grimaces, le soir, à quatre heures, après les classes. Au bout du corridor, une porte, vitrée de carreaux bleus, oranges et rouge feu, dans des meneaux en losanges, avec un losange tout à fait pourpre dans le milieu et plus grand que les autres, ouvrait sur une petite cour dallée que suivait immédiatement le jardin, un bon vieux jardin entre quatre murs, dont le chemin, pommelé en été de sable jaune, tournait en rond autour d'une pelouse, bordant d'un côté des parcs de résédas, de pensées, de petunias, de reines marguerites et de giroflées.

Tous les mercredis, la pelouse était couverte de jupons, de chemisettes, de bas, de guimpes, de mouchoirs de poche et de chemises étendues à plat, les bras éployés, car c'était le jour où les deux vieilles demoiselles Hoftje faisaient leur lessive. Ces demoiselles Hoftje habitaient le bas de la maison et elles y avaient toujours vécu sans se marier, allant du jardin à la cuisine et de la cuisine à la rue.

Or, ce jour-là, on les voyait, en cornettes bien tirées à la nuque, leurs cheveux en papillotes passant devant et derrière, caler dès le matin les trépieds sous le toit vitré qui abritait la petite cour ; puis elles posaient les cuvettes sur les trépieds et y fourraient le linge qu'ensuite elles frottaient de toutes leurs forces, le long de leurs petits bras écharnés sans dire un mot, en faisant écumer la lessive et gonflant leurs maigres joues jaunes pour souffler la buée qui leur montait à la figure.

Elles causaient très peu avec le monde, ne disaient ni bonjour ni bonsoir, regardaient seulement le bout du soulier ou le bas de la robe des gens qui leur parlaient et tout le jour trottinaient sur leurs vieilles pantoufles qui faisaient klis-klis-klis en glissant.

Mais le dimanche, c'était autre chose : elles tiraient alors du bahut de grands chapeaux de paille à nœuds jaunes ou de peluche à rubans de soie noire, des mantilles de faille ou de vieux manteaux à capuchons en drap doublé d'orléans lustré, des mitaines en fil noir ou des moufles en tricot, selon qu'on était en mai ou en novembre. Ainsi ficelées, elles s'en allaient à la messe après avoir fermé au double tour la porte de leur cuisine, l'armoire du palier, la petite chambre qui donne sur la rue et même la buanderie, un gros livre d'heures dans leurs bras rejoints à la ceinture et faisant cliqueter à chaque pas dans leurs poches leurs clefs et les petits sous destinés à payer le chaisier.

Ma tante, entendant battre la porte, mettait le nez à la fenêtre et ne manquait pas de s'écrier :

— A-t-on une idée de frapper les portes comme ça ! Ces affreux paquets ! Voyez-moi comme c'est fagoté ! Ma parole d'honneur, je ne sais pas ce qui m'est passé par la tête, le jour où je suis venue m'installer dans cette baraque !

Voilà ce que disait ma tante, le dimanche, quand les demoiselles Hoftje partaient pour la messe en grande toilette, car c'était vraiment là leur toilette des dimanches et des jours de fête ; et elles y ajoutaient, mais seulement dans les cas extraordinaires, un vieux boa pelé et un manchon chauve qui sentaient le camphre, à cause des mites. Mais ce n'était pas tout ce que ma tante Michel disait des deux vieilles demoiselles et il ne se passait pas de jour qu'elle ne leur décochât quelque lardon bien senti.

Chaque matin, l'une ou l'autre des demoiselles Hoftje sortait en petit chapeau de tulle fané, en châle à ramages déteints et en robe noire roussie par les lavages, et si mademoiselle Barnabé Hoftje était sortie le lundi, c'était mademoiselle Gertrude Hoftje qui sortait le mardi.

Il en était ainsi de tous les jours de la semaine ; et ma bonne tante qui se précipitait à son rideau chaque fois que quelqu'un ouvrait ou fermait la porte de la rue, disait :

— Peut-on s'imaginer des coureuses pareilles ! Pour Dieu, qu'est-ce qu'elles vont faire à la messe comme ça tous les matins ? Ma mère, Stéphane, et la vôtre, qui étaient de saintes femmes, allaient une fois par semaine à la messe et ne croyaient pas plus mal faire. Mais ces vieux souillons ! Avez-vous senti l'odeur du café dans l'escalier, Stéphane ? Je crois, ma parole d'honneur, qu'elles n'ont pas fait leur café ce matin pour courir plus vite à l'église.

Ma tante Michel, qui avait alors soixante ans bien sonnés, était une femme de tête : elle avait lu Voltaire, avec un peu de peur d'entrer en enfer pour l'avoir lu. Elle pratiquait la religion, mais sans excès, et quelquefois allait à la messe, à la condition toutefois qu'il ne plût ni ne gelât ni ne neigeât et qu'il fît à peu près le temps qu'elle aurait choisi pour se promener au boulevard.

Certainement elle y allait, habillée à sa manière, car elle avait une toilette comme elle avait une religion, de sa façon, et qu'elle portait fort bien, avec beaucoup de plumes, de bouffettes, de dentelles, et même un petit cabas sous le bras, comme au temps où les petits cabas s'appelaient des ridicules.

Lorsqu'elle rentrait, il y avait toujours dans ce petit cabas, qui était de velours guilloché d'argent et perlé de jais, un mouchoir de batiste, un flacon d'eau de Cologne, un cornet de papier blanc taché par des pâtisseries et parfois un livre de messe. Je dis parfois, car elle l'oubliait souvent dans le coin de la cheminée. S'en apercevait-elle à l'église, elle disait à sa voisine ou à son voisin : « Suis-je bête ? J'ai laissé sur la cheminée mon livre de messe, » et elle s'en allait chez le pâtissier acheter des bonbons secs, des fruits confits, ou des pâtés à la frangipane qu'elle aimait beaucoup ; et moi aussi.

J'ai passé de bien bonnes heures chez ma tante Michel et je l'ai toujours beaucoup aimée, à cause de sa joyeuse humeur et de ses bonbons. Maintenant qu'il y a dans ma pensée une petite croix de bois sous laquelle elle dort à côté de ceux que j'ai perdus, je me la rappelle souvent, elle, son petit poêle où tiédissait la théière, l'étagère remplie de coquillages, de bonbonnières à pastilles, de statuettes en porcelaine, de cornets de baptême, de cassolettes et de flacons, le vieux serin dans sa cage, devant la fenêtre, chantant à tue-tête lorsque chantait la bouilloire, les grands rideaux de perse à fleurs qui jetaient un jour doux dans la chambre, le panier d'osier plein de linge où elle fourrait ses broderies, ses tricots, ses ravaudages, pêle-mêle avec son carreau, ses étuis, ses bottines, ses jeux d'aiguilles et Poussette, la grosse chatte noire aux yeux verts, qui lui faisait des petits tous les ans ; je me rappelle tout cela comme au temps où ma bonne tante Michel allait et venait dans la chambre, toujours courant, en cornettes, ses anglaises grisonnantes lui pendant au long des joues, comme des copeaux, avec le battement de sa petite jaquette blanche par dessus son jupon de boucran moiré.

— « Où ai-je donc mis mon tricot ? gémissait-elle. Stéphane, n'avez-vous pas vu mon tricot ? Et la pelote ! Vous verrez que Poussette se sera assise sur la pelote. A-t-on jamais vu ? Voilà que je ne sais pas où j'ai fourré mes lunettes. »

Et elle les avait sur le nez.

Elle trottait comme une souris, sans trêve ; sa plus grande peine était de rester en place, sauf à midi quand, douillettement enfoncée en son grand fauteuil de velours d'Utrecht, elle prolongeait son somme, ou le soir, devant son quinquet, lorsqu'elle lisait un roman en faisant glisser de son petit doigt tendu, le long de ses aiguilles, la laine dont elle tricotait ses bas. Ma tante Michel aimait les romans, comme une jeune fille, et elle préférait ceux de Dumas à ceux de Sue, à cause des héros, plus valeureux, et des aventures, plus extraordinaires.

Je la regardais alors, son nez à corbin couché contre le livre, avec des besicles posées sur le bout, ses petits yeux gris courant de ligne en ligne et qu'elle relevait de temps à autre par dessus ses lunettes pour nous examiner, moi, la bouilloire, la minette ou le quinquet. Puis ses mains allaient, allaient, ajoutant les points aux points, si vite qu'on voyait seulement briller quelque chose qui était l'acier poli de l'aiguille ou la corne piquetée de ses ongles ; et une grande broche de jais qui nouait son fichu à son cou reflétait à l'envers le roman, le quinquet et le bel abat-jour à fleurs de soie ponceau, cousues sur un fond de papier. Oui, mes yeux s'amusaient de toutes ces choses, pendant que la bouilloire sifflait, piaulait, ronronnait, hoquetait sur le feu, près de la petite théière en argent estampé. Ah! la brave théière! Ma tante Michel ne soupait jamais que de beurrées grillées, de confitures et de bonbons qu'elle trempait dans un mélange de Tchoulan et de Peko ; et je ne sache pas que personne ait jamais mal parlé de son thé.

Ai-je dit que ma tante Michel était une bonne vieille demoiselle, car elle l'était incontestablement, demoiselle et vieille, bien qu'elle n'en tirât pas un égal honneur ? Elle avait soixante ans, n'en avouait que cinquante et mirait complaisamment dans la glace ses joues roses, ses yeux vifs et ses cheveux qu'elle faisait bouffer d'une petite tape de la main. Pour rien au monde elle n'aurait voulu passer pour dame: quand on lui disait Madame, dans les magasins, elle répondait bien vite, avec une moue singulière où il y avait un peu de dépit et de dignité blessée, qu'elle était demoiselle.

— Nous autres, vieilles filles, me disait-elle pourtant, on nous met dans le coin et nous ne sommes plus bonnes à rien. » Et elle affectait de se moquer des vieilles filles et d'elle-même, avec beaucoup de bonne humeur.

Elle était vraiment d'une gaité tout à fait entraînante, la digne femme, quand elle n'avait ni ses nerfs, ni sa migraine, ni ses engelures, ni quoi que ce soit qui la dérangeât.

Elle riait haut, frappait ses genoux du plat de ses mains, ou jetait ses pieds à terre de toutes ses forces, brusque, hardie, bruyante comme une fille de vieux soldat qu'elle était. Tout le monde d'ailleurs l'aimait, parce qu'elle était franche, ne cachait pas sa pensée et faisait toujours plaisir aux gens quand elle le pouvait, quoiqu'elle parût un peu égoïste par moments et qu'elle mît ses aises au dessus de bien des choses.

L'été, elle allait à la campagne, chez des parents dont elle révolutionnait le ménage de fond en comble par sa brusquerie et ses grands airs; et elle y emportait avec elle Castor, son vieux petit chien râpé, et Poussette, sa chatte, dans des cabas et des caisses à chapeaux. Elle s'ennuyait là pendant deux mois, jusqu'aux neiges, puis réintégrait son petit appartement, jurant bien qu'elle ne reverrait plus ses parents de la vie; et elle y retournait l'an suivant.

Alors, vers la fin d'octobre, commençaient les petites soirées au thé qui duraient depuis près de dix ans déjà et où venaient ses vieilles amies, madame Spring, la grasse madame Peulleke et madame veuve Dubois.

II

Tous les mercredis, dès six heures, la lampe brûlait sur son pied de bronze, au milieu de la table, dans la chaleur de la petite chambre où ronflait le poêle. On entendait la sonnette de la rue coup sur coup grelotter deux fois, puis ma tante allait ouvrir, après m'avoir dit :

— C'est cette pimbêche de Léocadie !

Et, en effet, c'était madame Léocadie Spring, une petite vieille dame maigre comme un clou, jaune, sèche, ridée, à cheveux gris, négligemment vêtue, avec des poches bleues sous ses yeux couleur d'eau brouillée, qui semblaient toujours sur le point de se dissoudre en larmes. Elle arrivait la première et se retirait la dernière, à cause de ses chagrins, qu'elle confiait à ma tante, en particulier, car elle se croyait la femme du monde la plus à plaindre.

— Frottez bien vos pieds, Cadie, criait ma tante dans l'escalier. Vous allez tout salir.

— Mais, Thérèse, vous voyez bien que je les ai frottés en entrant.

— Tenez, sur ce paillasson. Où avez-vous marché que vos pieds sont si crottés, bon Dieu ?

— Mais, ma chère, il a neigé toute la journée. Comment voulez-vous que mes pieds ne soient pas crottés ?

— Bon. Maintenant, montez. Il n'y a rien d'ennuyeux comme de nettoyer une chambre pour des gens qui n'ont pas les pieds propres.

Madame Spring raclait ses bottines sur le paillasson avec une vraie fureur. Certainement elle l'eût mis en pièces si ma tante ne lui eût dit :

— Faites donc attention, Cadie! Vous allez tout déchirer. A-t-on une idée d'arranger ainsi les paillassons!

— Mais, Thérèse, s'exclamait madame Spring en s'arrêtant toute dépitée, j'ai cru bien faire, probablement.

Et elle ajoutait aussitôt après, avec un grand soupir:

— Combien je suis malheureuse! Tout le monde m'accable.

Elle se débarrassait de son châle et de son chapeau qu'elle étalait sur une chaise, dans la chambre à coucher, puis se laissait tomber dans un fauteuil, près du feu, de tout son poids.

— Saperlipopette! criait ma tante. Vous avez donc juré de tout casser, Cadie?

— Moi, Thérèse? mais pas du tout. Je ne sais vraiment pas ce que vous avez ce soir contre moi.

Un silence. Et de nouveau la voix de ma tante s'entendait:

— Vous êtes venue bien tôt, ma chère, sans vous faire de reproche. Il est tout au plus six heures.

— Six heures, Thérèse! Est-ce qu'il n'est pas plus de six heures? J'ai pensé qu'il était au moins six heures et demie. Mais aussi la maison n'est plus tenable!

Généralement à ce moment, ma vieille parente s'éclipsait, puis reparaissait, une vaste éponge dans les mains, et longuement se mettait à laver le parquet là où madame Spring avait passé.

Tout en achevant cette besogne, elle disait:

— Je ne sais vraiment pas, Cadie, comment vous êtes faite. Mais vous dégouttez comme un parapluie.

— Est-ce Dieu possible que je dégoutte? disait madame Spring tristement.

Et, levant les yeux au ciel, elle reprenait:

— Ah! si vous saviez, Thérèse!

— Allons, c'est bon. Ne venez pas me chanter vos

histoires. Est-ce qu'il vous est encore une fois arrivé quelque chose ?

— Thérèse, je suis si à plaindre et je n'ai que vous. Je me dis toujours quand je souffre, qu'il me reste ma bonne Thérèse. Oui, voilà ce que je me dis et cela me fait du bien. Qu'est-ce que je deviendrais, mon Dieu, si je ne pouvais pas vous raconter mes chagrins ?

— Cadie ! pour l'amour du Ciel, levez-vous. Voilà que vous vous êtes assise sur mon tricot.

— Est-ce que je me suis vraiment assise sur votre tricot, Thérèse ? Eh bien, ma chère, c'est comme je vous le dis. M. Spring veut les mettre à gauche du petit salon, et moi je veux les mettre à droite. Peut-on concevoir une vie pareille ?

— Mais, Cadie, si M. Spring veut les mettre à gauche, c'est qu'il a ses raisons, je pense. Vous serez toujours la même.

— Ah ! il a raison ! Vous trouvez, vous, qu'il a raison ! Eh bien, il ne manquait plus que cela. Mon Dieu ! est-ce possible ? Y a-t-il une femme plus malheureuse que moi sur la terre ? Tout le monde m'en veut. Eh bien, je vous dis, moi, Thérèse, qu'ils resteront à droite.

— Sac à papier ! Qu'est-ce que ça me fait à moi, qu'ils soient à droite ou à gauche ? A-t-on jamais vu ? Mettez-les à droite si cela vous plaît. Je ne sais pas même de quoi vous parlez.

— De quoi ? Mais des trois fauteuils en velours rouge qu'il a achetés à cette mortuaire. Concevez-vous cela, Thérèse ? Acheter des objets à une mortuaire ! Toutes les mauvaises choses m'arrivent.

— Ecoutez, Cadie, vous vous chagrinez pour des riens.

— Pour des riens, Thérèse ! Vous nommez cela des riens ! Ah ! je ne suis pas comprise. Non, personne ne m'a comprise. Et ma servante, vous savez bien, Toinette, celle que j'ai depuis deux jours, ne m'a-t-elle pas lavé à l'eau de javelle un jupon blanc ce matin ? Ah ! des riens ! C'est un jupon au diable, Thérèse !

— Une belle affaire, vraiment ! un jupon ! Pourquoi avez-vous changé de servante ? Voilà la sixième en deux mois.

— Oui, Thérèse, c'est la sixième. Ah ! si j'avais gardé Catherine, celle avant Toinette ! Mais je n'ai pas de chance. Je l'ai mise à la porte.

On sonnait de nouveau à la porte de la rue et je reconnaissais madame Peulleke, car il n'y avait que madame Peulleke pour sonner les deux coups aussi vite l'un après l'autre. Je descendais aussitôt l'escalier pour lui ouvrir, pendant que ma bonne tante, qui me suivait avec la lampe, disait à madame Spring :

— Allons, cessez vos giries. C'est cette grosse sotte de Sisy.

Une petite boule de femme, grasse et gauche, avec des boucles blondes en travers des yeux, roulait alors jusqu'au pied de l'escalier, dans ses galoches qui faisaient pfou-pfou, et riant de tout son cœur, d'une voix pâteuse s'écriait :

— Bonjour, Stéphane. Ma chère Thérèse, bonjour. Hi ! Hi ! Ha ! Ha !

Elle était très potelée, madame Peulleke, tellement potelée qu'on ne lui voyait plus bien ni le nez, ni la bouche, ni le menton, ni les joues ; mais on se doutait que chaque chose était à sa place, à cause d'une multitude de fossettes qui lui donnaient l'air d'une grosse miche de pain boursouflée. Elle apparaissait invariablement emmitouflée de fourrures, portait sous sa mante doublée de petit-gris une pelisse en singe, avec un boa blanc par dessus, et ses mains s'enfonçaient jusqu'aux coudes dans un énorme manchon roux qu'elle tenait sous son nez, en courant à petits pas, la tête couverte d'une capeline de laine bleue ouatée, par dessus un serre-tête en tricot.

Quand elle entrait dans la chambre, on voyait perler à chaque poil de ses fourrures un peu de neige ou de pluie, et ses anglaises pendaient d'un air piteux, sous de petits scintillements d'eau. Des lueurs roses et vertes tremblotaient, en outre, au fond des grosses gouttes rondes qui coulaient le long de ses fossettes.

Pièce à pièce madame Betsy Peulleke enlevait sa capeline, son boa et sa pelisse, s'égratignant aux agrafes, s'accrochant aux épingles, faisant des nœuds dans les cordons et disant avec des soupirs d'impatience :

— Où est mon minou ? Stéphane, est-ce que vous ne voyez pas mon minou sur mon dos ! Ah ! je l'ai. Non, c'est le cordon de ma capeline. Je suis bien sûre qu'il y a une de mes épingles à cheveux dans la capeline. Aïe ! j'en étais sûre. Et ma pelisse ? Je n'en sortirai jamais. Stéphane, voulez-vous me passer les ciseaux pour couper les cordons ?

— Est-il permis de se fagoter comme vous le faites, Sisy, s'écriait ma tante en cherchant à défaire les nœuds. Vous avez embrouillé tous les cordons ; il n'y a plus moyen de se reconnaître. — Sac à papier ! laissez donc vos mains en paix. Ah ! voilà un premier nœud qui est défait. — Mais ne tirez donc pas, Sisy : comment voulez-vous que je défasse vos nœuds, si vous tirez ?

Cela durait dix grosses minutes, après lesquelles madame Peulleke, débarrassée enfin, se jetait tout émue dans les bras de ma tante en disant :

— Merci, ma chère, ma bonne, ma toute bonne Thérèse. Jamais de la vie je n'en serais sortie sans vous. Non, je le sens, je n'en serais jamais venue à bout.

La sensibilité de madame Betsy Peulleke était aussi extraordinaire que sa distraction. Il suffisait qu'on lui rapportât n'importe quoi pour qu'elle se sentît attendrie; tournée de tout son corps vers la personne qui parlait, elle faisait aller sa tête de haut en bas, joignait les mains, gémissait : — « Ah! mon Dieu ! Jesus Dei ! Och ! Och ! Vierge Marie ! » et pensait à tout autre chose. Quelquefois on la voyait se remuer sur sa chaise avec une agitation considérable, comme si le feu eût été dessous, et demander d'une voix vraiment consternée si l'on était le 15 ou le 16 du mois. Du reste, la meilleure petite femme qui ait jamais été, aimant son mari et ses enfants, dévouée à ses amies, charitable pour les pauvres, si charitable qu'elle leur eût donné jusqu'à sa chemise, et faisant dire à M. le juge d'instruction Peulleke, son mari, qu'il n'avait jamais regretté de l'avoir connue, ce qui est un assez bel éloge de la part d'un mari.

Il était à peu près sept heures quand arrivait madame Dubois, car elle arrivait régulièrement la dernière.

Tant qu'elle n'était pas là, ma tante se montrait inquiète, regardait coup sur coup la pendule, frappait du pied, rudoyait madame Spring, bousculait madame Peulleke, fourgonnant à grand bruit le feu et murmurant :

— Ah! ça ! elle ne viendra donc jamais, cette grande bête du bon Dieu ?

Oui, elle avait les apparences d'une personne vivement surexcitée, ma tante, en faisant toutes ces choses, et son agitation croissait à mesure que s'avançait l'heure. Visiblement elle perdait la tête, se levait sans cause, ôtait ses lunettes et les remettait, ou courait après, alors qu'elle les avait sur le nez ; et quand madame Dubois enfin sonnait ses deux petits coups, ses pommettes s'empourpraient brusquement.

Elle allait lui ouvrir, en pinçant les lèvres, et d'une voix aigre :

— Ne vous gênez plus, Lisbeth. Il sera bientôt huit heures quand vous viendrez. Est-ce permis de faire attendre les gens ainsi ?

Et la grande madame Dubois répondait gravement :

— Oui, Thérèse, il est un peu tard, mais il ne faut pas m'en vouloir. J'ai été retenue.

Bon ! voilà ma tante qui là-dessus, lui sautait au cou et s'exclamait à demi bourrue, à demi tendre :

— Ah ! Je sais ! Ce sont encore une fois vos pauvres, Lisbeth ! Ta ta, ne me dites pas non. Je sais bien ce que je sais, je pense.

Il n'y avait pas une amie que ma tante aimât autant que madame Dubois et pas une qui la mît plus hors d'elle-même. Elle la chérissait et la détestait dans la même minute ; et bien qu'elle se fût jetée au feu pour la servir, elle ne pouvait souffrir qu'elle dît un mot ou fît un geste sans la reprendre et la rudoyer. Certainement on n'a jamais rencontré entre deux personnes d'un âge à peu près semblable une plus grande différence de caractère.

Madame Elisabeth Dubois, qui avait vu mourir en trois ans son mari et ses deux enfants, semblait avoir renoncé à tous les agréments de l'existence ; elle était pieuse, partageait son temps entre la dévotion et la charité, vivait seule, loin du bruit, avec une vieille servante infirme qu'elle soignait et vingt mille francs de rente qui appartenaient à tout le monde, excepté à elle,

Je me souviendrai toute ma vie de cette bonne dame et du respect que me causaient sa longue mine triste et ses vêtements noirs. Grande, mince, très droite, elle avait la figure de la couleur des cierges, sans rides, mais creusée aux joues, l'œil clair et froid, la bouche pâle, le nez pointu, des cheveux gris proprement lissés sur le front. Je ne me rappelle pas avoir vu ses dents une seule fois, parce qu'elle ne riait jamais, mais elle avait parfois un sourire si doux et si triste que malgré ses enfants morts, on sentait bien qu'elle était toujours une mère. Sévère pour elle-même, elle n'aimait ni la table ni la causerie, parlait peu, avec des gestes lents et tranquilles, ses mains très belles étendues à plat sur la table, devant elle. Longues et fines, aux ongles bien taillés, couleur fleur de pêcher, ces mains résumaient ses dernières coquetteries de femme. Toujours vêtue de noir, sans bijoux ni dentelles, sa robe à corsage plat tombait à plis droits derrière elle, comme une jupe de béguine. Telle était cette simple et honnête personne, plus tolérante pour les autres que pour elle-même.

Madame Dubois, en entrant, donnait la main à madame Spring et à madame Peulleke, déposait soigneusement son châle, son chapeau et ses gants en un coin, puis, sans rien dire, se mettait près du feu, entre ses amies. C'étaient les seules qu'elle vît encore, et probablement elle prenait plaisir à les voir, malgré sa désaffection de tout.

III

Quand toutes quatre étaient ainsi réunies, ma tante

Michel commençait les apprêts de la collation. Elle prenait d'abord sa boîte à Peko, luisante à l'intérieur comme un miroir étamé et peinte à l'extérieur d'un vernis noir où s'épanouissait un bouquet de fleurs d'or. Du bout des doigts elle cueillait trois pincées de petits grains noirs, sans qu'il y eût dix grains de plus dans une pincée que dans l'autre. Ensuite elle découvrait la boîte à Tchoulan, y puisait pareillement trois fois et jetait les pincées l'une après l'autre dans la théière. Puis elle versait l'eau qui se mettait à grésiller, fermait le couvercle et laissait bouillir.

Je la voyais alors extraire de sa grande armoire en acajou, à portes vitrées, les belles assiettes en porcelaines peintes d'un bouton de rose au milieu et les jolies tasses de Sèvres avec leurs soucoupes minces comme une feuille de papier. Elle en retirait aussi les couteaux à manche d'argent, les cuillers gravées au chiffre de la famille, la boîte en fer-blanc où étaient les bonbons et le grand sucrier lézardé et craquelé que j'ai sur ma table à côté de ma cafetière, au moment où j'écris cette page.

Et pendant qu'elle préparait ainsi le couvert, des brioches chauffaient dans le four, érigeant leurs petits dômes bruns qui fumaient légèrement.

— Je vais servir le thé, disait enfin ma tante d'une voix presque solennelle. Mettez-vous.

Soyez certain qu'en ce moment le thé avait suffisamment tiré ; non, personne n'aurait pu dire que le thé n'avait pas assez tiré, car ma tante savait exactement le nombre de minutes et de secondes qu'il fallait laisser la théière sur le feu.

Une à une madame Spring, madame Peulleke et madame Dubois s'en allaient prendre dans leur cabas soit des gâteaux à la crème, soit des amandes soit de la galantine, ou du pâté de lièvre ou du foie gras, car c'était une affaire convenue que chacune apportât quelque chose pour le souper : et l'on se mettait ensuite à table.

Ah ! la bonne odeur qui se répandait dans la chambre, tandis que ma tante, un doigt sur le couvercle, versait le thé dans les petites tasses ! Une fumée blonde montait vers la lampe dont le verre s'amatissait de vapeur, et, à mesure que les tasses se remplissaient, la transparente porcelaine se dorait de tons ambrés. Oui, je voyais à travers la mince paroi croître graduellement l'eau parfumée, tandis que la bordure brillait comme du jaspe à la lumière. Quel bonheur de boire dans cette fine porcelaine reluisante au fond de laquelle se balance une tache d'or pâle où se reflètent, dans une lumière gaie, le nez, les yeux et le menton pendant qu'on boit ! J'avais toujours envie d'avaler la tasse avec le thé et même j'ai pressé plus d'une fois ma dent contre le bord, pour voir si ça ne casserait pas comme de la galette.

Sur les assiettes à fleurs s'étalaient les bonbons, le beurre et les tranches de charcuterie, mais les brioches restaient au four, d'où on les tirait à mesure de la consommation, afin de les sentir croquer, toutes chaudes, sous la dent.

Je regardais de mon petit coin madame Spring qui prenait du sucre et tournait sa cuillère dans sa tasse, après y avoir mêlé une goutte de lait. Et le lait formait un petit nuage gris qui rapidement s'élargissait parmi les pellicules de crème.

IV

— Est-il possible, Cadie, de prendre du lait avec le thé, disait ma tante en remuant de sa cuillère les bulles argentées qui crevaient et se reformaient au milieu de sa tasse. On n'a jamais vu des goûts pareils.

— Mais, Thérèse, je ne fais de mal à personne en prenant du lait, je pense. Ne suis-je pas à plaindre de ne pouvoir même prendre du lait sans que quelqu'un y trouve à redire?

Inopinément madame Peulleke poussait un cri et laissait retomber sa tasse. Elle s'était brûlé la langue en buvant son thé trop vivement. Coup sur coup elle ouvrait alors la bouche et se mettait à souffler sur sa langue à petites fois, puis prenait son mouchoir, étouffant, très rouge.

— Je n'y comprends rien, disait madame Spring. Le thé n'est pourtant pas trop chaud.

— Est-ce à dire qu'il est froid? repartait tout de suite ma tante. Je sais pourtant bien quand le thé est chaud et qu'il faut le boire. Oui, je le sais mieux que personne.

— Le thé n'est ni trop chaud ni trop froid, Thérèse. Mais je ne dis pas un mot que vous ne le preniez tout de travers. C'est comme M. Spring.

— Trempez votre brioche dans le thé et sucez-la, Betzy, conseillait madame Dubois, toute droite, sans tourner la tête.

Et d'autres fois, ma tante disait:

— Nous aurons de la pluie demain, Élisabeth.

— C'est aux petits ronds du sucre que vous voyez cela, Thérèse ?

— Oui, ils vont à droite et à gauche, sans pouvoir se tenir au milieu.

Madame Spring. — Je crois que Thérèse a raison. Il pleuvra demain. Je sens mes engelures.

Madame Peulleke. — Et où avez-vous vos engelures, ma chère ?

Madame Spring. — Où j'ai mes engelures, Sisy ? Ce n'est pas dans le dos, je crois.

Madame Peulleke. — Dans le dos, Cadie ? Est-il possible que vous ayez vos engelures dans le dos ?

Ma tante. — Comme vous êtes sotte, Sisy ! Ma parole d'honneur ! je n'ai jamais vu de tête comme la vôtre.

Madame Peulleke, *en rougissant*. — Est-ce que j'ai dit une sottise, ma chère ? (*Se tournant vers madame Spring.*) Je vous demande bien pardon, ma chère Cadie, mais je n'ai pas pensé mal dire.

Madame Spring. — C'est comme Lise. Je dis blanc : elle comprend noir. A-t-on jamais vu des souillons comme on en voit au jour d'aujourd'hui ? Non, il n'y a plus de braves servantes. Mademoiselle porte chapeau. Comprenez-vous qu'une servante porte chapeau, vous ? Voyons : est-ce qu'il y a du bon sens à laisser porter des chapeaux par sa servante ? Ma fille, lui ai-je dit, si vous voulez continuer à porter ça sur la tête, vous sortirez de chez moi. Oh ! je le lui ai dit. Eh bien ! le croirez-vous ? Elle est sortie avec son chapeau dimanche. J'étais derrière le rideau. Oui, je suis restée une heure cachée derrière mon rideau pour la voir sortir. Quand je l'ai vue, vous concevez, j'en ai eu assez. Je lui ai donné ses quinze jours.

MADAME DUBOIS. — Le punition est plus grande que la faute, Léocadie.

MADAME SPRING. — Je voudrais vous y voir, ma chère. Il n'y a rien de plus insupportable que cette engeance. Des chapeaux ! Vous plaisantez, je pense !

MA TANTE, *aigrement*. — Cadie n'est pas une sainte.

MADAME DUBOIS. — Il vaut mieux souffrir un peu soi-même que d'être exposé à jeter ces malheureuses sur le pavé.

MADAME PEULLEKE. — Sur le pavé, ma chère ? Jésus mon Dieu ! qui est-ce qu'on a jeté sur le pavé ? N'avez-vous pas dit qu'on a jeté quelqu'un sur le pavé ? Continuez, je vous en prie, ma chère Lisbeth. Je suis toute chose.

MADAME SPRING. — !Mais non, il ne s'agit de rien de cela.

MADAME DUBOIS. — Ma chère Betsy, vous m'avez mal comprise. Je disais...

MA TANTE. — Vous n'allez pas répéter ce que vous avez dit, je suppose, Lisbeth ?

MADAME DUBOIS. — Comme vous voudrez, ma chère Thérèse.

MADAME PEULLEKE. — Certainement j'aurai mal compris. Est-ce que vous n'avez pas entendu un bruit sous la table ? Je vous assure que j'ai entendu un bruit. Seigneur Dieu ! si quelqu'un était caché dessous ! Regardez, Stéphane, pour l'amour du ciel !

MOI. — Je ne vois rien.

MADAME PEULLEKE. — Ne voyez-vous rien, Stéphane ? Est-il possible que vous ne voyiez rien ? J'ai pourtant bien cru entendre... Mon mari m'a raconté l'histoire d'un homme qui s'était tenu trois jours entiers sous une table, ma chère. Oui, et à cause de sa... Comment diriez-vous? Je ne sais plus à cause de quoi il était resté trois jours sous la table, mais il y resta vraiment trois jours. Hi ! Hi ! Ha ! Ha !

Ma Tante. — Taisez-vous, Sisy, et prenez un peu de fromage. Vos histoires n'ont pas le sens commun.

Madame Peulleke. — Est-ce que j'aurais dit quelque chose de mal ? Je croyais pourtant savoir cette histoire. (*Avec éclat.*) Voyez un peu si cet homme était mort de faim !

Madame Spring, *à ma tante*. — Merci ; j'ai encore du thé. Passez-moi la marmelade. Vous faites bien la pêche, Thérèse. N'est-ce pas, Elisabeth, que Thérèse fait bien la pêche ?

Madame Dubois. — Tout à fait bien.

Madame Spring. — Un peu plus cuite, cependant... Moi j'aime la marmelade très cuite. M. Spring, lui ne l'aime pas du tout. C'est caprice, pur caprice, car il y a dix ans, il en mangeait. Non, vous ne savez pas quel homme c'est ! Je finirai par en mourir.

Madame Peulleke. — Mourir, ma bonne Cadie ! Ne parlez plus jamais de mourir. Ah! vous me fendez le cœur avec votre mourir.

Et ainsi de suite. J'écoutais de mes deux oreilles, sans perdre une bouchée. Madame Spring, tout en poussant des soupirs, dépeçait ses brioches avec un appétit véritable, et elle en absorbait beaucoup. Quand elle prenait de la marmelade au fond du pot, elle serrait les coins de sa mince bouche, la lèvre humide et brillante. Malgré ses chagrins et sa maigreur, il n'y avait pas de femme qui aimât plus qu'elle les douceurs et les petit plats fins. Elle suçait sa brioche avec gourmandise, trempant les morceaux dans la tasse et se coulant pendant les pauses d'énormes cuillerées de confiture. Elle n'était jamais sans grignoter quelque chose, bien qu'elle se défendît de manger plus que ne mange un poulet d'un mois ; et sa main allait constamment de son assiette à sa bouche. Chaque fois qu'on lui offrait d'un plat, elle disait qu'elle n'y toucherait plus et elle finissait toujours par y revenir.

— Encore ceci, disait-elle. N'est-ce pas trop gros? Vous verrez que je n'en viendrai pas à bout. Attendez. Voici mon affaire. C'est incroyable comme j'ai tout à fait cessé de manger depuis que je suis si malheureuse.

Madame Peulleke, elle, se livrait à ses distractions familières : elle prenait le pot de marmelade pour le sucrier et y plongeait les doigts; ou bien elle jetait une amande dans sa tasse, à la place du morceau de sucre qu'elle avait cru y mettre. Elle mangeait très vite par moments et d'autres fois très lentement, la tête sur l'épaule, regardant fixement la lampe. Tout à coup on la voyait se tourner en riant d'un côté ou d'un autre, quand personne ne pensait à rire ; et plus souvent elle poussait un gros soupir en croisant les mains et disait :

« — Est-il possible, Jésus Dieu ! » alors qu'il n'y avait pas lieu du tout de soupirer.

Madame Dubois buvait deux tasses de thé, repliait sa serviette après la seconde brioche, immobile, les deux mains croisées sur la table, attendant qu'on eût fini pour se mettre au tricot ou à la broderie qu'elle apportait toujours avec elle. Et quelquefois, joyeuse, ma tante la dévisageait en dessous, le sourcil froncé, pensant en elle-même :

— Je suis sûre qu'elle enrage contre moi.

Mais l'on n'aurait jamais su dire à quoi songeait la grande madame Dubois.

Ah ! c'étaient là de bonnes soirées ! Le poêle ronflait

comme un tambour, pendant que la neige fouettait la vitre ; on entendait par moments dans la rue sourde tinter les grelots d'une voiture passant au loin ou la sonnette de la verdurière d'en face, avec son petit carillon qui n'en finissait pas ; puis le canari, réveillé par le bruit des assiettes, se mettait à rossignoler à tue-tête. Et dans l'escalier montait le bruit du moulin à café que tournait l'une ou l'autre des demoiselles Hoftje, car c'était l'heure de leur souper.

Alors ma bonne tante ouvrait à demi la porte, reniflait un instant l'odeur du palier, puis rentrait, disant :

— Pouah ! c'est tout chicorée ! Qu'est-ce qu'elles ont à boire de la chicorée comme ça ? Il y a de quoi s'empoisonner.

Je n'oublierai pas Poussette, la grande chatte, ni Castor, le petit épagneul : non, je ne puis pas les oublier.

Poussette grimpait sur l'épaule de ma tante et s'y roulait en boule, regardant aller et venir sa main et allongeant par moments la griffe pour accrocher au passage un morceau de brioche. Castor, de son côté, sautait autour de la table, dressé sur ses jambes de derrière et le bout de sa langue rose entre ses dents, ou bien se posait sur son séant en jappant et remuant ses petites pattes à manchettes blanches, comme un lapin à cymbales. Oh ! ils auront leur part : ma tante leur donnera un peu de brioche émiettée dans du lait, et Castor, par-dessus le marché, lappera le thé qui a coulé dans les soucoupes. Saute, Castor ! Et après avoir éternué une dizaine de fois, Castor prendra son élan et happera finalement le quartier de sucre auquel il a droit tous les soirs.

A dix heures, madame Dubois se levait en disant :
— Je me retire, Thérèse. C'est mon heure.

Madame Peulleke s'écriait:

— Est-il déjà dix heures, Elisabeth? Êtes-vous sûre qu'il est déjà dix heures?

Et soudain elle embrassait ma tante, reprise à ses attendrissements:

— Quel malheur, ma chère! Nous allons donc nous quitter. Dieu m'est témoin que je serais parfaitement restée jusqu'à minuit. Oui, je n'ai jamais eu moins l'envie de dormir.

— Ah! ma bonne Thérèse, disait de son côté madame Spring, quelle bonne soirée! Votre thé était vraiment bon. N'est-ce pas, Sisy, que le thé était bon? Un peu trop vanillé peut-être. Moi je ne mets jamais de vanille, M. Spring veut au contraire que j'en mette: c'est ce que je ne prétends pas. Ah! ma pauvre amie, que je suis à plaindre!

Puis madame Spring chaussait ses galoches, madame Peulleke rentrait dans ses fourrures et madame Dubois faisait l'agrafe de son long manteau noir.

— Eh! bien, Sisy, après quoi courez-vous comme ça, demandait ma tante à la grasse madame Peulleke qui trottait affairée dans les coins.

— Mon Dieu! ma chère, est-ce croyable? J'avais mis dans ce coin mon minou et je ne le trouve plus. Est-ce que le chat ne l'aurait pas mangé, par hasard? A moins qu'un voleur ne soit entré pendant que nous prenions le thé. Oh! ma chérie, il y a des choses si singulières! Stéphane, voyez donc ce que j'ai dans le dos. Mais, voyez donc, Stéphane. Je suis bien sûre que c'est Poussette. Est-ce mon minou, vraiment? J'ai failli me trouver mal. Pensez donc: Poussette dans mon cou! Et mon parapluie? Avais-je un parapluie? Oh! je ne serai jamais prête. »

Ma tante descendait avec la lampe, suivie de Castor et de Poussette, déposait la lumière sur la dernière marche de l'escalier, ouvrait elle-même la porte de la rue. Et la clarté, se répandant au dehors, rougissait la neige ou faisait scintiller le verglas.

Ma bonne tante tendait alors les deux mains et disait : « à mercredi »; elle secouait très fort les doigts de madame Spring et de madame Peulleke et touchait légèrement la main que lui présentait madame Dubois.

Puis les trois amies remontaient la rue jusqu'au réverbère qui est au bout. Je voyais la mince silhouette de madame Dubois se détacher raide et droite sur la neige, pendant que madame Spring, repliée sur elle-même, tapait ses socques à terre pour ne pas glisser et que madame Peulleke, les bras ouverts, essayait de se tenir en équilibre sur ses talons, s'arrêtant à chaque pas et criant :

— Je sens que je vais tomber. Ouf! Je m'arrête ici. Non, je ne fais plus un pas. Quand je serai à terre, il sera trop tard, je suppose.

Et de loin elles entendaient ma tante qui appelait Castor.

— Castor! Castor! Ah! le petit polisson! Rentrez, Castor!

Puis la porte se refermait et ma tante Michel se mettait à lire ses romans jusqu'à minuit.

V

Un matin, c'était la veille du jour de l'an, ma tante trouva sur le palier, devant sa porte, une enveloppe à son adresse, avec le timbre de Paris. Elle me dit plus tard que, dès l'instant qu'elle eut reconnu l'écriture, elle ressentit un fort battement de cœur, comme si elle se fût attendue à quelque chose d'extraordinaire. Elle rentra avec la lettre et l'ouvrit, en me disant, d'une voix basse, presque effarée :

— C'est Clotilde qui m'écrit.

Je sais assurément la figure qu'elle avait pendant qu'elle lisait, toute droite dans le petit jour gris de la fenêtre, pour y voir plus clair, car le brouillard était très épais dans la rue, et la chambre, sous la clarté brouillée des vitres, nageait dans une demi-obscurité. Oui, je le sais puisque j'étais moi-même près du feu, mes pieds dans la chancelière, la suivant de mon regard curieux. Ses mains tremblèrent d'abord en faisant sauter le cachet ; puis, à mesure que se prolongeait sa lecture, elle devint pâle, sa bouche se pinça, elle finit par froncer fortement le sourcil.

Je me demandai alors quelle pouvait bien être cette Clotilde et pourquoi la lettre impressionnait si vivement ma tante. A force de chercher en moi-même, il me revint à l'esprit que Clotilde était le nom de la sœur de madame Dubois. Ce nom quelquefois avait été prononcé dans les causeries du mercredi, mais avec une sorte de retenue, et seulement quand madame Dubois n'était pas là.

Ma tante jeta brusquement la lettre sur la table, croisa les bras et s'écria, les yeux perdus devant elle :

— Eh bien ! il ne me manquait plus que ça !

Elle reprit la lettre et de nouveau se planta devant la fenêtre ; mais elle ne la relut pas sans avoir braqué ses lunettes sur son nez, ses tirebouchons gris agités de petites secousses ; et ses lèvres remuaient rapidement, car, cette fois, — je n'eus pas de peine à m'en apercevoir, — elle semblait épeler les mots pour mieux en percer le sens.

Puis elle se prit à marcher à grands pas par la chambre dans le bruit de son jupon de boucran battant ses genoux ; elle fit ainsi six fois le tour de la table, ni une fois de moins ni une fois de plus ; et toujours elle marmottait des paroles qui ne sortaient pas de ses lèvres. Alors il arriva ceci : Castor, qui s'était oublié dans un coin, s'imagina qu'elle lui donnait la chasse, et se mit, lui aussi, à courir en rond autour de la table, de toute la vitesse de ses courtes jambes, la queue entre les cuisses, mais pas assez vite pour que ma bonne tante dont les enjambées s'accéléraient, ne l'atteignît et ne lui écrasât la patte de toute la largeur de ses chaussons. En un instant toute la maison retentit des glapissements du pauvre roquet. Ce qui n'empêcha pas mon excellente parente de lui administrer une correction soignée. Et tout à coup elle revint se piéter devant moi, hochant la tête, tout attristée et me disant :

— Oui, Stéphane, me voilà dans de jolis draps. Sac à papier, mon garçon, c'est une belle affaire qui me tombe sur le dos. Qu'est-ce que j'ai à voir, moi, dans toutes leurs bisbilles ?

Elle se montra ce matin-là, d'une humeur tout à fait détestable ; un moment même elle fut sur le point de descendre chez les demoiselles Hoftje pour se plaindre du bruit qu'elles faisaient en nettoyant leur cuisine : car c'était le samedi ; mais elle ne descendit pas. Elle s'assit devant son encrier, après avoir pris dans son armoire une plume et un petit cahier d'Angoulême ; ensuite elle mit la plume dans ses dents, se gratta le sourcil, posa son menton sur ses mains, eut l'air de chercher ; mais bientôt, repoussant résolument le papier, elle s'écria :

— Non, je ne veux pas lui écrire. Qu'est-ce que je lui écrirais d'ailleurs ? C'est une ancienne amie après tout. Je ne veux pas lui refuser ce qu'elle me demande. Ma parole d'honneur, Stéphane, j'en deviendrai folle.

Puis, courant et tournant en tous sens, son plumeau à la main, elle commença la toilette de son petit appartement, le corps agité de mouvements saccadés ; mais, comme elle s'arrêtait souvent pour songer, la besogne n'avançait pas ; et elle finit par jeter son plumeau sur un fauteuil, vexée contre elle-même, sa bouche toujours plus plissée, au point qu'elle semblait avoir avalé ses lèvres.

Le canari, déjà excité par les gémissements perçants de Castor, choisit ce moment pour filer ses notes les plus aiguës ; et tout en s'égosillant, il la suivait de son petit œil noir avec l'espoir qu'elle lui donnerait, comme d'habitude, le morceau de biscuit qui le récompensait de ses adresses de chanteur. Mais elle lui cria avec colère :

— Te tairas-tu, vilaine bête !

Et en même temps elle faisait tourner ses bras comme des ailes de moulin pour le réduire au silence. Fifi ne l'entendit pas ainsi, et prenant au contraire ces grands gestes inaccoutumés pour des encouragements, il redoubla de gaîté, tellement qu'on cessa d'entendre le ronflement de la bouilloire sur le poêle, le bruit des demoiselles Hoftje dans la cuisine et le tintement de la sonnette chez la verdurière d'en face.

A midi ma tante Michel parut se calmer un peu et me dit, presque froidement :

— Si vous aviez dix ans de plus, mon garçon, je vous demanderais un conseil.

Je me sentis encouragé à lui adresser une question :

— Qui est-ce, madame Clotilde ?

Elle darda sur moi un regard pointu et m'examinant avec défiance :

— Qui vous a dit, Stéphane, que c'est Clotilde qui m'écrit ?

— Mais vous-même, tantôt.

— L'ai-je dit ? Eh bien, oui, c'est Clotilde, Clotilde Dubois. Je vous demande un peu : elle m'écrit à moi de lui faire voir sa sœur. Des choses impossibles ! J'en suis tout à fait malade.

J'aurais bien voulu m'enquérir pourquoi il était impossible de faire voir la grande madame Dubois à sa sœur Clotilde ; mais je n'osais pas, soupçonnant là dessous un mystère qui m'irritait délicieusement et aussi me remplissait du trouble secret de la femme.

Maintenant elle semblait se reprendre vis-à-vis de moi à une plus grande circonspection. Après le déjeuner de midi, elle se jeta dans son fauteuil, étendit un mouchoir sur ses yeux afin de faire en paix sa sieste, étira ses jambes devant le feu. Mais elle ne parvint pas à trouver le sommeil ; et tout à coup lançant le mouchoir au loin, elle se redressa, poussa deux gros soupirs et me dit :

— Stéphane, votre tante aime certainement ce qui est bon, mais elle préférerait se priver de thé et de brioche pendant une semaine plutôt que de se charger d'une commission semblable.

Chaque fois qu'elle passait devant la lettre, ouverte à présent sur l'armoire, elle la prenait, la relisait, sans sauter un mot, croyant toujours que quelque chose lui avait échappé d'abord.

— Ah ! les femmes ! les femmes ! disait-elle entre ses dents, c'est si plein de secrets !

J'aurais donné bien des choses pour connaître le contenu de cette fatale missive ; oui, ma curiosité était à ce point éveillée que j'aurais fait, je crois, sans remords, le sacrifice de mes prochaines étrennes, en exceptant cependant le cheval de carton.

Dans l'après-midi, ma tante passa une robe de soie verte dont elle se parait seulement les dimanches, se coiffa d'un chapeau à plumes noires, tout petit, qui lui donnait un air de vieille jeune fille et faisant ensuite les boutons de ses gants :

— Je vais chez Lisbeth, me dit-elle. Mettez-vous près du feu, Stéphane, et amusez-vous à regarder les images de mon Monte-Christo; je ne serai pas longtemps. Mais surtout faites bien attention au feu, Stéphane.

Je lui promis tout ce qu'elle voulut et elle partit, après avoir fourré la lettre dans son manchon.

— Certainement, pensais-je en moi-même, madame Clotilde demande une chose bien extraordinaire, puisque voilà ma tante Michel toute pareille à une folle ce matin. Qu'est-ce qu'il y a pourtant d'extraordinaire à ce qu'une sœur cherche à voir sa sœur? A moins qu'elles n'aient des torts l'une envers l'autre. Mais quels torts madame Dubois, qui est si bonne, pourrait-elle avoir envers madame Clotilde? Si j'avais une sœur, moi, je ne voudrais pas me brouiller avec elle pour tout l'or du monde. Non, je ne le voudrais pas.

— Ah! mon garçon, s'exclama ma tante en rentrant à la tombée du jour et en jetant dans un coin ses galoches, je ne m'y laisserai plus prendre. Quelle femme ! Dieu ! quelle femme !

Elle se déshabilla, mit sa petite jaquette blanche par dessus son jupon de boucran, chaussa ses pantoufles, puis se détendit dans cette parole de bien-être :

— Quelle bonne chose d'être près de son feu, Stéphane! Il fait un temps! sûrement nous aurons de la neige pour le jour de l'an.

Et elle ajouta, en se tapotant les anglaises d'un petit geste délié et heureux :

— C'est égal. Je suis contente pour cette pauvre Clotilde. Mon cher garçon, je vous ai apporté du bonbon. Allez me prendre mon cabas.

VI

Le mercredi suivant, juste le lendemain du jour de l'an, les trois amies se firent chez ma tante leurs compliments de bonne année : on prit, ce soir-là, après le thé, du vin chaud, et le vin chaud fut suivi d'un punch qui flamba, pendant cinq bonnes minutes, dans l'obscurité de la chambre, sous la vague clarté du carcel dont la mèche avait été baissée.

Madame Peulleke montra toute la soirée une sensibilité et une distraction vraiment intéressantes : dans la même minute sa grosse et luisante figure rose passait du rire aux larmes. Madame Spring, de son côté, fit paraître tant de chagrin, à cause des étrennes que lui avait données M. Spring, qu'elle but positivement un petit coup de trop. Mais madame Dubois, toujours sévère, ne voulut toucher ni au punch ni au vin chaud. Quant à ma bonne tante, elle raconta des histoires de nouvel an passés, expliqua comment elle aurait épousé, si elle l'avait voulu, un monsieur le baron de Quatrebras, qui était manchot, mais possédait 50,000 francs de rentes, et bouda, caressa, caressa, bouda madame Dubois avec une bizarrerie d'humeur qui frappa tout le monde.

— Ma chère Lisbeth, un peu de bonbon, disait-elle. Ne prendrez-vous pas un peu de bonbon ? Voyons, pour me faire plaisir.

Et l'instant d'après :

— Vraiment, ma chère, vous êtes insupportable avec vos airs. Il n'y a pas moyen de vous tenir compagnie.

Au moment de partir, madame Dubois dit à ma tante, très bas :

— A demain.

Celle-ci lui serra les mains de toutes ses forces et répondit :

— Oui, à demain, six heures.

Ce jour-là, je ne devais pas aller chez ma digne parente, mais mon désir de connaître madame Clotilde était si vif que je lui demandai, sur le point de la quitter à mon tour :

— Est-ce que je ne pourrai pas voir madame Clotilde une petite fois, moi aussi ?

— Et pourquoi veux-tu voir madame Clotilde, mauvais sujet ?

— Mais, tante, pour la voir, lui répliquai-je, un peu confus.

Il fut convenu que j'arriverais vers cinq heures et que je ne demeurerais qu'un instant.

Quand, très rouge d'avoir couru, je pénétrai enfin le lendemain dans le petit appartement soigneusement épousseté et tout éclairé par la douce lueur tranquille de la lampe, une petite personne de trente à trente-cinq ans, qui tenait à la main un album de photographies, leva les yeux et regarda avec une fixité extraordinaire la porte que je venais d'ouvrir discrètement : on eût dit qu'elle voulait percer les murailles pour voir si quelqu'un n'arrivait pas derrière moi.

Lorsqu'elle s'aperçut que j'entrais seul, elle mit les deux mains sur son cœur et dit :

— Mon cœur s'est brisé, Thérèse, j'ai cru que c'était elle.

— Allons, entrez, Stéphane, dit ma tante Michel. C'est mon neveu, Clotilde.

Alors cette singulière créature me prit tout à coup dans ses bras et m'embrassa avec transport, en s'écriant :

— Je l'ai vu tout petit, tout petit. Dieu! comme tout change ! Le voilà grand garçon maintenant. Mon cher enfant, ne reconnaissez-vous plus la Clotilde qui vous faisait sauter ?

Elle m'embrassait coup sur coup, de toutes ses forces, au point de me faire mal.

— Dis, mon enfant, vraiment, ne me reconnais-tu pas ? répétait madame Clotilde. Regarde-moi bien dans les yeux. Est-ce que je te fais peur ?

Puis, se tournant vers ma tante et me montrant de la main :

— Thérèse ! Thérèse ! cria-t-elle. Voilà ce qui m'a manqué toute ma vie !

Petite et brusque, très maigre, avec une grande bouche, des yeux gris sous des cheveux noirs crêpelés, presque laide, telle était madame Clotilde. Elle avait les joues pâles, les paupières rouges et sous les pommettes des creux profonds comme des trous de vieilles douleurs. Ses fines mains de petite fille se chargeaient de bagues presque à chaque doigt, mais elle était mal chaussée et il y avait un certain désordre dans sa toilette. Elle se levait, s'asseyait, se mouvait constamment, avec une vivacité inquiète dans le geste et la parole. Elle avait repris l'album et considérait la photographie de madame Dubois en une attention extasiée.

— C'est bien elle, disait-elle entre ses dents. Oui, je la vois comme si elle était là. Sainte et chère sœur!

Elle fixait sur la pendule son petit œil couleur d'étain, en cillant.

— C'est incroyable comme l'heure est lente. Elle ne viendra donc jamais !

Je remarquai que ses narines battaient d'un petit mouvement égal et continu, chaque fois qu'elle respirait ; et sa sèche poitrine se soulevait sous son corsage, avec force.

— Un peu de patience, lui disait ma tante.

— Oui, ma bonne Thérèse, de la patience. J'ai peur et je voudrais y être déjà. Huit ans sans la voir ! Non, je ne pouvais plus vivre sans la serrer dans mes bras.

Puis elle embrassait sa vieille amie dans la nuque et lui disait :

— Ah ! ma chérie, je vous ai toujours aimée comme une sœur. Non, après Elisabeth, il n'y a personne que j'ai plus aimée que vous.

— Ta, ta, ta, restons calme, faisait ma tante en se mouchant pour surmonter son attendrissement.

Clotilde souriait alors :

— Calme, ma pauvre amie ! Oui, soyons calme. Après huit ans, j'ai bien le droit d'être un peu calme près de vous deux.

A la demie, ma tante me renvoya.

— Tiens, me dit madame Clotilde, garde ça en souvenir de moi, cher enfant.

Et elle me tendit un petit carnet d'ivoire garni d'un crayon d'or ; mais tout à coup, me retirant des mains le carnet, elle le refourra dans sa poche et me laissa seulement le crayon.

— Un carnet ? On ne sait pas, murmurait-elle, toute tremblante. On écrit quelquefois des choses...

Là-dessus, sans en dire davantage, elle me serra à m'étouffer, et je m'en allai.

V

J'ai su depuis par ma tante les fautes et les malheurs de cette pauvre femme.

« — Stéphane, me dit un soir cette excellente personne, plus vieille alors de dix ans, je ne vous ai jamais montré la lettre de cette pauvre Clotilde qui vient de mourir. Je ne vous l'ai pas montrée, parce que vous êtes seulement à l'âge où ces choses-là peuvent être montrées. Prenez cette cassette, sur la deuxième planche, à côté de la caisse à l'argenterie, et apportez-la moi. Bien. Maintenant jetez une pelletée de charbon sur le feu et mettez-vous ensuite près de moi. Voici la lettre : vous pouvez la lire.

« Ma tante me passa un vieux morceau de papier jauni par le temps, et je lus ces mots d'une grosse écriture raboteuse et tourmentée :

« Ma chère Thérèse, vous souvenez-vous encore de
» moi ? Moi, je vous aime comme au premier jour. Je
» suis comme une morte ici, toute seule dans ce Paris
» que j'ai aimé et que je n'aime plus, et je n'ai plus
» la force de vivre. Le cœur me danse dans la poitrine.
» Vous verrez que ça me jouera un tour. Il y a bientôt
» huit ans que j'ai cessé d'avoir des nouvelles d'Elisa-
» beth. Je ne veux pas mourir sans la revoir. Oh ! Thé-
» rèse, faites que je la voie, mais chez vous, car je n'o-
» serais jamais chez elle, je ne sais pourquoi. Oh ! ma
» chère Thérèse, je traverserais le feu pour être au-

» près d'elle une heure seulement. Dites-lui que je n'ai
» pas osé lui écrire. Je vous en prie, Thérèse, faites
» cela pour moi. Je prendrai le train mercredi, deuxième
» jour de l'an et serai chez vous jeudi. Votre amie
» jusqu'à la mort.

» CLOTILDE. »

« — C'est bien cela, dit ma tante. Je n'oublierai jamais l'embarras dans lequel me jeta cette lettre. J'aimais Clotilde, oui, je l'ai toujours aimée, et j'étais émue de voir qu'elle se souvenait de moi. Mais Elisabeth ! comment la faire venir chez moi ? Comment lui dire que Clotilde désirait la voir ? Elisabeth est une vieille maniaque et elle a le cœur un peu dur, pensais-je en moi-même. Elle n'a jamais voulu qu'on lui parlât de sa sœur et certainement elle me fermera la bouche dès que je lui dirai qu'il s'agit de Clotilde. Qu'est-ce qu'il arrivera ? C'est que je me fâcherai, oui, je casserai les vitres, je lui dirai ses vérités, et au lieu de raccommoder les deux sœurs, je me serai tout simplement brouillé avec l'une et l'autre. Voilà ce que je me disais, mon garçon, car je suis vive, et quoique j'aie toujours beaucoup aimé cette singulière Elisabeth, je n'ai jamais pu supporter qu'elle me contredise en rien. Une bonne femme après tout, mais vous savez, sans expansion, concentrée en elle-même. Un moment, je pensai à écrire à Clotilde qu'elle ne devait pas compter sur moi ; mais, sac à papier, envoyez donc promener une amie malheureuse ! J'allai voir Elisabeth. — Non, je n'aurais rien pu faire de plus que d'aller voir Elisabeth pour une pareille chose. Elle s'apprêtait à sortir quand j'entrai chez elle.

» — Lisbeth, lui dis-je, mettez là votre chapeau. J'ai à vous parler.

» Elle s'attendait si peu à me voir qu'elle me demanda s'il était arrivé quelque chose. Je tremblais, mon cœur battait, j'avais envie de lui sauter aux yeux et en même temps de l'embrasser. Alors nous causâmes pendant une heure de toute sorte de choses, excepté de celle pour laquelle j'étais venue. Elle me regardait avec un peu d'inquiétude et me dit enfin :

» — Il me semble, Thérèse, que vous deviez me parler de quelque chose.

» — Oui, Lisbeth, répondis-je en faisant un effort, de Clotilde.

» Elle se leva toute droite et dit :

» — C'est inutile.

» Je me levai à mon tour et lui dis froidement :

» — Oui, de Clotilde. Elle m'a écrit. Voici sa lettre.

» — C'est inutile, répliqua-t-elle avec force.

» Alors, Stéphane, je perdis un peu la tête. Je sentais que j'allais me mettre en colère, et en même temps j'avais peur de Lisbeth. Je ne l'avais jamais vue dans une telle agitation : elle était blanche comme ses manchettes et sa figure était entièrement contractée.

» — Vous la lirez, Lisbeth, lui dis-je ; et je lui présentai la lettre.

» — Je ne veux pas la lire. Cette femme n'est pas ma sœur et je ne la connais pas.

» — Eh bien, si c'est comme cela, m'écriai-je, vous l'écouterez, malgré vous, car je vais vous la lire, moi, nom d'un petit bonhomme ! Et je me mis à lire la lettre si haut qu'on aurait pu m'entendre de la rue, mais je pensais bien à cela dans ce moment. Lisbeth parut tout à coup se calmer et me dit quand j'eus fini :

» — C'est bien, Thérèse. Vous avez fait ce qu'on vous demandait. Mais je ne veux pas. Que tout soit dit !

— Non, tout n'est pas dit, Lisbeth. Une sœur ne

doit pas fermer l'oreille à la voix de sa sœur. Il faut voir Clotilde.

» Elle avança la main et me dit :

» — Thérèse, vous ne pouvez pas comprendre...

» Mais je ne la laissai pas achever et je criai:

» — Malheureuse que vous êtes ! Savez-vous que vous êtes plus coupable qu'elle, puisque vous ne lui avez pas tendu la main? Moi, Lisbeth, j'aurais été la chercher au bout du monde pour la sauver.

» Alors elle se jeta dans mes bras en pleurant :

» — Thérèse, je vous obéirai. Vous valez mieux que moi.

» Ce qui n'est pas vrai, Stéphane, en supposant que je vaille quelque chose.

» C'est égal, j'avais le cœur bien content quand, le soir venu, je me retrouvai chez moi, les pieds dans mes pantoufles, songeant à ce qui s'était passé. Ma parole d'honneur, je n'aurais pas recommencé.

» J'aurais voulu écrire à Clotilde, mais sa lettre était sans adresse et je savais seulement qu'elle habitait Paris.

» Le jeudi, enfin, une voiture s'arrête devant la maison.

» On sonne : j'entends un pas dans l'escalier; j'ouvre la porte. C'était Clotilde. Jour de Dieu! quelle journée! Et moi qui aime les pleurnicheries ! C'était bien elle, Stéphane, oui, ce n'était que trop bien ma pauvre Clotilde si aimante, si dévouée, si bonne et en même temps si mauvaise tête. Saperlipopette! j'y suis encore; je la revois tombant dans mes bras, m'étreignant à bras le corps, m'embrassant dans le cou et me disant:

» — Ah ! Thérèse ! ma chère Thérèse ! c'est ta pauvre Clotilde! Vois, je n'ai plus que les os. Pardonne-moi aussi. Je n'en ai plus pour longtemps.

» Elle regardait les moindres choses, les prenait dans ses mains et se demandait si elle ne les avait pas vues autrefois. J'avais un petit tableau de tapisserie dont elle m'avait fait cadeau à ma fête, dans le temps ; elle l'embrassa en disant :

» — J'étais encore jeune fille alors. Oh ! comme c'est bon de ne rien savoir de la vie !

» Vous êtes venu, ce jour-là, à cinq heures, Stéphane, et vous êtes parti à la demie, je m'en souviens. Clotilde allait sans cesse de la pendule à la porte.

» — Thérèse, me disait-elle, comment ferai-je pour attendre ? Ah ! que ne puis-je aller au devant d'elle ?

» Quand il fut près de six heures, son cœur se mit à battre si fort qu'elle le comprimait à deux mains, tenez, comme cela, et, toute pâle, elle me dit :

» — Voilà que j'ai peur à présent.

» Puis elle m'attirait à elle et me demandait :

» — Quelle figure me fera-t-elle ? Dites-moi bien ce qu'elle vous a dit, Thérèse, afin de me calmer. J'ai le sang qui bout. Ah ! mon cœur ! mon pauvre cœur !

» Un peu avant six heures, on sonna. Elle sauta sur ses pieds comme un ressort, au milieu de la chambre, les mains toujours à la poitrine. C'était le boulanger.

» — Tant mieux, fit-elle. Je n'y étais pas encore assez préparée.

» Mais presque aussitôt on sonna de nouveau, et cette fois deux coups.

» — C'est Lisbeth, dis-je à Clotilde.

» Elle s'assit, se leva, s'assit encore, prit sa tête à deux mains et enfin se mit toute droite. Ah ! il aurait fallu la voir. Je n'ai jamais vu personne dans un pareil état. Il me sembla qu'elle.... »

Ma tante s'interrompit pour tousser.

« — Je ne saurai jamais continuer, Stéphane, me dit-elle, si vous ne me donnez un verre d'eau. »

« Je versai un verre d'eau et, après l'avoir sucré, elle y mit elle-même deux gouttes de fleur d'oranger.

VI

» — Il me sembla, continua ma tante après avoir bu à petites gorgées, il me sembla qu'elle allait tomber sur le plancher, si je la quittais. Et pourtant il fallait ouvrir. Je savais que c'était Lisbeth ; j'avais reconnu ses deux petits coups, car il n'y avait qu'elle pour sonner de cette manière. Je descendis enfin. Oui, c'était bien Lisbeth. Elle était très pâle. Elle me dit en entrant :

» — Eh bien ?
» Je lui répondis en levant le doigt :
» — Elle est en haut.

» Alors la voilà qui monte tout droit sans rien dire et moi derrière, assez sotte et ne sachant comment tout cela allait tourner. Lisbeth pousse la porte, fait un pas, puis s'arrête ; j'entre à mon tour, et voyant qu'elle s'arrête, je la pousse dans le dos. Non, je n'oublierai jamais cette scène, Stéphane. Clotilde immobile les yeux fixes, regardait Lisbeth en lui tendant à demi les bras, comme quelqu'un qui n'ose pas ; mais tout à coup Lisbeth ouvre les siens et Clotilde s'y abat de tout son corps. Et elle murmurait dans ses sanglots des mots :

» — Elisabeth ! Beth ! Beth ! Lisbeth ! Elisabeth !

» Comme une femme qui vient de retrouver son petit enfant après l'avoir longtemps cru perdu.

» Lisbeth, de son côté disait :

» — Clotilde ! Ah ! Clotilde ! A la fin ! Non, vous ne savez pas !

» Je la regardais ; elle faisait des efforts pour ne rien montrer de ce qu'elle avait dans le cœur. Elle se tenait à quatre comme un rameur qui sent que le courant l'emporte, et ses narines battaient, battaient, là, tenez ! comme des rubans au vent.

» Et je me disais en moi-même :

» — Mais va donc, grande bête. Crie donc, pleure donc, fais donc quelque chose, toi aussi.

» Oui, Stéphane, à la voir ainsi se pincer pour dissimuler son sentiment, tandis que l'autre, si bonne, cette pauvre aimante Clotilde, la nouait dans ses bras et s'abandonnait à sa tendresse, à son repentir, à sa frayeur, à toutes les émotions qui déchaînaient son âme, je l'aurais battue. C'est la faute à ma nature un peu vive qui me fait faire quelquefois des choses dont j'ai lieu de me repentir après. Mais voilà, chacun a ses défauts. Où en étais-je, dites, Stéphane, où en suis-je resté ? Minute, patience ! Je sens que ça me revient. Je vous disais donc que je l'aurais battue, tant je me rongeais de la voir faire ses manières. Et tout à coup, le temps de tourner la tête, j'entends un cri. C'était Lisbeth qui partait à son tour.

» Ah ! elle n'en pouvait plus non plus, elle ! Est-ce qu'on commande à ces choses-là d'ailleurs ? Mettez plutôt une paille en travers du goulot de la pompe, pour empêcher l'eau de couler, Stéphane, que votre froide raison en travers de votre cœur, pour en comprimer les élans.

» C'est ce que je pensais, mon garçon, en voyant les

grosses larmes qui roulaient dans ses yeux, tandis que des sanglots soulevaient sa poitrine. Oui, c'est ce que je pensais, ou du moins c'est ce que j'aurais pensé si j'avais été capable de penser dans ce moment. Mais j'avais les yeux brouillés comme quand la fumée de la bouilloire couvre le verre de mes lunettes, et dans mes larmes je voyais tourner le quinquet, la table, Poussette, Castor, Lisbeth et Clotilde, en rond, ainsi que les *carabitjes* qu'on fait tourner pour un cens aux tourniquets des kermesses, Stéphane. A présent, je l'aurais embrassée, cette grande Lisbeth, tant elle était elle-même abattue par la force de son émotion. Pensez donc ! Une sœur, votre propre sang, une branche du même arbre, un être dont en est presque l'autre moitié et qu'on n'a plus revu depuis huit ans, qui était comme mort, qui revient tout à coup se jeter dans vos bras et qu'on retrouve si changé qu'il en est à peine reconnaissable, si ce n'est à ce qu'on se sent dans le cœur pour lui ! Voilà l'histoire.

» Et Lisbeth pressait dans ses longues mains blanches, trop longues, la tête de Clotilde et la regardait avec des yeux qui lui entraient jusqu'à l'âme. On eût dit qu'elle demandait sans le demander, à ce pauvre cher cœur du bon Dieu, si confiant, si tendre, si fou, ses peines, ses fautes, ses déceptions, ses angoisses, tant ses yeux clairs pénétraient profondément dans ceux de Clotilde. Et, pendant ce temps, ses sanglots faisaient dans sa gorge le bruit d'une eau qui ne passe pas.

» — Viens que je te voie. Près de la lumière, plus près, disait Clotilde. Ah ! mon cher cœur, que tu es belle ! Tu as toujours été la plus belle, vois-tu, tu es plus belle que tu n'as jamais été.

Ce qui n'était pas vrai, Stéphane ; mais Clotilde avait le cœur et la tête ainsi faits qu'elle voyait tout en beau et en bien, et elle s'enflammait pour tout ce qui la touchait comme de la paille sur laquelle on a laissé tomber du feu. Et puis, qu'elle était câline ! Elle lui souriait, l'embrassait, lui faisait les yeux doux, prenait sa tête et ses bras et ses mains dans les siennes ou se roulait contre elle, entre ses genoux, en pleurant, en parlant, en lui murmurant des choses, je ne sais quoi. Je n'ai jamais vu cœur pareil et plus sur la main ; tout ce qu'elle pensait, le bon et le mauvais, elle le disait, sans rien pouvoir garder pour elle, vite, très vite, comme les premières pierres d'un tombereau qu'on déverse à terre et que poussent celles qui sont derrière. Lisbeth, au contraire, plus froide, moins expansive, la regardait souriant, l'écoutant, parlant peu, presque gênée par moment de la ressemblance qu'avaient avec l'amour les choses que lui disait Clotilde. Et quelquefois ses yeux se tournaient vers le plafond ou vers le feu, comme si elle eût rêvé à ce qui était si loin et perdu pour jamais.

» Et elle disait :

» — Pauvre Clotilde ! Pauvre sœur ! Pardonne-moi ! C'est à moi la faute.

» — Ne dis pas cela, non, ne le dis pas, répondait Clotilde. Tu n'as rien à voir dans les tristes choses de ma vie. Tu es un ange, toi. Tu pleures, tu pries, tu souffres aussi, mais tu n'appartiens pas à cette terre, vois-tu. Et puis, moi, je suis une folle. Une tête en l'air, tu sais bien comme on m'appelait en classe. Est-ce que tu te souviens ? On disait : cette tête fêlée, de Clotilde ! C'était moi. Ha ! on avait raison. Je ne suis pas autre chose. Mais qu'est-ce que ça me fait à moi que je sois une folle et que j'aie eu le sort d'une folle dans ce monde, puisque tu es là, toi, que je te revois, que je te tiens contre moi, que ce sont bien tes pieds, tes mains, tes bras, que c'est toi, enfin. Toi ! Et que je puis te le dire à toi-même ! Toi ! c'est comme un fruit savoureux pour une bouche qui a soif ! Non, je ne puis pas te dire ce qui se passe en moi.

De temps à autre elle posait une main sur son cœur ou ses deux mains, et alors elle devenait pâle.

— Ah ! ne me le cache pas, Clotilde, disait tristement Lisbeth, je le vois bien présent, c'est là que tu souffres !

Clotilde souriait, un triste sourire, Stéphane, et répondait :

— Oui, un peu, ce n'est rien. C'est la joie, la peur, le saisissement. Et puis cela tourne tout à coup, tu sais, comme une roue. Mais si c'est là que j'ai mal, Elisabeth, un peu mal, pas beaucoup, c'est aussi là que j'aime, que je t'aime, que je sens le bonheur de te revoir, de causer de toi avec toi, et d'être sous ta main, comme ta petite chose. Toute ma vie est à présent là, et plus il bat, plus je sens qu'il est content de battre. Et puis, pourquoi parler de cela ? Il n'y a que toi ici. Moi, ce n'est plus moi, c'est encore toi, sais-tu ?

» Elles parlaient ensemble du passé, mais du passé joyeux, du temps où elles allaient à l'école. Lisbeth ne fit pas une allusion aux huit années que sa sœur avait vécues à Paris, mais quelquefois elles se représentaient à la mémoire de Clotilde et il en perçait quelque chose dans ce qu'elle disait. A présent, toutes deux se souriaient, riaient. Il y avait des moments où Lisbeth disait : « vous, » et Clotilde alors la reprenait doucement :

— Dis-moi « tu » toujours.

» Oh! elle aurait été bonne mère! Elle aurait donné à son enfant tout l'amour qui remplissait son cœur et dont s'emparèrent des hommes indignes. Elle aimait si bien, si profondément! Elle aimait tant à aimer, Stéphane! Je le vis bien ce soir-là ; ses mains, son corps, sa bouche n'étaient qu'une caresse. C'était plus fort qu'elle ; comme le feu perce toujours la fumée, des baisers, de l'amour, des caresses sortaient d'elle, comme ceux qu'on donne à un petit enfant.

» Mais qu'est-ce que je vous raconte là, Stéphane ? Ni moi ni vous ne comprenons rien à ces choses-là et Lisbeth était un peu effrayée par moments, ne les comprenant peut-être plus. »

Ici ma tante s'interrompit de nouveau pour tousser.

« — Ne trouvez-vous pas, Stéphane, que le froid commence à monter dans la chambre? Jetez une pelletée de charbon sur le feu, mon garçon. »

Je chargeai le poêle, comme elle me le demandait, et quand elle se fut passé trois ou quatre fois les mains l'une sur l'autre, elle reprit son histoire.

VII

« — Qu'est-ce que je vous disais ? Ah! je sais. C'est de Clotilde que je parlais. Figurez-vous, garçon, que je l'ai vue à ses pieds, oui, blottie contre elle, toute petite, et disant :

» — Pourquoi ne peut-on pas choisir l'heure de sa fin, Élisabeth? Tenez, ce serait à présent la mienne. Ma tête entre tes genoux, comme ceci. Ah! quel bonheur!

mourir ! Et mourir maintenant de préférence à demain !

» Et cette froide femme répondait :

» — Ah ! Clotilde ! pensez à celui qui seul peut frapper et marquer l'heure à laquelle nous serons frappés.

» Votre vieille tante allait et venait dans la chambre, pendant ce temps, rangeant les objets, toussant, faisant du bruit, tourmentant Poussette et Castor. La bouilloire ronflait sur le feu, comme à cette heure, Stéphane. Un silence régnait dans la maison, car les souillons d'en bas étaient parties se confesser. Et dans la chambre on n'entendait que le bourdonnement de leurs paroles. Savez-vous ce que je fis? Je remontai d'un cran la mèche de la lampe et je sortis pour les laisser causer plus librement entre elles.

» La tête emmitouflée d'une capeline, je courus chez le pâtissier du Treurenberg. Oui, j'allai jusque-là, avec l'idée de leur faire passer une agréable soirée, et j'achetai des brioches, des macarons, du pain d'amandes et des figues. Mes jambes marchaient comme des jambes de gendarme, droit devant elles, sans que mon esprit les guidât, car il était resté là-bas, avec cette bonne Clotilde que j'aimais de tout mon cœur.

» Et quand je rentrai, au coup de huit heures, après cette course dans la petite neige qui tombait, fine comme de la pluie, j'étais bien mouillée, Stéphane, mais je n'aurais pas troqué mes bottines crottées de boue fondue contre les bottines des « madames » qui, à cette même heure, étaient assises dans une bonne loge à la Monnaie.

» J'avais le cœur à l'aise, oui, le cœur me riait dans la poitrine et le froid devenait pour moi le chaud, parce que je les trouvai près du feu, l'une à côté de l'autre et la main dans la main, contentes de moi et heureuses d'elles-mêmes, comme de vieilles amies qui se sont juré de ne plus jamais se quitter.

» Et ce fut vraiment une bonne soirée, Stéphane, bien qu'il n'y eut pas d'oie aux marrons sur la table; mais jamais je ne réussis mieux mon thé, et après le thé nous bûmes du vin chaud.

» Je crois bien que votre vieille tante en prit plus que de raison, mon neveu, car la tête lui tourna cette nuit-là, au point de lui faire prendre le matin pour le soir et le côté où le soleil se lève pour celui où il se couche.

» Quels efforts cette bonne Clotilde faisait pour égayer notre thé! Elle m'embrassait, elle plaisantait, elle avait mille souvenirs qui me faisaient rire. Lisbeth, elle, parlait peu, taciturne comme à l'ordinaire, mais continuait à lui sourire d'un sourire qui ne finissait pas.

» A dix heures elle se leva.

» — Clotilde, dit-elle, on m'a demandé de la charpie pour un pauvre homme blessé en tombant d'un échafaudage. Je vais retourner à la maison, afin que la charpie soit prête pour demain matin.

» — Quoi! déjà? s'écria Clotilde.

» Je vis bien que son cœur se serrait. Lisbeth avait dit cela si froidement! Après huit ans! Elle partait comme tous les mercredis à l'heure accoutumée.

» — Pardonnez-moi, Clotilde, reprit Lisbeth en souriant, je veille peu hors de chez moi, et mon temps appartient aux malheureux.

» Elle mit lentement son châle et son chapeau, puis tendit la joue à la bonne Clotilde, en lui disant:

» — Ma chère Clotilde, je sens que je suis remise avec Dieu depuis que nous nous sommes pardonné. Aidons-nous chacune dans notre vie.

» Elle me tendit la main et me dit :

» — Grâce à vous, Thérèse, nous le pourrons désormais.

» Un froid mortel, que n'auraient pu réchauffer toutes les bûches de Noël, était tombé dans la chambre, sur la petite table où le carcel éclairait les restes de notre repas; oui, autour de Clotilde et de moi, régna tout à coup le froid du tombeau. Elle me regardait, elle regardait Elisabeth, elle tremblait en nous regardant. Et moi! ah! mon cher enfant, toute ma colère me revenait. Quand elle me prit ma main dans ses longs doigts secs comme du vieux bois où il n'y a plus de sève, je la retirai. Certainement, si elle avait vu mes yeux en ce moment, je crois, Dieu me pardonne, qu'ils l'auraient clouée sur place. Mais ni Clotilde ni moi ne disions rien.

» Elle fit quelques pas du côté de la porte, puis revint tout à coup en arrière, et ouvrit ses bras en disant:

» — Ah! Clotilde! ne te trompe pas sur mon cœur! Mais j'en ai donné une moitié à ceux qui souffrent.

» Alors Clotilde éclata :

» — Quoi! s'écria-t-elle, je t'ai retrouvée pour te perdre aussitôt.

» Lisbeth la regarda sévèrement et lui dit:

» — Clotilde! Clotilde! si vous parlez ainsi, c'est vous-même que je dois perdre de nouveau, car je l'entends bien, vous voulez repartir.

» Clotilde tendit brusquement la main, comme si elle allait faire un serment, mais son geste ne s'acheva pas et elle baissa la tête. Et Lisbeth reprit :

» — Clotilde! je vois bien que votre cœur n'est pas ferme.

» — Si! si! dit Clotilde, il est ferme jusqu'à la mort pour ceux qu'il aime. Mais c'est ma tête qui n'est pas ferme. Devant Dieu, Elisabeth, mon cœur n'a jamais trahi.

» — Ah! je le sens, s'écria Lisbeth, c'est la route la plus dure que tu as prise, toi, la plus faible. Mais Dieu voit dans les cœurs. Adieu, Clotilde. N'oublions jamais que nous sommes deux sœurs.

» — Et toi, tu es pour moi sur la terre comme l'image de ma mère. Laisse-moi te demander, comme je l'aurais fait à notre mère, ta bénédiction. Elle me protégera. Et qui sait? J'en ai peut-être plus besoin que si j'étais déjà moribonde dans mon lit.

» Ah! Stéphane, mon cœur était déchiré, car je comprenais ce qu'il y avait sous ces paroles. Je ne sais quoi me disait que des morceaux de ce pauvre cœur ce qu'il restait encore pour la faire vivre se briserait bientôt, et que tout serait fini d'elle. Qui peut expliquer ces choses-là?

» Alors elles se dirent adieu; l'une et l'autre évitaient de parler du lendemain; elles s'embrassèrent comme si elles ne devaient plus se revoir.

» Et quand Lisbeth fut partie, Clotilde se jeta dans mes bras et me dit en sanglotant:

» — Ah! Thérèse, il en est peut-être mieux ainsi! Est-ce que je puis répondre de moi? Je suis une malheureuse.

» Et comme son cœur battait violemment, elle ajouta:

» — Les joies et les peines ne sont plus qu'une même chose pour mon cœur : elles le mettent en pièces.

» Je lui parlai de repos.

» — Des jours plus calmes viendront, lui dis-je. Restez parmi nous. Vous oublierez le passé.

» — Oui, me répondit-elle, j'oublierai. Vous avez raison, Thérèse, je devrais rester; je resterai.

» Nous parlâmes longtemps de la vie que nous mènerions ensemble : Lisbeth et Clotilde ne se quitteraient plus. C'est une si bonne chose que de revenir parmi les siens, de revivre où l'on a grandi, de reprendre ses habitudes d'autrefois, de recommencer la vie ! Pourquoi n'avait-elle pas parlé de tout cela à Lisbeth ? Elle s'en repentait. Et comment lui venait-il à la pensée de me dire à moi des choses qu'elle n'avait pas su dire à Lisbeth ? Elle s'en étonnait, riait et puis s'en attristait. Elle l'avait trouvée si au-dessus d'elle ! Elle l'exaltait; c'était une sainte. Et puis, elle avait eu de bien grandes douleurs aussi.

» Dieu sait quelle heure de la nuit marquait la pendule quand nous pensâmes à nous coucher. Il était entendu qu'elle partagerait mon lit. Elle était si accablée que je pensais qu'elle dormirait jusqu'au matin; mais son cœur la faisait beaucoup souffrir et elle s'agita toute la nuit, sans pouvoir trouver le sommeil.

» Le lendemain, Stéphane, ah ! quel temps! un froid si piquant que je n'eus garde de laisser Castor plus de deux minutes à la porte de la rue. La pompe était gelée. Votre tante sortit, pourtant, parce que c'était jour de marché. Je comptais préparer un bon dîner en l'honneur de Clotilde et j'achetai, en effet, un poulet que j'emportai triomphalement à la maison.

» Clotilde était près du feu, le chapeau sur la tête, dans son manteau, et gantée.

» Elle me prit dans ses bras.

» — Ah! Thérèse, me dit-elle, je ne puis pas. C'est

plus fort que moi. Je sais bien qu'*il* me battra. *Il* m'a toujours battue. Mais *il* m'attend. Et puis, vois-tu c'est quand je souffre que je sens que je vis. Ne te fais pas de chagrin à cause de moi. Je n'en vaux pas la peine. Non, je ne suis qu'une...

» Il n'y eut rien à faire ; elle était décidée. Nous dînâmes ensemble, tristement, malgré ses efforts pour mettre un peu de joie entre nous. Mais je crois que j'aurais ri plutôt au chevet d'une personne qui va trépasser. Positivement, Stéphane, j'entendais des cloches de mort autour de moi. Ce n'était que trop vrai, d'ailleurs, qu'elles sonneraient bientôt pour cette malheureuse Clotilde. Mais si loin de nous ! si loin d'ici !

» Qu'est-ce que je vous dirais encore, Stéphane ? Voilà bientôt deux ans qu'elle est morte. Toute seule, peut-être ! Et qui sait ? Celui qu'elle a tant aimé, cet homme fourbe et cruel, peut-être l'a-t-il tuée.

» Ah ! j'ai bien pleuré ; je ne puis dire que Lisbeth ait pleuré autant que moi. Mais vous qui l'avez vue dernièrement, vous savez comme elle a vieilli. »

Ma tante prit sa tête dans ses mains, comme si elle eût voulu se recueillir après ce triste récit ; et quand elle sortit enfin de sa rêverie, elle me dit :

— Mon cher enfant, celles qui n'ont jamais péché, parmi les femmes, ne valent pas toujours celles qui ont effacé leurs fautes avec les larmes de leurs yeux et le sang de leur cœur. — Passez l'eau sur le thé.

FIN

TABLE

I. LA SAINT-NICOLAS DU BATELIER   1
II. FLEUR-DE-BLÉ. 33
III. LES BONS AMIS 49
IV. SAINTE CATHERINE AU MOULIN. 139
V. UN MARIAGE EN BRABANT. 171
VI. LA NOEL DU PETIT JOUEUR DE VIOLON 211
VII. LA SAINTE CATHERINE 239
VIII. LES DETTES DU MAJOR. 247
XI. LE THÉ DE MA TANTE MICHEL 257

1871 — 1872

Imprimerie générale de Châtillon-sur-Seine. — A. Pichat.

www.ingramcontent.com/pod-product-compliance
Lightning Source LLC
Chambersburg PA
CBHW060412170426
43199CB00013B/2112